中国沿海地区
重化工业产业同构化研究

STRUCTURE SIMILARITY OF CHINA'S HEAVY
AND CHEMICAL INDUSTRY IN COASTAL REGIONS

刘铁鹰　著

社会科学文献出版社
SOCIAL SCIENCES ACADEMIC PRESS (CHINA)

自 序

世界经济的高速发展始于 18 世纪 60 年代开始的资本主义工业革命，机器工业代替手工劳动，极大地解放了生产力，提高了经济系统的效率，资本对经济增长的贡献愈加明显，整个人类社会的进程呈现由传统的农业文明向现代工业社会的转变。从此之后，工业化成为社会发展甚至人类进步的代名词。在学术界，人类社会的经济发展阶段也通常被学者以工业化进程作为标准来进行划分。无论是经济学家罗斯托的经济成长阶段理论抑或是钱纳里的经济发展阶段论都暗示了工业化进程在经济发展过程中的重要作用。诚然，工业化进程中的内在动力是技术进步，但工业化进程中产业空间分布特征也存在内在规律性及其特殊性。

当今世界各国的经济发展都不可避免地经历着或者曾经经历过相对漫长的工业化进程，而重化工业化过程也是世界各国工业化进程中普遍经历的过程。一个国家重化工业的发展水平，直接影响着一个国家的综合国力水平。自 1949 年新中国成立以来经历过两次重化工业快速发展的阶段，经历了从沿海到内陆再到沿海的重化工业集中布局的演变过程，重化工业无论在历史上还是现在都在国家经济的工业化快速发展中发挥着不可替代的作用。

自 20 世纪 80 年代以来，中国沿海地区重化工业产业结构趋同现象愈加明显，不同省份在布局重化工业细分产业过程中结构相似度逐渐提高，这个引发普遍关注的问题被学术界定义为产业同构。中国沿海地区重化工业产业同构化是长期以来普遍存在的现实问题，对这一问题的研究既有助于理解产业同构本身的理论意义，也可以为沿海区域重化工业如何布局提供现实依据和科学参考。沿海地区重化工业集中布局并非中国特有的现象，美国、韩国、日本的工业化发展过程中均存在这一普遍现象，这个问题在学术界严格来说属于产业空间布局问题，是区域经济学的重要研究方向之一。

本书在前人研究的基础上突破传统研究的局限，在研究思路和方法框架上产生了新的思考，并且为深入理解产业同构现象提供了新的视角，得出了新的研究结论。本书的重要学术贡献主要体现在以下三个方面。

首先，在研究视角方面，本书的研究是在沿海地区重化工业集中同构分布的背景下提出的。学术界以及政府相关机构非常关心产业同构可能会带来诸如产业分布不合理、经济运行效率低下以及低水平重复建设等问题，认为应该扭转当前重化工业产业结构空间趋同的态势，走不同省份的差异化发展策略。本书则将视角定位于从客观的角度论证解释沿海重化工业空间分布的竞争演化以及可能产生的社会经济影响。对这种由产业同构引发的产业空间同质化分散竞争进行解读，在理论层面验证其是否符合客观规律，并实证检验其是否可能阻碍区域经济的发展。本书的研究发现，中国沿海地区产业同构化符合经济发展的规律，在一定程度上有利于区域经济的竞争发展。

其次，本书在产业同构研究层面设计了新的研究思路和框架，弥补了传统研究的不足。到目前为止，对产业同构的研究存在一个

重要的方法论问题，即需要通过下一级不同细分产业的数据来测算
上一级产业是否存在同构，这一点在多数文献计算结构相似系数等
分析产业同构程度的指标中随处可见。换句话说，如果没有下一级
细分产业数据，我们无法测算其上一级产业的同构化程度，无法判
定是否存在同构现象。本书的研究从新的视角解决了这个问题。本
书使用国际最新发展的非线性傅里叶（Fourier）模型并结合顺序面
板选择法（Sequential Panel Selection Method，SPSM），实现了在计量
方法上的突破。再进一步以 Bootstrap 模拟法产生出最适合的估计值，
建立更为有效的估计与检验。本书的研究方法可以直接分析某个细
分产业本身同构的存在，并且分析产业空间同构顺序演变特征，即
某一产业在哪些省份优先出现同构特征。这些是前人的研究所没有
体现的，希望笔者可以为未来的研究提供一些借鉴。基于此，笔者
发现不同的细分产业的同构特征存在很大差异，因而对重化工业产
业同构的研究需要从细分角度而非单纯的重化工业整体进行研究。

最后，在研究结论方面，本书认为中国沿海地区重化工业产业
同构化在一定程度上有利于地区经济增长，但超过一定的门槛值之
后促进作用会减弱，故存在合理的同构化区间。这一结论也在一定
程度上解释了学术界关于产业同构到底是好是坏的争议。

本书是以笔者的博士学位论文为基础进行整理的，博士学位论
文获得 2016 年度山东省优秀博士学位论文。笔者于 2015 年 6 月毕
业于中国海洋大学经济学院，获得经济学博士学位。由于本科、硕
士、博士阶段均就读于中国海洋大学经济学院，故而笔者长期坚持
海洋经济方向的学习和研究。在本书的写作和书稿的编校过程中得
到了中国海洋大学的老师和社会科学文献出版社编辑的大力支持。
特别感谢我的导师姜旭朝教授对本书定稿的指导和帮助，感谢山东
大学经济学院臧旭恒教授、青岛大学经济学院张旭教授以及青岛市

史志办任银睦研究员等专家学者提出的宝贵修改意见。同时，感谢社会科学文献出版社经济与管理分社恽薇社长和冯咏梅等编辑对本书出版的支持与帮助。本书也得到北京市哲学社会科学北京交通发展研究基地的支持与资助。此外，我的研究生顾子晨也参与了书稿的部分整理工作。由于作者水平有限，本书仍然存在不足之处，恳请各位学者批评指正。

2020 年 7 月 20 日于北京交通大学

摘 要

工业化的发展是一个漫长的历史过程。迄今为止，多数国家都不可避免地经历着工业革命以后的生产力大发展阶段，其本身存在着内在的规律性特征。其中，重化工业得到大力发展是工业化发展到中后期或者说成熟阶段的重要特征，中国正在经历这个不可逾越的历史阶段。受历史条件和工业化发展条件的影响，中国的重化工业发展经历了"沿海—内陆—沿海"的发展阶段。我们有理由认为中国的工业化进度直接受到重化工业化过程以及重化工业布局及其结构的影响，因而对中国沿海地区重化工业产业结构的研究对于研究中国工业化进程的普遍性与特殊性具有重要的学术价值与现实意义。自 20 世纪 80 年代以来，中国沿海地区重化工业产业结构趋同，形成了重化工业向沿海集聚背景下的分散布局问题，成为国内外普遍关注的焦点问题，此类问题被定义为"产业同构"现象。产业同构是产业结构地区间相似程度较高的表现，国外的产业同构多数表现为国家间同构，而中国的特殊国情决定了其表现为地区间严重同构。多数学者关注的焦点在于产业同构可能导致重复建设和盲目竞争，从而阻碍经济的发展；政府决策机构也认为产业同构问题特别是沿海地区重化工业产业同构非常明显，是否存在资源的低效率使用以及其成因和影响是一个具有重要现实意义的问题。对于中国沿海重化工业产业同构相关问题的研究,一方面可以剖析产业同构现象的成因以及演变规律,从全新的视角分析中国的工业化演变规律;另一方面,可以对备受争议的产业同构的影响进行全面的揭示,判断产业同构的性质,具有重要的理论价值和现实意义。

本书的研究思路是在对国内外沿海地区重化工业产业布局与结构演变进行分析的基础上,比较梳理我国沿海地区重化工业产业发展的阶段性演变以及现实特征,特别是对产业同构现象进行全面的分析论证。重点包括以下 5 个部分的内容。①对产业同构概念及相关理论进行分析,从区域分工以及竞争的角度,与工业化演变的相关理论相结合,剖析产业结构演进过程及其结构趋同问题的理论基础;②从宏观上论证沿海地区重化工业产业的地理集中趋势以及在此基础上的分散布局现象,对重化工业整体及其细分产业在空间分布的特征以及不同产业发展的脉络进行完整的梳理和解读;③对沿海地区重化工业产业同构进行测度研究,采用国际上较为先进的技术工具对沿海地区产业同构的存在性、相对稳定性,特别是空间演变顺序和特征等进行规律性的探索研究;④重点讨论沿海地区重化工业产业同构的成因,从新经济地理学的角度研究解释市场化和地方行政垄断对于产业同构的影响以及产业同构可能的成因;⑤研究沿海重化工业产业同构的宏观影响和微观影响以及产业同构的直接效果和间接效果,对产业同构的影响进行深入剖析。

本书的创新主要体现在以下三个方面。①传统的研究产业同构的方法很难做到对产业的细分研究。仅仅依靠单一指数,很难从根本上对不同年份数据间的作用关系以及不同区域截面的相互影响加以考虑,不能反映产业结构演变的内在特征。本书使用国际最新发展的非线性傅里叶模型并结合顺序面板选择法(SPSM),实现了在计量方法上的突破。再进一步以 Bootstrap 模拟法产生出最适合的估计值，建立更为有效的估计与检验。②已有的相关研究关注重化工业的单一区域或者省份影响，或者关注同一产业的局部问题，然而本书将视角定位于从客观的角度论证解释沿海重化工业空间分布的竞争演化以及可能产生的社会经济影响。本书较为客观全面地论证这种同质化分散竞争有利于区域自由竞争，从而更好地促进优胜劣汰，实现经济发展。同时，市场化竞争本身会促进产业同构的出现。本书提供了一个全新的视角来展现同构现象的重要作用，揭示其本身是我国沿海重化工业发展过程中的必经阶段，并且具有自身的合理性。③采用门槛回归模型，分析产业同构的合意区间，以及在不同区间范围内产业同构的社会经济影响。研究发现，当前产业同构的直接和间接作用都表现为对经济增长的促进作用，重化工业内部异质同构较强。相较于以往对此问题的研究仅考虑线性单因素，本书主要从非线性的角度进行结构变化的分析，更具有一般性分析特征。

基于以上研究，本书得出的主要结论有如下几个方面。①沿海地区的相互竞争议价形成了合理的地区间的买卖合约，地区产业的同构过程是按照异质同构的规律逐渐完善的，我国沿海地区产业集聚过程中的市场作用加速了同构化进程，地区间产业同构本身形成了合理的均衡价格，使得产业布局和演化按照市场规律进行，不存在所谓的重复建设与过度竞争问题。②重化工业不同产业中的地区差异比较明显，化学纤维制造业的产业同构最为严重，在 55 对沿海地区组合中有 28 对地区存在产业同构现象，其次是电器机械及器材制造业、通用设备计算机及其他电子设备制造业、通用设备制造业等，有色金属冶炼及压延加工业是唯一不存在产业同构现象的重化工业细分产业。总体来看，重化工业产业同构比较严重的省份是海南、河北、辽宁、广东、上海，它们分别和全国一半以上的其他省份存在产业同构化趋势。而从细分产业上看，不同地区在某个产业上同构的严重程度存在较大差异。③现阶段我国产业同构主要是政府行政垄断干预下的产业结构趋同现象，进一步分析发现政府基于税收和政绩观的利益驱动，产生的地区产业结构趋同非常明显。市场经济的活跃程度越高，地区非公有制经济发展规模越大，越容易将同构的竞争局面扩大化。④从宏观上看，重化工业产业同构的内部异质性较强，地区产业同构所形成的竞争是良性竞争，没有形成重复建设和对经济增长的阻碍。从区域分异的角度看，全国平均的产业同构拐点值为 0.92，上海 – 广东、天津 – 广西、天津 – 河北、天津 – 山东、天津 – 辽宁比较接近拐点值，这些地区以环渤海地区为主，而长三角地区的异质同构强于环渤海地区。

关键词：产业同构　重化工业　沿海地区

目　录

图目录

表目录

第一章

绪　论

随着世界历史进程的发展，人类先后经历了三次技术革命，整个人类社会发展至今取得的巨大成就都与此密切相关。传统上，技术革命被理解为工业革命的重要原因是以蒸汽机的发明和使用为代表的第一次技术革命将人类从传统的农业社会推向工业社会为主导的发展进程。这种产业结构根本意义上的转变伴随着生产方式和所有制结构的巨大调整，继而影响着世界文明与冲突的新的调整。从某种意义上讲，工业革命改变了世界的政治版图，以英国为代表的欧洲国家在发展速度上逐渐超过了以中国为代表的亚洲农耕国家，并长时期保持了历史的领先地位。而以19世纪末期开始的电力和石油的广泛应用为代表的第二次科技革命将人类社会重化工业的发展推向了新的历史阶段。石油、煤炭、电力、采掘加工等工业的发展促进了国家重化工业的进程，重化工业的发展直接影响了工业结构的转变以及人类生活方式的调整。尽管发达国家和发展中国家重化工业发展阶段不同，但重化工业生产力布局在各自快速发展时期大多呈现临海布局的特征。重化工业临海布局受到地理区位和社会经济等多方面因素影响，这种布局方式也会对重化工业发展进程和国家产业结构产生重要的影响。综观人类社会发展的经济地理版图，世界主要国家的强盛发展均因海而兴。伴随着航海地理大发现，西班牙、葡萄牙、荷兰、英国、法国先后崛起。这些国家无一例外地借助海洋地理资源优势实现经济扩张和外向型发展。在距海岸 100 公里的沿海地区居住着世界 60% 的人口，海洋开发以及沿海经济布局影响着整个世界的经济发展。一方面，电力石油的广泛应用推动了重化工业的发展，对于海外投资吸引和能源运输的要求催生了世界重化工业的沿海布局；另一方面，如果将整个世界经济的发展开端概括为殖民掠夺，那么海上活动的落脚点始终是以沿海登陆以及沿海经济殖民为基础，这当然与地理政治格局有关。因此，伴随着两次技术革命出现的重化工业的沿海布局就显得尤为突出，这其中内生的技术推动以及外生的空间区位是重要的影响因素。继地理大发现以及第二次世界大战后"蓝色圈地运动"之后，海洋开发再度成为全球关注的热点。尽管经历了以新能源、新技术为代表的第三次技术革命，传统工业逐渐有被取代的威胁，但是关键的一点不能忽视，即社会经济的发展始终离不开实体产业的推动特别是工业化的进程，整个人类社会的发展目前始终处于工业化进程的历史长河中。新技术的广泛应用并不意味着服务业对工业的代替，而是在对产业结构的调整过程中实现新的改造，例如新的环境治理技术的应用对传统的重化工业进行环境技术改造以提高能源使用效率、降低能源污染排放，从而保证工业化进程的质量。至少从现在来看是停留在这个阶段，新的技术应用对于产业结构的颠覆性调整是一个漫长的历史阶段，重化工业对国民经济发展的推动将长期保持重要的优势地位。同时，历史上伴随历次石油危机而来的经济危机，无一例外地佐证了传统重化工业发展的重要地位，对传统能源的依赖始终没有放松。

自 20 世纪 70 年代以来，世界海洋经济快速发展，按照每 10 年翻一番的发展速度，实现了高于同期世界经济平均增长率的结果，海洋经济很有可能成为世界经济新的增长点。从 20 世纪 80 年代开始，人类日益重视对于海洋的大规模开发，对于海洋可持续利用逐渐提上议事日程。世界各国加快对海洋空间的争夺，酿成了"蓝色圈地运动"。海洋空间资源得到广泛的利用，海洋科技投入力度逐渐加大，同时各国沿海经济逐渐得到振兴发展。进入 21 世纪，世界重化工业沿海布局的趋势愈加明显，而这种现象不是与生俱来的，重化工业的布局有其特定的演变阶段以及影响因素。分析这一问题可以帮助我们更好地理解世界工业化发展进程的基本规律与特征，同时明确未来的发展方向以及这种现象对于沿海地区经济乃至整个社会发展的重大影响，因此本研究具有重要的历史与现实价值。

更有趣的问题是，中国的沿海重化工业结构区域布局存在着不同于世界沿海重化工业结构与布局的特殊性，即沿海地区重化工业产业同构化趋势明显，这与其地理特征以及政治经济体制密切相关。中国沿海地区分布 11 个省份，面积广阔，每一个省份都相当于一个欧洲国家，但各个省份都在中央统一领导下有序协调发展，各省份之间既有竞争也有合作。这是一个比欧盟各国之间更具有紧密关系的国内省际发展问题。各个沿海省份存在着重化工业产业布局和结构地域分散基础上的相对集中式的产业结构相似现象，正是这一重要的历史现象以及在世界工业化进程中表现的特殊性推动了改革开放以后中国经济的迅速崛起，因而，对这一现象演变和影响的研究将为研究中国经济崛起的特殊性以及其他国家的经济发展提供良好的规律性总结和经济解释，在学理和实践两方面都具有重要的意义。

第一节　研究背景

国外沿海地区重化工业发展的进程始于第二次世界大战后，发达国家大多在 20 世纪 80 年代之前完成了重化工业化。部分发展中国家从 20 世纪 90 年代起开始大规模的重化工业发展进程。但总体上沿海国家的重化工业化均呈现临海集聚布局趋势。从区位视角看，这种布局方式主要是受交通运输便利程度和临近市场的影响，但是不同国家和地区重化工业布局仍然具备各自的特点。新中国成立以来，我国重化工业发展总体上经历了新中国成立初期和 20 世纪 90 年代中后期两次大的飞跃，其快速发展的主要表现是重工业产值比重的增加。新中国成立初期重化工业发展更多地依靠政府主导，布局主要集中在内陆地区，布局的影响因素主要是资源和原材料禀赋。其重要的作用在于为国家工业化的发展奠定了坚实的基础。20 世纪 90 年代以来，国家重化工业的快速发展基本符合经济发展的客观规律，受国家、企业、市场共同支配，布局集中在沿海地区，布局的影响因素主要是交通运输便利程度、开放程度和外商投资情况等。

近年来，随着经济的高速发展，沿海地区在资金、市场和政策等方面具有重工业发展得天独厚的条件。从 2003 年开始，重工业的沿海集中趋势比较明显，各地重工业比重占规模以上工业的 70% 左右。特别是钢铁、石化等重工业向沿海集聚趋势日益显著，国家七大石化基地有五个落户沿海，原油加工能力大多集聚于沿海，九大钢铁基地有六个布局在沿海。海岸带地区经济发展史表明，发展重化工业是海岸带经济发展不可逾越的阶段，重化工业向沿海地区集中是世界性产业发展规律。2009 年，国家先后出台了汽车、钢铁、船舶、装备制造等重点产业振兴规划，明确要求石化、钢铁、造船、核电等重化工业大规模向沿海地区转移。"十二五"发展规划呈现了主要涉海重工业（修造船及海洋工程装备制造业、电力产业、石化产业等）临海布局的趋势，除此之外，一些非涉海重工业（钢铁、机械制造等）也呈现沿海岸带集中布局趋势。重工业的沿海空间开发利用需求空前强烈，呈现明显的海岸带集聚布局趋势。从当下的形势看，沿海地区发展重工业是一种客观的必然，不能跨越（刘斌，2010）。樊纲（2005）认为重工业的科学发展离不开高效率、低成本和竞争力，而在沿海地区发展重工业最为适宜。2013 年 6 月 12 日，国家海洋局发布的《中国海洋发展报告（2012）》显示，从"十二五"涉海产业以及行业发展规划看，海洋渔业、修造船及海洋工程装备制造业、钢铁工业、石油开采业、石化工业、滨海旅游业、电力业等，多数呈现临海布局，相邻紧密。这些行业在岸线、滨海土地、浅海滩涂、近岸海域等空间资源上，呈现"超量"瓜分态势，产业布局冲突与利用矛盾进一步突出。我国拥有 18000 公里绵长的海岸线，无论是北部的渤海湾还是南部的北部湾都密集分布着钢铁、石化等一系列重化工业基础设施，当前，在重化工业集中沿海布局趋势下，各个省份分散布局比较明显，即各个省份都发展相同的产业或者园区，产业结构特别是重化工业产业结构比较趋同。并且，传统重工业产业多，新兴升级的产业少。王殿昌（2011）认为国际上对重化工业主要实行集中布局、集中治理的原则，而我国各地竞相发展相同的重化工业，分散布局；同时传统重化工业的发展加剧了对环境的损害，威胁着当地的生态安全，并且这种产业同构式的布局很容易导致恶性竞争。

我国沿海地区重化工业产业同构布局的原因主要可以归纳为以下 3 个方面。①沿海地区分布着近代中国最早的开放型通商口岸，历史悠久；改革开放以后国家先后设立了沿海开放城市和经济特区，具有国家政策上的经济优惠条件，为重化工业的发展提供了便利机会；②沿海地区交通便利，钢铁、石化等行业对铁矿石、原油等依存度较高，同时出口国外也具有有利的交通条件，更能适应经济全球化浪潮（海君，2012）。由于政策导向的优势，沿海地区更容易吸引外商直接投资。③沿海地区的围填海造地成本低。由于陆地资源土地要素的稀缺性逐渐增强,对海洋空间的需求逐渐增加,重化工业的布局往往以填海造地后的空间为载体。利益驱动之下,重化工业沿海布局导向愈加明显。由于各省份政府之间存在地域竞争,各个地区的发展规划尽量追求全面发展,因而各个区域往往会忽视自身比较优势,而是以追求所有重点产业的布局为根本,最终导致重化工业分散布局在各个省份的有趣现象的出现。

事实上,我们应该注意到我国沿海重工业发展过程中一个比较特殊的现象。由于我国幅员辽阔,沿海地区海岸线漫长,沿海省份众多,人口集聚程度高。因而,在沿海地区重工业集中的背景下,沿海不同省份重工业存在分散化、同构化布局特征。主要表现为沿海地区各省份重工业同质化,如大小石化产业在沿海各个省份均有大量分布,这有悖于国际上对重化工业普遍实行的集中布局、集中治理原则,这种省际分散同构化布局现象所引发的一系列问题值得深思。为什么同一重化工业会在不同沿海省份分散出现?这种现象是一种重复布局,还是省际竞争的必然?各个沿海省份的重化工业同质化竞争一定带来不好的结果吗?这种省域视角下的沿海地区重化工业分散布局对于各省内部和省份之间乃至整个沿海地区的经济发展的效应如何?对于此类问题的多角度思考,既符合我们国家的基本实际,也是相较于其他发达国家更加需要关注的重要问题。尽管沿海地区重工业集中分布对于促进地方经济增长、增加税收以及推动城镇化进程等方面具有重要的积极作用,但是众多学者认为,仍然存在生产的空间布局与资源环境的突出矛盾亟待解决、重工业产业同构与重复性建设特征明显等问题,合理有效的分工是解决产业同构问题的重要途径之一。

目前学术界关于沿海重化工业发展的研究主要关注重化工业沿

海空间集聚布局，探讨产业集聚对于单一地区的社会经济影响，缺乏对于不同地区重化工业分散化布局影响的研究。现如今，国家沿海重化工业发展的经济空间已经基本瓜分完毕，各个区域的整体规划与协调布局成为普遍关注的问题。鉴于此，本书以沿海重化工业集中布局背景下的省际空间重化工业分散化为研究切入点，讨论这种分散化下的重化工业企业区际竞争、重化工业企业空间布局的形成原因以及分散化竞争对沿海地区经济社会发展的影响等问题。这些都是以往研究所没有涉及的问题。对这些问题的研究，符合我们国家的基本国情。同时，可以在新的视角下为重化工业沿海同构现象提供合理的解释以及严谨的论证，对于国家整体规划沿海重化工业布局以及缩小区际经济发展差距、促进生产力优化布局具有重要的意义。

第二节　研究意义

沿海地区是世界经济发展最具活力的地区，沿海地区的重化工业集中布局是世界发展的趋势和普遍现象，而中国由于地域辽阔，存在省际范围的重化工业产业同构问题，具有矛盾的普遍性和特殊性。研究我国沿海地区重化工业产业同构的演化过程、测度以及影响等问题具有重要的意义。

首先，从学理上看，我国沿海地区重化工业产业同构化的研究将经济发展与产业结构调整和区域竞争相联系，系统分析了产业同构的过程以及产生的影响，对研究世界经济发展过程中重化工业沿海布局的规律和影响，以及产业结构的阶段性演变与合理布局具有重要的学术价值。本书尝试系统地阐释产业同构化这一重要历史现象的产生和发展过程，同时将国内外此过程的特点和异同点进行梳理和比较。目前，学术界对于重化工业产业同构的价值判断不甚明确，不同区域的空间分异规律还没有说清，特别是对于沿海重化工业产业同构的理论分析框架尚停留在环境描述和局部均衡的探讨。基于此，本书将在这些领域弥补现有研究的不足，具有重要的理论价值。通过对这一问题的研究，对现实存在的产业同构现象给予合理的解释和充分的论证，并对其演化发展趋势进行路径分析；将产业同构的价值判断与地方的经济发展和资源环境约束相结合，分析产业同构的集聚化演变路径，从而在更大程度上服务地方产业布局优化的需要，为沿海地方政府的重工业产业优化布局提供参考和依据。

其次，从现实的角度看，重化工业沿海布局可以促进地方经济发展，同时推动地区工业化进程，但是也存在环境污染超过环境容量以及潜在安全风险等问题。关键就在于布局缺乏合理、科学、谨慎的规划。当前，已经出现了低水平重复建设导致的部分地区盲目上马不切合地方实际的重化工业进而引发安全风险的严重后果，如2013年底青岛黄岛石化爆炸等。大规模的重化工业使得围填海压力增加，进而对地区海洋生态系统和环境造成不可逆转的严重损害。目前，沿海地区重化工业同构的现象比较明显，然而各个地区的情况又存在较大的差异，不能一概而论。因而，研究重化工业同构分布区域趋同与差异，在某种程度上可以避免产业同构过程中的竞争过度与效率低下，对于分析地区产业同构的影响以及作用机制具有重要的现实价值。

最后，本书的学术价值突出地表现在以小见大。针对产业同构的研究事实上涉及产业结构的合理调整和区域间的协调发展两个重要的问题，对于当前国家转变经济增长方式、调整产业结构具有重要的参考意义。由于产业同构问题最早在中国提出，加强对于这一独特性矛盾的研究，有助于世界更好地了解中国经济发展的内在动力以及演变过程。从这个角度讲，本书将尝试在理论和实证两个层面对后来产业结构演变以及区域产业布局影响等研究提供借鉴和参考。

总体上讲，重化工业沿海空间布局的基本理论支撑来源于产业布局以及空间经济区位规划的传统理论。从张伯伦到斯蒂格利茨再到克鲁格曼，关于不完全竞争市场的理论研究，为本书中重化工业空间布局的选择以及生产模式的根源性探索提供了基础理论研究支撑；从亚当·斯密到杨小凯的分工理论思想及其新古典超边际分析框架，为本书从交易费用以及相对收入等角度探索不同生产结构的动态演化提供了理论指导。

本书的研究目的主要是实证检验产业同构演变路径以及对于经济发展的影响，希望从工业化的角度为未来研究中国经济发展的基本路径提供些许参考。

第三节 研究内容

本书对于区域产业同构现象的研究涉及产业经济学、区域经济学等多学科。采用理论分析和实证分析相结合的思路，研究不同地区重化工业细分产业同构现象的异同点，论证产业同构的演变机理，同时阐释沿海重化工业同构的影响和演化的条件。同时，本书还重点分析了不同地区不同产业同构的演化路径以及在阈值协整理论的基础上检验产业同构对经济发展的影响。具体而言，包括以下 5 个方面内容。

（1）国内外沿海重化工业空间集中趋势下分散化布局的成因和演变。在国内外沿海地区重化工业空间布局的一般性规律研究的基础上，明确沿海重化工业产业集聚与分散布局的主要特征；对比国内外重化工业相同发展阶段中沿海重化工业分布的异同。重点分析在我国沿海重化工业集聚分布背景下，沿海经济圈（环渤海、长三角、珠三角）或者各个省份的重化工业产业同构的分散化竞争以及产业异构的分散化竞争现状，以此作为我们研究的逻辑起点。最后，对这种分散化分布形态的产生原因进行科学的阐释，并将这种布局形态与我国的基本国情和现实相关联进行分析，以期更好地理解我国的重化工业化进程中沿海重化工业布局的结构特征。

（2）沿海重化工业产业同构布局的理论分析。这一部分首先对国内外有关沿海重化工业空间分布的基本理论进行综述，主要涉及区域经济学、产业经济学等理论；其次明确了沿海重化工业分散化布局的影响因素和一般规律，从区域和产业视角总结分散化布局的影响因素并提炼抽象。

（3）沿海重化工业产业同构的测度与演变研究。沿海地区是否存在引发过度竞争的重化工业产业同构问题，在学术界存在一定争议，因此测算沿海重化工业同构程度是我们的研究内容之一，同时分析了沿海地区重工业产业的空间集聚程度以及重工业同构化趋同趋势。这一部分采用国际最新的非线性傅里叶模型并结合顺序面板选择法（SPSM），实现了计量方法上的突破。再进一步以 Bootstrap 模拟法计算出最适合的估计值，建立更为有效的估计与检验。这种方法一方面可以在空间同质和异质性基础上对不同重化工业分类下产业结构趋同特征进行良好的刻画，突出区域分异的特点，另一方面可以通过计算机模拟筛选判断产业同构形态的演变路径，即产业同构在不同省份出现的顺序以及动态变化过程。

（4）沿海地区重化工业产业同构的成因。在分析沿海地区重化工业产业同构的影响因素的基础上，将地方保护、市场竞争活跃度、运输成本、经济发展差异、能源结构差异、工业化差距等因素引入模型，考察这些因素对于我国重化工业产业同构的影响。分析认为地方保护主义和市场化竞争活跃程度是影响产业同构的重要因素，且促进产业同构程度的加深。关于市场化进程本身促进产业同构的解释，是本书剖析的重要思想，说明理论和实证存在着契合。

（5）沿海重化工业产业同构的社会经济影响。这部分内容是对理论与实证的承接，研究沿海重化工业空间集中趋势下分散化布局的合理性以及可能产生的后果。本部分运用门槛回归模型发现产业同构对于地方经济增长的影响；采用变参数面板模型研究产业同构区间范围对经济的不同影响，从而将产业同构控制在合理的范围，以保证经济社会的协调发展。

第四节　研究创新

本书的创新主要体现在以下 3 个方面。

一是选题与视角独特。本书的选题是在沿海地区重化工业集中同构分布的背景下提出的，目前绝大多数学者关心这种集中同构会带来诸如产业分布不合理以及低水平重复建设等问题，从而严重排斥这一现象。已有的相关研究关注重化工业的单一区域或者省份影响，或者关注同一产业的局部问题，然而本书将视角定位于从客观角度论证解释沿海重化工业空间分布的竞争演化以及可能产生的社会经济影响，较为客观全面地讨论这种同质化分散竞争是否有利于区域自由竞争，从而更好地促进优胜劣汰，实现经济发展。本书提供了一个全新的视角来展现同构现象的重要作用，论证这是不是我国沿海重化工业发展过程中的必经阶段。

二是理论创新。我国的产业同构问题和国外国家间产业结构趋同具有一定的相似性。产业同构本身是竞争的产物，同时会在一定程度上促进地区经济的增长。传统的观念认为产业同构会带来低效率的重复建设，从而导致经济效率的降低。本书从理论上将区域竞争理论放在产业同构层面上进行论证，从而得出产业同构在合理的便捷范围内可以促进地区经济增长的结论。

三是方法和技术应用创新。经济事件的非线性问题不能用简单的线性模型套用，针对传统线性计量估计方法忽略结构突变的缺失。为了得到更有效的正确估计，本书将采用 Chortareas 和 Kapetanios（2009）提出的顺序面板选择法（SPSM）的检验方法，并结合 Kapetanios 等（2003）的非对称检定与 Ender 和 Lee（2012）非线性的傅里叶模型对数据进行分析。该项检测方法除了能考虑到产业同构化的空间同质和异质性相互作用，还能克服传统检测方法的不足，可以捕捉到结构突变的非线性渐进式动态调整，且不需主观设定结构突变点。而傅里叶函数的检验将更有效率地估计并合理判断结构突变的存在性、结构突变点个数以及结构突变的时间，并能以非线性模式捕捉动态的变化。本书进一步采用 Bootstrap 模拟方法，对统计检定量的检定与临界值的估计将更具有效率，克服样本时间不同的缺陷。这项工作非常具有挑战性，同时又对研究结论产生切实的影响。另外，采用门槛回归模型，分析产业同构的合意区间，以及在不同区间范围内产业同构的社会经济影响。相对于以往关于此问题的研究仅考虑线性单因素而言，本书主要从非线性的角度进行结构变化的分析，更具有一般性分析特征。

| 第二章 |

研究述评

第一节　国内外沿海地区重化工业
布局研究述评

国内外针对沿海重化工业空间分布的研究主要以重化工业阶段产业布局的模式和特点为对象，进行有关产业布局影响因素以及社会经济效应的分析。而本书对国内外沿海地区重化工业空间分布的发展进行研究述评，形成了以下三点贡献：第一，归纳综述了现有的关于沿海重化工业空间布局的研究成果，总结了现有研究的关注点和存在问题；第二，对比分析了国内外沿海地区重化工业布局的规律以及异同点，同时对各大洲沿海重化工业布局特征进行了归纳比较；第三，对诸如日本、韩国等一些国家的重化工业发展历程，从产业空间分布的角度进行了演变梳理。

国外关于沿海地区重化工业集中趋势下的分散化布局效应的理论研究，主要涉及传统的产业布局理论和区位理论以及空间经济理论。在成本比较的视角下，传统的古典经济学的代表性人物亚当·斯密（Smith，1776）、李嘉图（Ricardo，1817）分别从生产成本的绝对优势和比较优势的视角分析了工业布局的区位选择问题。在古典区位论视角下，德国经济学家杜能（Thunen，1826）认为农业区位布局不仅仅考虑自然条件，还应当考虑运输和农产品经营方式等因素。后来，韦伯（Weber，1909）在《工业区位论》一书中认为，工业布局主要受到运费和其他生产活动因子（劳动、外部性）的影响，应根据生产成本的最低点确定工业布局。韦伯重点强调了运费、劳动费和聚集力对生产布局的影响。20世纪30~60年代，市场成为衡量产业布局的重要因素。克里斯塔勒（Christaller，1933）在传统古典区位论基础上提出了以市场、交通和行政等原则为标准的中心地空间分布的不同模式。此后，现代区位论的代表人物佩鲁（Perroux，1955）通过增长极理论论证了主导产业的区域集聚形成增长极对周边地区产业的重要影响。以上这些理论从贸易和区位论视角分析了产业布局的影响因素。在提供一种分析思维的同时，存在着假设过于严格以至于脱离实际的问题。20世纪90年代，以克鲁格曼（Krugman，1991）为代表的空间经济学研究在规模报酬递增和不完全竞争视角下将空间要素引入新古典分析框架，从而更好地解释了产业的空间分布以及城市化等问题。他在中心外围模型中解释了初始均衡条件下的不同地区，随着贸易成本的降低，劳动力要素转移出现的区域非对称结构。在理论上证明了制造业的空间集聚趋势。此后若干学者也将运输成本、报酬递增和空间集聚等问题引入产业空间集聚和区位选择的研究中（Davis，1998；Fujita，Thisse，2002）。但是，克鲁格曼的研究是建立在企业同质化假设下，没有考虑企业和劳动力的个体差异问题。近年来，以 Melitz 和 Ottaviano（2008）为代表的新新经济地理学认为微观企业和个体劳动的生产效率差异、不同企业的成本差异决定了企业的竞争力以及空间分布。目前这部分研究是该领域的前沿。

和以往的从区位熵和产业分工指数以及集聚程度等角度对地域产业空间集聚程度进行研究相比，现有的关于产业布局集聚与分散化竞争布局的研究方法主要依托空间经济学视角下的分析，依托传统的 DS 模型和冰山成本理论，在模型的构建中考虑运输成本，同时最大限度地保证给予微观视角的研究，并且分析了区域间的要素流动对产业空间布局与成长的影响。后来的研究方法诸如 BEJK 框架、OTT 分析框架等进一步考虑到企业异质性。但是，现有的研究方法不适合我国沿海地域广阔、省份众多的区域格局下的宏观层面分析，仅仅局限在同质或者异质化企业的微观视角，对地域经济分区、不同地区的其他交易成本（如行政垄断）以及区际竞争与区域内部竞争的关系问题缺乏考量。

一　国外沿海地区重化工业布局研究

（一）欧洲沿海地区重化工业布局研究

欧洲的沿海重化工业比较有代表性的是德国的鲁尔区，尽管鲁尔区不是紧临沿海布局，但由于鲁尔区附近运河发达，莱茵河直通入海，因此其具备临海布局的交通优势。历史上德国重化工业的发展曾经产生了对原料市场的掠夺性扩张，使得其海外生产基地布局的模式较早地出现（陈蓓，2007）。鲁尔区从 19 世纪 60 年代开始发展，建立起以机械、钢铁、煤炭和化学等为主的重化工业发展基地。随着资源的过度开发以及产业结构单一和环境污染等一系列问题的产生，鲁尔区在"二战"后日益走向衰落，但是通过改造传统产业、升级换代、引进外商投资形成竞争机制以及改善环境和促进新兴产业的发展等一系列措施逐渐发展起来（朱佳佳，2004；葛竞天，2005）。曾艳丽和孟韬（2010）从产业集群与网络合作的视角分析了鲁尔区振兴的经验，包括重化工业产业布局注重错位发展，形成不同的城市群中心和功能定位，加强区域间协作，开展企业间的竞争与合作等。纵观德国现代重化工业发展，原料产地和市场是影响其重化工业布局的重要因素。德国在发展重化工业的过程中注重对传统产业的转型升级，同时也关注包括交通、环境和政策等在内的辅助配套措施的完善。林兰（2016）对德国化工、汽车和光伏重工业布局的研究表明，德国重工业的空间布局呈现弱地理临近分布效应，集聚形态是依托更大空间尺度的产业集聚带而非传统意义上的产业集群，并且其区位选择有着对综合性知识和共性技术扩散共同需求的指向。德国重工业区的代表鲁尔区经历了繁荣、衰退、重建三个阶段，通过实施自下而上的对传统高耗能、高污染的重化工业调整，同时大力发展汽车、机械制造等新的工业以及环保、新能源等新产业，成功摆脱了萧条，发展成为新兴工业区的代表（姜四清等，2015；董伟，2018）。

关于欧洲其他国家沿海重化工业布局的研究主要是有关园区布局影响因素的分析，也有学者从环境资源视角分析重化工业沿海布局产生的影响及其解决办法。从重化工业区与其他产业区布局的区位博弈上看，Pravdić（1995）讨论了克罗地亚的亚得里亚海地区的化工业和旅游业的环境关联影响以及化工业分布地区战略选择的问题。化工业区与旅游业的环境空间存在冲突，会导致旅游地的生态环境损害，特别是沿海地区的水质和空气严重污染。作者认为化工业区面临被淘汰和独立划区的选择。对于化工业废弃物可以采用焚烧的办法处理，对于化学能源密集产业只有将其淘汰。而如果要保留化工业区则需要充分考虑海岸带资源环境的承载能力，发展可控的和技术友好型化工业，走可持续发展的道路。有学者从重工业产业园空间集聚的环境和能源原因角度进行了分析，Lambert 和 Boons（2002）以荷兰为例，研究了生态产业园区的经济和环境影响，比较了产业复合体工业园和混合产业工业园两种不同的工业园区类型。其中重工业布局相关的产业复合体工业园出现的原因是其生产过程以及废弃物处理过程等具有相关性，聚集在一起可以实现原材料间的交换整合，降低废弃物处理成本，提高企业间外部剩余产品的回收利用率。韩平和安林红（2007）研究了20世纪50~60年代的英国。英国大力发展石油化工业以满足燃料需求，其炼厂多数沿海岸分布。随着各国对能源市场和产品市场的争夺以及欧洲环境能源标准的日益严格，化工产业本身的投入较高使得其自身发展面临挑战。未来英国化学工业将更加注重研发投入，将初级的和高污染的化工产品向拥有广阔市场和原料、劳动力的发展中国家转移。

欧洲重化工业发展与沿海布局的主要规律可以归纳为以下两个方面。①欧洲重化工业发展经历了传统重工业区从衰落到复兴的过程，在这个过程中面临着重化工业部门的自身转型升级，同时面临着不同产业沿海布局发展的取舍，沿海重化工业发展越来越关注产业布局与环境污染的关系，进而考虑将部分高污染产业迁到国外布局。②产业集聚的形成更好地利用了生产型基础设施，分摊了成本，实现了分工的深化，同时促进了企业研发与专业化。

（二）美洲沿海地区重化工业布局研究

美洲沿海地区重化工业布局主要考虑的因素是临近重化工业发达国家，现有研究主要是侧重地理空间集聚产生的环境影响，也包括重化工业产品生产和消费的空间转移布局问题。方生（1980）重点比较归纳了第二次世界大战后至20世纪70年代末美日两国化学工业发展及其布局，认为两国化学工业快速发展主要依靠丰富的石油资源、广阔的市场和劳动力资源，美日两国在化工业布局上存在集中性特点。原料型化工业接近原料产地，呈现联合化、大型化和专业化特征；而化工加工工业则主要接近市场，这样布局有利于节省运费和降低生产成本。樊汝栋（1993）从政府和企业两个角度对促进美国石化工业发展的力量进行了研究，美国充分利用天然气优势资源发展石化工业，后期到国外投资建厂确保原料的供应，其石化工业发展非常重视技术研发以降低成本。美国传统重化工业带的发展经历了剧烈的产业结构调整，但五大湖和大西洋沿岸地区在重工业产业中仍有重要地位。王旭（2016）通过对美国传统重工业地区宾夕法尼亚州的工业化发展历程进行研究发现，其以重工业为代表的传统制造业经历了剧烈的产业结构调整过程，"去工业化"明显。但"去工业化"并不等于全盘放弃制造业，宾州制造业产值依旧位于全美前列，以宾州为代表的美国"冰雪带"传统产业依旧有巨大的转型潜力。张旭孝等（2017）指出美国钢铁工业发端于美国大西洋沿岸，"二战"后逐渐呈现沿湖、沿消费地集聚的趋势，目前美国钢铁工业集中于五大湖地区。赵文报和王诗思（2018）通过对美国钢铁企业布局现状的研究发现，市场临近型依旧是美国钢铁企业布局的主要特点，钢铁产业聚集于大西洋沿岸北段以及五大湖南岸地区，其产量占美国钢铁总产量的80%。与此同时，美国内陆钢铁企业日益衰落，原料与市场型临近成为美国短流程大型钢铁企业布局的主要特点。

一些国外学者对美洲其他国家重化工业布局的研究侧重于环境影响、外商直接投资与重化工业布局带来的效应，以及临近他国重化工业区布局的影响等方面。Jordaan（2005）运用1993年墨西哥制造业数据检验了外商直接投资对制造业的外部性影响，重点研究了地理空间分布对于外商直接投资的外部性影响。作者认为地理集中度是决定外商直接投资的外部性影响的重要因素。地理上的集中会刺激外商和墨西哥本土企业开展竞争合作，在缺乏国内外企业竞争效应的地区，制造业企业的空间集聚会导致正外部性的出现。Neto

和 Sauer（2006）以巴西为例，评估地理上靠近西欧和北美的国家是否能将天然气贸易作为发展国家经济的良机。作者主要检验巴西天然气出口可以促进巴西西北部天然气市场的发展的假设。就巴西而言，发展液化天然气出口项目不仅取决于项目竞争力，而且取决于当地天然气市场的特征。模拟结果表明，出口天然气将使得东北部地区发展更加困难，因为建立海外基地将增加相关的机会成本，导致天然气价格波动从而带来国际市场的风险。也有学者从重化工业产品生产消费的全球化角度，暗示了产业布局的空间要素流动，揭示了拉美地区消费品承接的角色。Farooki（2012）主要研究了采矿设备生产和消费地区的全球空间演变。生产方面，美国等传统煤炭设备出口国不断扩大其出口份额的同时，一些发展中国家尤其是中国生产发展迅速。消费地方面，对于拉美等地的出口增加，而对于北美和欧洲的出口降低。

美洲重化工业发展与沿海布局主要考虑地理空间距离对于重化工业布局以及要素流动的影响，美国等国家重化工业从依靠本国资源转向在国外投资建厂获得原料；巴西临近美国和欧洲，以此为市场在东北部沿海发展石化产业并不一定可行。这体现了发达国家和发展中国家互为市场的关系其实并不对等，受到制度和政策结构等影响，重化工业要素空间流动还处于单向路径，即发展中国家承接发达国家产业转移，在和发达国家的竞争中却很被动。

（三）亚洲沿海地区重化工业布局研究

有关亚洲重化工业沿海布局的研究主要集中在日本和韩国。两个国家重化工业的发展存在先后顺序。日本重化工业起步较早，始于 20 世纪 50 年代，主要呈现太平洋沿岸经济带布局形态。而韩国主要是在轻工业发展的基础上发展重化工业，其沿海布局同时考虑和日本临近以获得充足的贸易机会。从重化工业角度而言，日本重化工业发展经历了从军事工业向民用重化工业、从传统的能源密集型向技术密集型重化工业转变的过程，在这个过程中实现了产业结构的转型升级（郭四志，1987；孔昭君，1987）。韩国的重化工业发展研究主要针对其重化工业产业发展中存在的出口依赖性强、资本配置扭曲等问题，从微观视角分析产业投入的改善以及产业升级的路径（尤安山，1994；Ernst，1998）。Ueda（1999）探讨了 20 世纪 70～90 年代韩国重化工业发展中资本的配置是否有利于制造业的发展。结果表明，20 世纪 70 年代，在金属和机械产业中存在过度投资，而化学产业投资不足。资本过多地分配到全要素生产率增长快的产业以及生产资料型产业而非消费品行业。这种资本的扭曲分配从 20 世纪 80 年代起开始减少。

从沿海布局及其影响因素上看，有学者从新经济地理学的视角分析日韩重化工业布局的原因。日本沿海重化工业布局特征明显，主要是围绕太平洋沿岸地带，那里经济发展程度高，市场广阔，同时拥有便利的交通条件。张善儒（1985）认为日本的重化工业布局强调市场和运输的重要影响，如钢铁工业的临海布局主要是考虑到原料和市场因素，优先发展临海的重化工业。在充分利用港口和海运条件的同时，进一步降低运费。由于在布局过程中出现了城市和农村不均等，从 1965 年以后，垄断资本沿海重化工业在从临海布局向周围扩展的过程中使得太平洋沿岸带相关产业向内陆欠发达地区转移，在空间集聚的基础上促进了规模效益的出现。金泓汛（1986）分析了战后日本沿太平洋地带重化工业布局的原因，认为主要是依托原有的地理港口环境和良好的工业基础，同时加工贸易型经济模式以及对资源进口的依赖和技术创新等促进了沿海重化工布局的形成，而 20 世纪 70 年代以后的新技术革命客观上促进了重化工业的分散化和从沿海向内地的转移，一些加工组装型工业和最终产品生产布局分散化，重化工业呈现内迁趋势。从根本上说，这是垄断资本的作用范围的表现。郝一生（1988）总结了有关日本工业化特别是重化工业沿海布局的原因，包括沿海地区具有广阔的市场规模、充分的基础设施建设、充足的劳动力、配套相关产业以及通畅的信息等。日本的四个主要工业区中，京滨和阪神工业区以重化工业布局为主，这些重工业区本身具有共同的特点，即区内生产体系自完善。随着海上运输和对外贸易的改变，沿海地区重化工业结构内部也存在变化。20 世纪 60 年代，新划定的沿海工业区包含以港口为中心、以大企业为中心、以资源为中心和以大区为主要特征的不同分布类型。刘红（2004）认为日本重化工业沿海带状布局的主要原因包括：地理位置的优势可以降低运输成本，基础设施发达有利于投资设厂，沿海地区人口集中是良好的消费市场。此外还有一些软件配套措施如完善的金融制度，在分担风险、提供融资、促进贸易等方面为重化工业发展创造了条件。解柠羽和张扬（2016）对日本太平洋经济带产业布局与发展历程的研究发现，目前日本太平洋经济带已形成"三湾一海"（东京湾、大阪湾、伊势湾和濑户内海）的稳定工业区布局，经济带内以机械制造、石化、钢铁、造船等重化工业为主，并已规模化发展。徐建伟等（2017）指出，由于国土面积狭小且原材料产地与产品市场均在海外，日韩钢铁企业多倾向于布局在沿海，并且追求单体钢厂的生产规模最大化。如日本新日铁住金、韩国现代制铁等钢厂均具有规模大、产量高、效益好、临海集中的特点。

在日本重化工业发展过程中，工业园区内部的基础设施建设以及以大城市为核心的沿海经济圈辐射周边地区的重化工业的空间布局战略得到了有效的贯彻。部分学者从重化工业区划的角度研究了日本重化工业布局的特征。孙世春（2004）认为 20 世纪 50 年代中期日本重化工业沿海布局，主要形成太平洋沿岸地带和以大型工业企业群为主的据点型工业带，其工业区（主要是重化工业区）开发的特点是以中心城市为核心获取集聚效益，由点到面集中开发。作者同时提出，沿海工业化布局尽管靠近原料产地和商品市场，但日本沿海布局重化工业的过程中也带来局部地区生产力失衡、资源配置不合理以及环境污染等问题。赵崔莉和杜舰（2009）探讨了战后日本濑户内海沿岸重化工业布局发展的区位条件与发展特点，认为战后太平洋沿岸符合重化工业发展靠近原料地和市场的特点，同时交通便利，形成以濑户内海沿岸为轴、大城市为极的布局。

　　韩国重化工业布局在其经济发展中起到了缩小地区差距的作用。Auty（1999）研究认为韩国推行重化工业发展战略不仅促进经济增长和加速产业结构升级，也可以缩小区域差距。在沿海城市釜山周围形成重化工业为增长极的多核布局结构，以缩小汉城和釜山之间的区域差距以及这条轴线与周边地区的区域差距，虽然 1970 ~ 1985 年这一目标的短期效果并不明显，但是对区域间的长期影响将是巨大的。现有研究除了考虑重化工业内部产业关联所形成的完善的工业体系，还重视与日本临海布局的互动关系，以促进重化工业的贸易往来。赵滨珠（1993）在考察韩国蔚山、丽川、大山三个石油化工基地的基础上，总结了 20 世纪 90 年代初韩国石化产业快速发展的特点，认为其面临从传统石化产业向高附加值的精细化工发展的特征。从地理空间上看，主要化工基地沿海布局，而且拥有配套完善的上下游企业，保证了资源的高效利用和环境治理。王德复（1997）研究了韩国曾经推行的以轻养重的产业政策，而 20 世纪 70 年代开始发展重化工业，其重要的标志是南部沿海经济带重化工业战略。从区位条件上看，这样布局主要是考虑了这里有众多的优良港口，离日本较近，有利于进口重化工设备。此外空间经济集聚和运输便利等都是其布局重化工的重要原因。韩国大力发展以城市为据点、以中心城市为核心的经济圈和经济带的布局模式，更大限度地整合空间各种资源，保障重化工业发展。罗晔（2019）指出，受益于韩国的产业政策，靠近西海岸并与首都圈和中部地区比邻的韩国忠清南道西北地区形成了以石化、钢铁、汽车等产业为主的产业集群，目前石化、显示器、汽车和钢铁为该地区四大核心产业。受益于便利的交通与巨大的市场需求，以现代制铁为代表的忠清南道地区钢铁企业发展迅速。

亚洲重化工业发展与沿海布局的规律主要表现在以下两个方面。①受地理空间的影响，亚洲国家自身人口密度大，地窄人稠，重化工业布局是点面结合。和欧洲的工业区布局模式相比，亚洲构建以大城市为中心的重化工业点，进而形成沿海重化工业带，通过城市群的扩散，带动周边地区的发展。这种空间路径转移模式有别于欧美地区的跨国工业基地，具有自身特点。②在重化工业布局的过程中，产业内部的精细分工，使得传统重化工业被精细化重化工业或技术型重化工业所取代，产业链也被拉长。

二 国内沿海地区重化工业布局研究

我国沿海地区重化工业快速发展已经成为一个不争的事实。尽管对我国现阶段是否进入以及将来是否会进入重化工业发展阶段存在若干争论，但是，事实是沿海地区重化工业已经伴随工业化进程越走越快。总体上看，对于我国沿海重化工业布局的研究多见于规范分析，侧重于布局现状和存在问题如何解决；而实证分析主要是从空间或产业角度论述重化工业布局的影响因素，或者讨论有关重化工业发展的集聚效应以及其他可能产生的社会经济影响等。

（一）有关重化工业发展的争论

现在学术界关于重化工业发展道路与发展阶段的争论主要是集

中在如下三个问题上，即我国现在是否进入重化工业时代？我国是否可以跨越重化工业阶段而发展？我国重化工业应该如何发展？吴敬琏（2004）曾提出，中国不要一窝蜂地发展重化工业，认为我们国家发展重化工业的能源消耗过大，我们的发展不应该依靠投入，而应当注重效率。霍夫曼经济理论认为重化工业是工业化发展中后期的表现，因此不适合中国的国情。同时，吴敬琏进一步阐释了重化工业为主导的经济发展战略在中国走不通，他主要侧重强调这种粗放型增长方式下的发展对于能源消耗的低效率（姚咏梅，2005）。吴敬琏（2006）认为当下片面追求经济增长方式的重型化使得我们面临整体国民经济效率下降、服务业比重下降、能源紧张、生态破坏、就业困难等一系列问题，必须通过转变经济增长方式、激励科研和技术革新、加快服务业和信息化建设等方法走新型工业化道路。林毅夫（2005）认为应当谨慎对待当前的重化工业热的问题，认为我们国家的主要比较优势是劳动密集型产业，现阶段的发展不应当以重化工业为赶超战略，以资本密集型产业为主的重化工业无法吸纳大批劳动力就业；同时以东亚的日本和印度等国做比较，说明当下应该努力发展劳动密集型产业。蔡昉（2005）从生产要素禀赋以及比较优势角度，认为我国发展重化工业的比较优势还不成熟，而当下中国重化工业的领先增长主要受到地方政府的政绩推动，实际的重化工业投资倾向是被生产要素价格扭曲所诱导出来的。而厉以宁（2005）在肯定吴敬琏提出的不能片面发展重化工业这一观点的同时，认为重化工业阶段不可逾越，我们必须建立完善的工业体系以确保发展，重化工业阶段是一个必经阶段。樊纲（2005）认为我国应该努力发展重化工业，重化工业本身吸纳劳动力能力较弱，但是其上下游相关产业吸纳的劳动力要超过其本身，重化工业发展需要良好的制度和技术条件，必须要发展。而重化工业的科学发展离不开高效率、低成本和竞争力。从这个角度说，在沿海地区发展重化工业最为适宜。刘昌黎（2006）针对重化工业新阶段的争论，认为我国自1991年开始便进入了重化工业发展阶段，它是工业化发展规律的客观要求，以市场机制为主导，技术创新、科技进步、外商投资以及地方政府共同推动，同时作者纠正了部分学者将工业化阶段与工业化社会相等同、将工业化与环境污染、就业压力相等价以及高技术与信息化对工业化的替代等错误思想，认为当务之急是将重化工业的比较劣势转化为比较优势的过程。向国成等（2019）指出，重工业优先发展战略是解决国家安全保障、促进经济进一步发展的必然选择，是致力于发展内生比较优势的伟大实践，也是后发大国的普遍道路。

在我国是否已经进入重化工业阶段的问题上，多数学者持肯定态度。刘世锦（2004）认为我国正在进入重化工业发展阶段，而且以一些主导产业为基础，形成了一些关联性较强的以重化工业为主的产业群。而从重化工业自身来看，具有以下特点：资本有机构成较高，吸纳劳动力少；产业链上下游多为投资品；供给周期较长，投资高；容易出现投资过热；等等。这些因素对宏观经济的影响要综合起来分析。李佐军（2004）从发达国家的历史经验、我国对重化工业品的消费需求、中国制造业的发展壮大以及民营资本对重化工业的注入和重化工业的相关支撑条件等方面论证了我国不可逾越地要进入重化工业发展阶段。此外，徐康宁（2005）、周涛（2006）等分别从现有的数据现象出发，认为我国实际上已经进入重化工业发展阶段。但是，王青和葛瑛（2005）认为无论从理论上还是发达国家的经验上看，都不存在所谓的"重化工业阶段"，也就不存在所谓的跨越问题，我国不能走高资本积累、高投入的粗放型重化工业的发展道路，而如今重化工业发展需要在资源定价机制、财税体制、地方利益协调等问题上下功夫，走新型工业化道路。此外，关于重化工业化相关理论的争论不断升级。陈文通（2005）认为重化工业新阶段论是为当下的投资过热寻找理论支撑，现阶段我国重化工业的发展与经济发展的客观规律相违背，存在经济结构比例失调和价格扭曲的现象。新型工业化的发展是当前重化工业发展的出路。同样，赵国鸿（2005）认为我国重化工业化的争论本质上是探讨新型工业化道路应该如何走。他认为应当加强传统重化工业的转型升级，改变经济增长方式，通过创新和开源节流的方法打破资源环境的约束，另外还应该在改变政府的参与角色以及调整生产要素价格等方面下功夫。

同时，一些学者对究竟应该实施重工业优先发展战略还是比较优势战略进行了讨论。邓宏图等（2018）认为，对于后发大国，重工业优先发展战略是基于历史条件的阶段性战略，重工业的发展可以在发展初期为国家建立必要的物质基础与制度保障，促进经济发展。而在必要的工业基础设施建立后，比较优势战略必将被选择，重工业增长达到一定阈值后也会导致经济的负增长。林晨和陈斌开（2018）认为，尽管重工业技术发展对轻工业有一定的正面作用，但考虑到实施重工业优先发展战略对市场、收入分配等方面的负面影响，其所带来的收益可能远低于成本，而符合禀赋比较优势的轻工业才是经济发展的核心动力。

笔者认为现有的关于重化工业发展阶段的争论，以及当下有关重化工业的发展阶段与定位的争论，归根结底还是中国新型工业化如何发展的问题。我国的重化工业发展过程中存在若干问题，诸如环境污染严重、能源消耗量大等，应当走一条怎样的发展道路，是亟待思考的问题。重化工业要想保持良好的发展，必须注重转变经济增长方式，变粗放型为集约型；注重产业结构的转型升级，加强技术创新与改造,通过确立主导产业,以园区布局为支撑,带动区域经济的全面发展。重化工业发展会在就业、城市化进程、自然环境、能源消耗、产业同构与集聚等方面产生重要的社会经济影响,我们需要辩证地看待其中的每一对矛盾。承认经济发展的现实规律,在发展的同时变不利为有利,注重人与自然的和谐发展。重化工业的发展不能完全照搬西方的模式和经验,需要结合本国国情综合考虑制定发展对策。应当基于我国重化工业快速发展的实际,因势利导,调整发展过程中出现的问题,切实实现重化工业的科学发展。

(二) 国内沿海地区重化工业布局现状

我国沿海地区重化工业发展起步于 20 世纪 90 年代,但发展速度较快。沿海地区重化工业发展过程中不同地区、不同产业的发展具有自己的特点,其发展所处的阶段和面临的问题各不相同。近年来,随着经济的高速发展,沿海地区在资金、市场和交通等方面具有重化工业发展得天独厚的条件,重化工业的沿海空间开发利用需求空前强烈,呈现明显的海岸带集聚布局趋势。樊纲 (2005) 认为我国应该努力发展重化工业,虽然重化工业本身吸纳劳动力能力较弱,但是其上下游相关产业吸纳的劳动力要超过其本身。而重化工业的科学发展离不开高效率、低成本和竞争力。从这个角度说,在沿海地区发展重化工业最为适宜。尽管沿海地区重化工业集中分布对于促进地方经济增长、增加税收以及城镇化进程等具有重要的积极作用,但是仍然存在生产的空间布局与资源环境的矛盾突出、重化工业产业同构与重复性建设特征明显等问题。

从区域视角上看,环渤海地区发展重化工业主要是以石化、钢铁为导向的原料型产业,该区域重化工业化进程中造成的环境污染较为严重。任建兰和李红 (2011) 利用 1985 年和 1995 年两次工业普查之间的数据进行比较分析,认为进入 20 世纪 90 年代以来,山东省重化工业化从以原料型重化工为主向以高加工度化为重心转变。工业结构中，机械工业和化学工业成为主要的工业部门，但其重化工业还停留在粗放型的经济增长方式上。从内部结构上看，山东东部地区处于高度加工阶段，而西部则处于初级加工阶段；从区位熵上看，东西部地区差异在逐渐缩小。许月恒等（2016）认为近年来山东以钢铁、化工为代表的重化工业快速发展，对经济发展具有持续的推动作用。采用 DEA 方法对重化工业效率的测算结果表明，重化工行业的纯技术效率始终处于生产有效率水平，但总体生产效率和规模效率呈现先降后升的波动态势，细分行业效率变化也不尽相同。齐林和李静（2005）、骆瑞环和张增强（2010）分析了河北省发展重化工业的基本状况，认为河北省重化工业的发展是一个必经阶段，尽管存在能源消耗和环境污染以及就业率低等方面的问题，依然需要从发展循环经济的视角，在加强重化工业人才培养以及促进关联产业就业等方面下功夫。关华等（2010）针对河北省重化工业发展中出现的环境污染问题，从淘汰落后产能、转变经济增长方式、推进产业结构升级、发挥规模优势与技术创新等角度提出了解决的办法，这同样适用于其他省份。陈剑（2017）着重分析了在京津冀协同发展背景下河北省产业结构现状及存在的问题，认为河北省仍然处于向工业化中期迈进的阶段，重化工业特别是钢铁、石化、建材等传统产业仍是全省经济的支柱产业。近年来，河北省逐渐通过改造传统产业、发展战略性新兴产业的方式推动重化工行业产业调整升级，推动京津冀协同发展。

和环渤海地区相比，长三角地区的重化工业发展逐渐向机械制造和数字化等精细重化工方向发展。其自身的广阔市场以及技术条件发展程度较高，资本市场发达，但是仍然面临着进一步转变经济增长方式及提高技术贡献率的问题。徐大可（2003）从工业化一般规律以及劳动生产率和人均 GDP 的关系角度，认为浙江大力发展重化工业和制造业的时机已经到来，市场需求巨大，从供给层面看，企业规模和企业家迅速成长，资本运作能力增强，为重化工业发展创造了良好的条件。他认为对民营资本进入重化工业应当最大限度地放开，支持其进入资本市场。屈贤明（2007）从杭州的自然禀赋、区位优势、产业发展空间、现有基础、环境等方面进行分析，认为除了重点发展高技术产业外，还应当加强汽车零部件与汽车制造业、资源综合利用与环保制造业、以数字化纺织机械为代表的数字化装备制造业、仪器仪表与工业自动化控制系统制造业等重化工产业。陈皓（2012）运用偏离份额思想，对江苏省重化工业行业内部污染排放情况及其治理效果进行了分析，划分了重化工业内部不同污染程度的行业标准，从环境效率的角度，认为专用设备制造业、电气机械及器材制造业和电子设备制造业等污染程度较低。吴爱军和邓微微（2018）通过测算发现长江经济带各省发展较好的行业中重化工行业偏多，其中长江中下游临海的上海、浙江、江苏三省市汽车制造、计算机、通信和其他电子设备制造业占比较大，传统化工行业排名也较为靠前。王志华等（2018）指出，尽管长三角地区交通运输制造业、通用设备制造业等高端制造业比重上升而黑色金属冶炼、石油化工等高污染行业比重总体下降，但小型企业中低端行业呈现上升趋势，小型企业转型升级状况不容乐观。

珠三角地区重点承接长三角重化工业转移，以产业集聚整合形成园区或者工业带的形式布局重化工业。同时，能够依托区位优势不断地扩展开发东南亚市场，加强东盟次区域经济合作往来，其开放程度比环渤海地区高。朱文晖和张玉斌（2004）认为重工业化问题必须将其纳入全球化的背景下进行分析，中国的重工业化过程中跨国公司起到重要作用，地方政府通过构建园区模式，将相关企业集聚整合，在核心企业的带动下，实现晶核效应，进而保证重工业化道路的有序推进。广东作为沿海省份，承担着国家重化工业发展的重任，应当以优势产业（石化、汽车、钢铁）为突破口，放宽政策与强化管理并举，大力招商引资实现重化工业发展。康定华和张贤文（2006）分析了环北部湾地区接近东南亚市场的区位优势和政策优势，以及承接珠三角重化工业转移的特点，认为该地区应重点发展钢铁和石油炼化项目，同时应当加强区域物流体系建设，加强与东盟的合作等。张庆霖和陈万灵（2007）认为湛江市重化工业发展要以市场为导向发展临海型重化工业，在布局上应当主要打造重化工业带，形成产业集聚"洼地"效应，带动相关产业发展。湛江未来可以在钢铁业、汽车制造业、造船业、石油化工工业、造纸及纸制品工业、机械工业、电力工业等方面有所作为。

此外，从区域比较的视角看，有学者将长三角、珠三角临海重化工业布局与东北地区重化工业布局进行了比较。王伟光等（2008）认为长三角和珠三角地区的重工业结构更加注重高服务和高技术，而东北地区则更加注重工业化本身的改造；另外从市场条件看，长三角和珠三角地区的重工业发展主要受到自由市场民营经济的推动，而东北地区则以政府推动为主导进行重化工业发展和布局。赵亚萍和马庚宇（2017）研究发现，中国石化企业具有明显的区域分布不平衡特征，空间上形成了"沿海强、内陆弱，北方强、南方弱"的格局，68.75%的炼油能力集中于沿海地区，同时以环渤海、长三角、泛珠三角为代表的八大石化产业圈构成了中国石化产业的基础。

从产业视角看，现有研究主要集中在钢铁、石化、天然气和机械制造等产业发展的沿海布局问题上。Festel 和 Geng（2005）研究了中国的化学工业园区的集中性、独立性、综合性等特征，认为我国化学工业园区的区位选择包括便利的交通、丰富的水资源、较高的承载力、合理的分配等。也有学者从经济地理的角度，分析了统一重化工业在不同区域布局的供需平衡以及最佳布局区域的合理选择等。张耀光等（2010）重点研究了我国沿海地区液化天然气（LNG）的产业布局。在当前产业供给小于需求的情况下，我国广东、福建、大连、上海等地开始布局 LNG 接收站，从国外输入 LNG。目前我国沿海的 LNG 产业链格局已经基本形成，未来我国应该以发展自己的运输船队为主，辅之以期租国际市场船舶来满足随之而来的运输需求。潘若愚和贺尔蓉（2011）运用主成分聚类分析方法，选择沿海地区 10 个代表性城市，采用 2009 年的数据对被选城市的综合实力进行评判。结果表明，唐山综合实力最强，是钢铁产业布局的优势区；大连、宁波和天津是钢铁产业布局的潜力区，具有较好的布局前景；营口、日照、湛江和防城港具有布局的比较优势，但湛江的钢铁产业布局的资源保障能力还有待提升，防城港应该在交通运输、市场需求、人力资源三个方面改进提高。赵剑峰（2012）分析了我国石化产业发展临港化、临市场化的特点，在此基础上，认为我国临港石化产业发展不平衡、集群效应不突出、产品附加值低等，认为临港石化产业投资大、资产专用性强，应该审慎发展，统筹规划，增强技术创新能力，构建完善的物流体系。

总体上说，我国沿海各地区重化工业发展程度存在较大的差异，长三角地区发展较快，传统重化工业向其他地区转移，并且民营资本和市场在我国重化工业发展中的作用越来越重要。大部分地区都存在产业集聚以及由此引发的环境污染和能源消耗等问题。重化工业的自身转型升级能力还不强，多数地区仍然处于传统产业的粗放式经营向精细化发展的过渡阶段。

（三）国内沿海地区重化工业布局及其影响因素

现有的关于沿海地区重化工业布局影响因素的研究主要是从新

经济地理学的视角进行分析，和以往的重化工业区位布局靠近原料产地、依赖资源禀赋优势相比，现在的重化工业快速发展更多地依赖沿海地区运输成本低廉、改革开放政策优势、广阔的市场空间、活跃的民营资本以及外商直接投资等重要因素的影响，这些因素在重化工业沿海布局以及空间集聚的过程中起到重要的作用。

冼国明和文东伟（2006）从地区专业化和产业专业化两个角度刻画了我国产业布局的现状和影响因素，认为20世纪80～90年代，各省份产业结构趋同，随着改革开放的不断深化，制造业在沿海地区呈现集中趋势，而外商资本在这个过程中起到了重要的作用，并且影响力越来越大。作者认为比较优势和新经济地理对产业布局与集聚的作用要小于外商直接投资和对外开放对沿海地区产业布局及其内部差异的影响。金凤德等（2008）从大国崛起的视角，认为突破资源的约束离不开源技术的再选择和重化工业的再布局，因为沿海布局可以接近市场，重化工业的沿海布局将是解决短缺经济问题的重要选择。王海壮等（2011）重点分析了钢铁工业临海布局的原因，认为其可以在节约进口铁矿石运费、靠近消费市场、保证冷却水源等方面具有优势。刘希等（2012）认为在沿海重化工选址中应当重点考察海洋要素，从包括港航资源、海洋自然要素等在内的海洋自然资源、海洋环境因素和相应的海域使用管理法规等方面相协调的角度着手，提出在选址过程中应当重点考察环境、资源和法规等的协调发展。刘刚和张长令（2012）在构建重化工业发展的空间组织形态演化理论模型的基础上，分析了我国重化工业空间布局演化的原因，认为从20世纪90年代中后期开始，我国进入重工业发展阶段，重化工业空间布局呈现沿海集聚现象，这主要是原材料交通运输成本的下降以及工业用地成本的审批成本下降双重作用的结果，但同时引发沿海地区重化工业竞争集聚基础上的环境破坏以及产能过剩等问题。吕鹏健和李霞（2015）认为政府"生态保护红线"的划定将会对重化工企业选址产生重要影响，部分现有重化工企业可能因为生态保护红线的划定而调整布局。未来随着"空间红线"和"数量红线"的落实，重化工企业面临的资源环境压力将进一步加大。林兰（2016）从集群权力分层的视角出发，认为重化工业存在着显著的技术权力分层现象，重化工业的技术创新合作特点改变了创新外部性形成的条件，致使重化工行业地理临近非再必需，其空间聚集形态已并非传统意义的产业集群。赵亚萍和马庚宇（2017）指出，由于中国石化产业多以大型国有企业为主体，具有鲜明的政府主导性，因而技术创新和外商直接投资对石化产业布局影响较弱，而原材料、市场、水资源和交通条件对石化产业的布局有着更强的影响。徐建伟等（2017）认为便利的交通运输条件依然是影响钢铁企业布局的主要因素，技术的进步使企业布局有一定的弹性空间，环境承载力越来越被纳入钢铁企业布局的考虑范围。而随着城市发展，企业布局与城市功能的匹配程度也逐渐受到企业关注。一些学者从环境承载力角度对重化工行业跨区布局及转移进行研究。韩家彬等（2019）研究认为，环境承载力是推动重化工业区际转移的重要因素，二者呈现显著的负相关关系，且东部沿海地区的显著程度要高于中部和西部，这种影响在不同行业间也存在着明显的异质性。

部分学者从分工与专业化的角度研究重化工业空间沿海布局集聚程度，以及不同类型的重化工业产业集中度存在的差异。文玫（2004）研究证明了东部沿海地区部分省份如江苏、广东、山东等地工业集聚形成制造业中心，主要受到沿海地区优先发展政策的影响。同时，区位优势使得东部沿海地区在出口贸易以及吸引外资等方面具有得天独厚的条件，这也会促使制造业在沿海地区集聚。梁琦

（2004）采用制造业数据，重点比较了不同国家的区域分工指数以及环渤海经济区和珠三角经济区内部的行业分工指数。通过分析工业数据，认为长三角地区内部分工差异小于环渤海地区。两个区域比较，长三角的同构性较大，环渤海地区的互补性较强，并且空间距离近的地区产业集聚程度高，容易呈现产业结构相似的情形。穆建新等（2006）运用地区产业集中度、基尼系数、赫芬达尔指数以及熵指数等指标对我国重化工业地区集中进行了实证研究。结果表明，沿海地区是重化工业发展的主要集中地。比较不同行业的集中度，加工型重化工业要高于原材料型重化工业；比较不同产品层次的集中度，高加工度产品要比低加工度产品更加集中。这与沿海地区大力引进资本密集型产业以及东西产业结构调整转移等因素有关。

有学者专门研究一个具体城市的重化工业布局问题，主要是从城市产业布局规划的社会经济条件和影响因素等方面进行研究。刘友明（2007）认为湛江在港口资源和外商投资等方面具有重要的比较优势，在重化工业布局上要以国家新设立的园区为重点。承接新一轮重化工业转移的核心载体，成为工业发展的带动区域。王振松（2007）从重化工业增速快、周期长、规模大的特点出发，结合福州在水资源、港口资源和土地资源等方面发展重化工业具有的得天独厚的比较优势以及其发达的民营经济特征和沿海地区物流成本优势，认为福州发展重化工业应该加快结构创新，错位发展，促进形成一批有国际竞争力的大企业集团等。王安岭（2008）专门研究了无锡重化工业发展趋势，认为无锡重化工业迅速发展和倾斜结构主要受到工业化发展阶段的惯性、经济周期的规律、国际产业快速分工转移以及替代产业培植力度不够等因素的影响，需要扭转现在高资源消耗和环境污染的低效率增长方式，应当走新型工业化道路。

（四）国内沿海地区重化工业发展对社会经济的影响

现有的关于我国沿海地区重化工业发展对社会经济影响的研究

还不是很多，主要集中在产业同构和环境污染两个方面，而重化工业布局对就业和城市化等方面影响的研究一般与重化工业整体发展战略相关，具体到对沿海地区社会经济影响的研究较少。总体上看，我国沿海地区的重化工业产业同构现象严重，单纯依靠重化工业发展所吸收的就业要少于服务业，并且随之而来的环境污染和能源消耗问题亟待解决。

1. 产业同构

现有的关于沿海地区重化工业同构及其布局的研究主要集中在长三角地区和环渤海地区，探讨的内容更加注重产业同构的形成原因以及产业转移路径及其方式等问题。周力和周革非（2005）针对重化工业发展过程中高能耗、粗放型的生产方式，提出在产业结构调整、产业组织创新、产业布局完善和产业技术改进方面的政策支持。在产业布局方面，针对目前存在的重化工业布局趋同现象，作者认为应当从实际出发，将重点企业布局在园区，以点带面，试点推进。刘传江和吕力（2005）通过实证研究认为长三角地区产业结构趋同受到产业转移扩散的影响，苏中南制造业产业结构与浙东北制造业结构差距较大，并且苏中南制造业结构与上海趋同，主要受上海产业转移扩散的影响。周立群和江霈（2009）认为，京津冀地区的产业同构主要是受到禀赋因素与制度因素的影响，形成以原材料工业为主的产业趋同布局；长三角地区的产业同构主要受到市场和技术的影响，形成劳动密集为主的加工制造产业趋同。京津冀地区的产业同构更容易形成恶性竞争和投资产能过剩，而长三角地区受到市场机制作用，产业同构会极具规模效益以及促进产业内分工。彭飞和韩增林（2012）通过行业分工指数、专业化指数以及 R/S 预测技术研究了环渤海地区制造业发展的产业趋同与区域一体化趋势。结果表明，环渤海地区总体上处于由产业单项集聚向集聚与扩散并存方向发展，北京和天津在汽车制造等产业中具有明显的趋同结构，两个地区处于区域一体化初级阶段。随着区域一体化进程加快，产业同构程度将降低。未来一段时间，天津与其他地区的产业同构程度将下降，而辽宁和山东的产业同构程度将持续上升。张媛媛（2015）对比了京津冀和长三角经济圈内的产业同构现象，认为资源禀赋及制度机制因素是京津冀经济圈内产业同构的主要原因，导致传统原材料及金属冶炼等行业在区域内不断集聚。而技术因素与市场因素特别是海外市场出口因素，是导致长三角地区制造业聚集的重要因素。周桂荣和任子英（2017）发现，尽管京津冀三地发展各有特色，但由于长期没有明确的产业分工布局，三地重化工行业、制造业等存在大量的重合现象，导致相互抢夺资源现象严重，造成效率低下及资源浪费。刘阳和王庆金（2018）认为京津冀三地在专用设备制造业、金属制品业、电气机械和器材制造业、医药制造业四大领域存在较为严重的产业同质化问题，严重阻碍了京津冀协同发展进程。王志华等（2018）将企业规模因素纳入分析，发现尽管长三角地区小企业呈现趋异化发展，但仍处于同构阶段，并且是长三角地区制造业同构现象的主要原因，大中企业同构水平稳定且基本不存在同构现象。

2. 环境污染

重化工业发展会对环境造成一定程度的污染，现有研究是从循环经济的角度来衡量环境投入效率或者从承载力角度评估重化工业发展对于实际环境资源的影响。周建和顾柳柳（2009）运用非参数生产前沿理论模型，选择上海 1994～2006 年 32 个行业的数据计算其技术效率，同时考察能源环境因素对工业效率以及投入要素等的影响。结果表明，上海的重化工业化效率没有显著提升，单纯的要素投入不如增加资本的贡献大，上海重化工业的效率需要通过转变增长方式解决。牛桂敏（2009）在研究我国沿海地区重化工业快速发展的趋势后，认为重化工业过度投资可能出现加快产业分散布局、加大产业结构趋同、延缓产业升级、加重产能过剩、加重资源环境负荷等问题，需要通过整体统筹布局、错位发展重化工业、完善沿海重化工业发展机制、总量控制重化工业产能和严格实施环境监控等措施来解决。蔡如钰（2010）认为沿海重化工业发展过程中的环境污染严重，应该建立严格的准入制度，按照循环经济模式进行规划，从总量指标和承载力等方面控制重化工业规模。张厚明和秦海林（2017）认为，发展重化工业会产生大量的工业废水、废气及固体废弃物，由此会带来严重的水体污染、大气污染问题。重化工企业的密集分布是长江经济带特别是上海和江苏地区突发性环境事件频发的重要原因。徐建伟等（2017）指出尽管钢铁行业总体上是高污染行业，但是在不同生产工序上的污染种类和排放强度有很大的差别。钢铁冶炼阶段的污染排放要高于轧制加工阶段，其粉尘排放也是造成河北一些钢铁生产城市雾霾严重的重要因素。张永强和张捷（2016）利用偏离份额分析法测算出我国重化工业在 2000～2012 年的变动情况，同时在 Kaya 恒等式和 STRPAT 随机模型的基础上构建计量模型，发现我国重化工业产业调整转移有利于降低区域碳排放强度，缩小区域碳排放差距。

3. 就业扩大

在重化工业是否不利于扩大就业的问题上，学者们存在争论。朱剑（2006）使用投入产出方法，重点研究重化工业发展对就业的影响，发现重化工业本身发展的同时限制轻工业增长所带来的就业吸纳。作者重点分析和重化工业相联系的上下游产业所带来的就业影响，通过就业吸纳系数、就业拉动系数、产出乘数等指标，最终认为资本密集型产业对劳动的替代不利于扩大就业。朱劲松和刘传江（2006）运用技术中性理论，分析了重化工业发展对就业的影响应当包括替代效应和收入效应两个部分，并运用1981～2004年的社会从业人数、轻工业增加值、重工业增加值以及GDP的数据，通过两个模型考察了重工业发展对就业的综合影响以及技术演进特征。结果表明，重化工业发展对就业有一定的替代作用，但无论从短期还是长期看，收入效应大于替代效应，重化工业发展对就业的综合影响有利于增加就业。王丽莉和文一（2017）将工业发展路径纳入考虑，认为一个由国家主导的、自下而上的、由轻工业到重工业的工业发展路径是跨越中等收入陷阱的关键。目前尽管中国没有完成规模化重化工业重新崛起这一阶段，但其产业升级路径与日韩等跨越中等收入陷阱的国家有相似之处。一些学者认为重工业发展战略对就业扩大产生了不利影响。如吴绮雯（2019）认为，改革开放前优先发展重工业战略导致城市工业趋向资金及技术密集型发展模式，不利于吸纳劳动力。工业发展失衡，轻工业及第三产业发展缓慢，就业需求不足，导致隐性失业严重，同时重工业发展需要的高积累也进一步降低了工资及储蓄水平。也有学者着重关注了当前产业结构调整可能给就业带来的冲击。沈煜和丁守海（2016）着重关注了当前供给侧结构性改革背景下，中国新一轮去产能造成的重化工业调整可能带来的就业风险问题。研究认为，由于当前重化工业从业人员在第二产业中的占比已经大幅下降，本轮去产能主要涉及的钢铁、煤炭等产业调整并不会带来较大的失业风险。

4. 能源消耗

重化工业发展中需要消耗大量的能源，能源消耗的增加会直接导致要素市场价格的上升，而解决的办法是转变经济增长方式，变粗放型为集约型的增长方式。张燕生等（2007）认为当前我国重化工业阶段的经济增长方式不是依靠生产效率的提高，重化工业带来的能源和资源的消耗使得需求拉动上下游企业成本提高，直接影响到要素市场的价格，这些问题影响了企业的技术创新，而进一步完善改革要素价格、完善生态补偿机制就显得尤为重要。段毅（2009）通过运用误差修正模型、脉冲反应函数和预测误差方差分解方法，认为煤炭消费对于重化工业发展的影响要大于重化工业对煤炭消费的影响，必须通过转变重化工业增长方式，实现经济环境的协调发展。Smyth 等（2012）认为中国的钢铁产业消耗大量的煤炭资源，从而造成环境破坏，而煤炭、石油、天然气等能源之间存在着替代关系，如果采用清洁能源替代传统能源则不会造成过度的污染。谢利平（2015）指出，相比于城镇化，工业化尤其是重工业化是中国过去10 年能源消耗大幅上升的主要原因，以采掘业、黑色金属冶炼业为代表的重化工业是能源消耗行业的最大组成部分，而由生活消费所带来的能源消耗占比依旧处于较低水平。蒋秀兰和沈志渔（2016）认为河北省产业结构以工业为主，且产业结构偏重，强度高，这导致了河北省能源消耗总量巨大，消耗强度高，能源供应紧张。同时以煤炭为主的消费结构是严重环境污染的重要诱因。王俊岭和张新社（2017）运用 Tapio 的弹性分析法对钢铁工业的脱钩弹性系数进行测算，结果表明钢铁工业能耗增长率小于粗钢产量增长率，钢铁工业能耗处于脱钩状态，但大多处于虚脱钩，废弃物排放处于弱脱钩状态。于少强等（2017）构建了重化工业的能源消费库兹涅茨曲线，发现重化工业人均产值与能源消费量之间呈现倒 U 形关系。偏子豪等（2019）认为需求端是影响中国重化工业资源消耗的重要因素，建筑业和其他制造业部门对重化工业的依赖程度很高，同时房屋等基础设施的建设和机械性生产资料的生产对于重化工业也具有较强的依赖性。相关行业的技术进步促进了重化工业化石能源及石灰石消耗量的减少，但相关行业的资源消耗强度变化促进了重化工业铁矿石消耗的增加。

5. 城市化

从城市化与重化工业化相互作用关系的角度，现有研究主要针对当前以重化工业发展为赶超战略的背景下重化工业对于城市化水平进程以及城乡收入差距和消费差距的影响。林毅夫和刘培林（2003）通过构建基尼系数和赶超战略之间的关系方程，运用国家和地区间的面板数据，论证了一个比较深刻的经济发展问题，即赶超战略力度越大，越不利于经济公平的实现，收入分配越不平等，从而将经济中公平与效率这对矛盾内生于经济发展战略选择的过程中。李艳梅和张雷（2008）运用1978~2005年的时间序列数据分析了城市化发展与重化工业发展的关系。结果表明，二者之间存在长期的稳定的双向因果关系，重工业总产值每增加1%，会促进城市化水平提升0.2%；城市化水平每提高1%，重工业总产值增加约5%。两者相互促进，相辅相成。林毅夫和陈斌开（2009）构建了衡量一国赶超战略程度的技术指标，建立了有关城乡收入差距与赶超指数之间的剂量反应关系，采用省际面板数据进行分析检验。最终认为，赶超战略程度越大，城乡消费差距越大，从而印证了当今重工业优先发展战略对于就业的排斥以及城乡消费差距的拉大。他们同时呼吁遵循比较优势，发展劳动密集型产业，同时加快政府改革，引入市场定价，以尽快缩小城乡差距。陈斌开和林毅夫（2010）重点研究了重化工业优先发展战略对于城市化进程以及城乡收入差距的影响，将重化工业优先发展战略界定为落后国家优先发展不符合比较优势的资本密集型产业或者技术，从静态和动态两个视角分析认为重化工业优先发展战略将导致更低的城市化水平，同时会拉大城乡工资收入差距，而落后国家的比较优势战略将会在提高城市化水平、缩小城乡收入差距等方面起到积极作用。但是作者的分析仅仅停留在重化工业优先发展战略的直接影响上，对于间接影响没有完全考虑。同时，对于技术进步也是进行外生处理。许芳和向书坚（2015）采用广义空间面板模型分析了重工业发展战略对城乡收入差距的影响。研究认为，重工业优先发展战略不仅会扩大本省的城乡收入差距，还会产生空间溢出效应，即重工业优先发展战略的实施会扩大相邻省份的城乡收入差距。陈忠暖等（2016）质疑了陈斌开和林毅夫（2013）提出的重工业化发展会拉大城乡收入差距的观点，认为考虑到重工业结构及发展阶段的差异性，重工业发展并不一定会导致城乡收入差距扩大。而装备制造型重工业拉大城乡收入差距的作用会在长期被抵消。在考虑空间异质性的前提下，其也能够缩小城乡收入差距。发展以装备制造业为核心的高端重工业从长远上看有利于城乡收入差距的缩小。赵秋运和马晶（2018）基于金融发展和城市化的双重视角，认为重工业偏向型发展战略会导致城市化水平降低而扩大收入不平等，同时也会降低金融发展水平而缩小收入不平等。在长期内前者效应更强，因而长期内重工业偏向型发展战略与收入不平等呈现正向协整关系，而在短期内后者作用更强，呈现负向协整关系。

三　国内外沿海地区重化工业布局比较分析

尽管国内外重化工业发展的空间分布中存在临海布局的普遍特征，但是在诸多方面仍然存在差异。从时间上看，发达国家率先进入重化工业发展阶段，并且部分国家已经实现重化工业化，进入后工业化时期。而我国的沿海重化工业化快速发展时期始于20世纪90年代，关于重化工业阶段是否来临、重化工业化发展战略是否应该推行等一系列问题还存在理论上的争议。和发达国家相比，我国沿海重化工业发展晚了约半个世纪。大多数国家是在"二战"之后凭借军事工业基础转而发展重工业，也有的国家如韩国则是通过先发展轻工业进而再发展重工业的路径前进。相比之下，我们国家的重工业在新中国成立初期曾得到大力发展，当时出于自身发展和军事政治等方面的需要，为后来工业化的发展奠定了坚实的物质基础，但也导致了轻重工业比例失调等问题的出现。

从布局的主要影响因素上看，不同国家存在国情差异。德国重化工业布局得益于区内运河条件便利，交通网发达，其区内本身具有丰富的矿产资源，因而传统意义上的原料产地和市场就显得很重要。而日本自身资源有限，重化工业发展的能源主要依赖进口，其重化工业发展主要考虑港口交通便利以节约运输成本。我国的重化工业沿海布局很大程度上是受到东中西三大经济带发展不均衡的影响，从而使得布局着眼于经济发展程度高、接近市场、易于吸引外商投资，同时资金丰富、对外联系密切的东部沿海地区，这是布局的主要影响因素。此外，韩国沿海布局考虑到临近日本，巴西临海布局考虑到临近欧美等，很大程度上是接近市场和对外贸易的需要。

从布局模式上看，欧洲的沿海重化工业布局主要是园区模式，园区内重化工业相关联。基本上具备比较完善的重化工业体系，形成系统化关联布局。日本形成以大城市为中心的沿海重化工业带布局结构，依托大城市的重化工业发展，形成轴 – 极模式。国内的沿海重化工业发展没有自己独特的布局特色，沿海地区环渤海、长三角、珠三角之间重化工业布局同构化现象明显。往往是一个地区布局何种产业，其他地区也一拥而上地布局这种产业。但沿海地区内部存在从密集型重化工业到原料型重化工业多种层次结构，发展程度存在很大差异。

从产业布局空间转移上看，发达国家将本国的原料型重化工业逐渐转移到拥有廉价劳动力的发展中国家，促进了本国产业结构升级，避免环境过度污染和能源过度消耗。以化学工业为例，世界化学工业呈现由传统化学工业向以新材料和生物技术为主的化学工业发展，西方发达国家化工业转向高技术领域，而传统化工业则转向东欧和发展中国家。能源密集型和劳动密集型的大宗化工产品及其加工制成品的生产由西欧、北美向亚太、拉美、中东和东欧地区转移。发展中的新兴工业国家开始着手技术密集型化工产品，而将劳动密集型化工产品向更低层次国家转移（任渝眉，1994）。在生产布局的转移上，发达国家很大程度上借助于垄断资本的跨国流动，通过跨国公司建立海外生产基地，形成重化工业产业在生产和消费上的转移。

四　总体述评

总体上看，许多国家在其重化工业阶段都呈现沿海布局的趋势。现有的关于国内外重化工业沿海布局的研究主要是结合重化工业发展现状，根据区位条件讨论布局形成的原因。但是，关于沿海重化工业布局主要的社会经济影响，以及重化工业布局的效果缺少实证分析。现有研究主要从区位熵、产业相似度等方面进行经验检验，以考察重化工业布局的空间集聚等问题，但是缺乏更为客观的对经济现象的普遍的规律性的解释，特别是严谨的理论分析。已有的从空间经济学角度对沿海重化工业布局的研究局限在于没有很好地解释布局的全局均衡，同时也存在假设过强等问题。大多数研究，忽略我国沿海地域广阔、省份众多的区域竞争格局下的分析，多数局限在同质企业的微观视角，缺乏考量地域经济分区、不同地区的其他交易成本（如行政垄断）以及区际竞争与区域内部竞争的关系问题。目前，针对国内重化工业布局的社会经济影响的研究还不是很多，学者们的关注焦点仍然是产业结构本身的问题，专门针对重化工业影响的研究仅仅局限在产业同构和环境污染等方面，而与就业影响、城市化和能源消耗等问题密切相关的研究还不是很多，同时，缺乏微观数据的经验验证。

现阶段沿海地区如何发展重化工业，发展的强度和力度需要深入研究。重化工业的发展不能完全照搬西方的模式和经验，需要结合本国国情综合考虑制定发展对策，应当基于我国重化工业快速发展的实际，因势利导，调整发展过程中出现的问题，切实实现重化工业的科学发展。同时，沿海地区重化工业发展有别于内陆地区的区位优势，如交通便利、市场广阔、政策支持、资金投入有保障、对外开放程度高等。更重要的是，要能够充分利用海洋要素，站在海上看陆地，合理布局沿海重化工业。同时，沿海重化工业的发展需要遵循新型工业化的路径，在实际过程中，要注意解决发展过程中所面临的诸如环境污染、能源消耗、产业同构以及可持续发展等一系列问题。在发展的过程中强调重化工业的转型升级，以技术创新为动力，合理优化产业结构，在海陆统筹的基础上促进沿海重化工业的合理发展。

第二节　国内外沿海地区重化工业产业同构研究

1984 年，世界银行中国考察团较早地注意到中国区域产业结构中存在着结构趋同的现象，后来联合国根据这一现象提出了测度产业同构的指标之一的结构相似系数，这是最早的关于产业结构趋同水平的研究。产业同构从本质上讲是区域分工的一个局部均衡结构，是经济分工过程中的一种模式选择。国内外学者从产业同构的表现、影响、机理、成因、未来趋势以及优化途径几个方面进行分析。自20 世纪 90 年代后期以来，国内对地区产业结构趋同的研究越来越深入，逐渐具体到省与省之间、地区与地区之间或者区域内部。

一 国外产业同构研究

国外关于产业同构的研究大致可以归纳为同质化竞争、产业集聚以及同构原因与影响等方面的分析。

Lubatkin 等（1997）认为在非洲和匈牙利存在地方管理层面的同构收敛及相近的地方产业同构。Lambertini 和 Rossini（1998）分析了产业同构竞争者追求差异化的原因是面临技术模仿的囚徒困境，使得一方会在投资激励价格高于产品数量竞争价格时采用差异化战略。Nurray 和 Turdaliev（1999）在前人关于同构商品单一企业两地区竞争的基础上，研究了多企业多地区的同构商品竞争，认为同样存在比较利益视角下的商品多地区间的普遍贸易行为。Mäkelä 和 Maula（2005）从国家化的视角分析了外商直接投资在选择本地市场与新市场的过程中，通过追求利润最大化寻找产业结构相似从而保证风险较小。这对于多区域产业同构同样具有影响。Appold（2005）以美国为例，认为新产业的地区分布会考虑传统地方因素和社会进程，产业同构的过程本身暗示了地区间要素资源流动以及地区间相互影响的加强。作者重点强调了技术因素在产业同构过程中的推动作用。Casajus（2006）从博弈论的角度论证了同构现象存在序贯均衡，证明了同构在一定条件下的合理性和稳定性。Moatti（2009）认为在产业发展模式的选择上，无论是并购抑或联盟均符合同构理论，因为相似结构的模仿可以在更大程度上借助先验信息。

Wei 等（2012）认为产业同构是地区产业升级和地区产业合作的障碍。作者运用分形理论在比较福建和台湾的制造业和第三产业的产业结构相似度的基础上，发现随着产业发展，制造业产业同构程度将增加，产业分工将从垂直分工向水平分工演进。Lau 等

（2002）通过比较研究加拿大以及中国大陆、香港和台湾地区的地方管理与产业发展，认为国家层面地方条件将影响产业同构结构收敛而非文化因素。中国大陆多区域间的差异性应该被予以考虑，这对于理解中国的产业同构具有重要的意义。Mukundhan 和 Nandaku-mar（2013）研究新兴市场公司进入发达国家的产业同构化进程。结果表明，尽管存在巨大的进入风险，但新兴市场产业倾向于模仿发达国家的产业组织形式从而出现同构化形式，其目的是保证市场进入和吸引高投资。Tan 等（2013）研究中国西南地区家具集聚企业认为，周边地区往往在制度上和竞争性上同构，中部企业可以通过创建和使用创新网络，同时塑造制度环境，避免制度整合和竞争差异化的折中，从而具有更大的结构创新空间。Zheng 和 Kuroda（2013）选择 1996～2005 年高科技企业的产业数据，分析认为高科技企业向沿海地区集聚，地方保护主义使得高科技企业在多区域间存在同构现象，研究发现经济政策对于产业的地理分布具有重要的影响。Leiter（2013）发现澳大利亚非营利组织特别是医疗行业存在明显的同构。

也有部分学者从微观产品的角度研究在同质产业或商品竞争条件下企业价格主导权的博弈与选择（Ono, 1978; Kline, 2000; Hirata, Matsumura, 2011; Federico, López, 2013）。Hirata 和 Matsumura（2011）认为在同构竞争的假设下检验斯坦克尔伯格模型，价格主导者应该是高成本企业。部分国外学者从地方省际贸易壁垒的角度出发，认为地方政府追求高利润的保护主义政绩政策导致了中国产业同构的出现。1994 年，世界银行报告指出中国省区之间贸易流减少、区域专业化程度不高，表明中国省区间存在着产业集中趋势下的分散同构布局现象。Young（2000）认为中国在计划经济体制下的改革存在地方的垄断和保护主义壁垒，产业经济活动无法摆脱政府寻租的高利润引导，地方政府注重发展高利润的产业，从而违背资源配置的规律。到 1993 年，中国各个省份之间的产出结构表现出趋同的趋势，这种产业同构化的结果严重阻碍了地方比较利益优势的发挥。Poncet（2005）研究了中国国内市场的一体化程度和内生省际贸易壁垒及贸易演变，认为中国国内市场处于严重的分割状态。20 世纪 90 年代，中国国内市场分裂以及省级边界间存在较为严重的贸易壁垒，地方政府的贸易保护为追求社会经济稳定的双重目标和财政收入最大化，导致产业同构化现象的出现。1999 年，Naughton（1999）提出了与之前学者不同的观点，认为中国的省际贸易量不是降低而是随着交通的改善有所增加，这有利于产业比较利益的发挥。这与 Young（2000）的观点存在鲜明的对比。Bai 等（2005）以中国为研究对象，认为地方保护主义推动政府愿意发展利税率高的产业，地方保护政策是产业同构现象的重要原因。以上研究将产业的地理空间分布与市场整合程度相联系，将产业同构现象归结为市场一体化程度低、地方贸易壁垒和保护主义盛行的结果。

也有学者对国外产业同构现象进行分析。Kim（1995）研究了美国地区专业化的长期趋势，认为美国地区专业化程度在 1860 年至 20 世纪大幅提升，然后自 20 世纪 30 年代大幅下跌。影响产业分布的主要因素有地区自然资源差异、产业规模经济、产业经济外部性。Kim 的观点对产业同构现象的理解不再局限于地方保护主义，而更加侧重市场因素的影响。Martin（1996）讨论了中东欧产业与欧盟产业的市场整合，提出了贸易保护主义对经济发展的低效，产业同构化进程在市场不统一的情况下可能产生低效率的竞争。Palan 和 Schmiedeberg（2010）研究了西欧国家过去 30 年的制造业产业结构数据，发现制造业产业内结构收敛与规模经济有关。Andrieş 和 Căpraru（2014）研究了产业结构趋同背景下的竞争效率影响问题。

作者以欧盟银行产业为例，分析认为在较高的同构竞争水平下，存在有效率的竞争。

在技术层面，Kerstens 和 Managi（2012）在对石油重化工业产业生产函数进行分析的基础上，研究产业的同构收敛趋势，运用傅里叶函数形式发现其存在非凸性特征。说明研究此类问题应该以非线性视角切入更为有效，而多数学者研究沿海重化工业产业同构问题仍然停留在简单的线性层面和凸性假设。这也恰是本书需要填补的空白。

在产业同构的影响层面，Jordaan（2008）揭示了产业集聚背景下，外商直接投资可能产生负的外部性；而在产业分散布局趋势下，外商直接投资的正的外部性可以发挥。Davis 和 Hashimoto（2014）研究认为相同产业分散布局在不同区域比集中布局在同一地区具有更高的增长率，这意味着行业密度对整体经济增长有负面影响。而产业趋同走向分散的平衡取决于运输成本和知识扩散。

总体上看，国外对于产业同构的研究具有普遍性，针对沿海地区重化工业产业同构的研究几乎没有。研究区域以国家间比较和欧盟地区为主，这与国外的地理空间有关。多数学者将产业同构归结为地方保护主义的结果，并承认这种产业空间分布模式是低效率的。当然，也有学者认为产业同构是产业发展的市场作用结果，认为这种产业组织形式可以使新近区域产业降低投资风险。目前对此问题还没有得出比较一致的结论。尽管有学者认为应该考虑产业同构结构的阈值和非线性特征，但目前仍没有学者付诸完善的实际讨论，同时也缺乏产业同构与经济发展作用关系门槛值的讨论。

二 国内重化工业产业同构研究

国内重化工业产业同构研究主要集中于制造业产业范围，以探讨沿海地区特别是长三角地区的重化工业产业同构为最多。前人的研究大致可以概括为以下三个范围。

（1）产业同构的定义与成因

塞风和朱明春（1990）在国内较早地认为区域产业同构是产业结构演进过程中在各个区域间表现出来的一种共同倾向，其本身表现为区际产业结构差异的不断减少，而且是一种动态演进的过程。李青（1991）认为区域产业结构同构是指相同或相似的产业结构在各经济区域间的一致，并从地理角度将产业同构现象分为两种。包括部分同质产业的产品生产地和消费地基本属于同一区域范围或者产业的次级层次会发生区域间的交换和贸易，但该产业在各区域都存在。夏兴园和李洪斌（1998）认为讨论产业同构除了要有质和量的指标，也要考察在区域空间内是否存在产业或产品脱离市场需要的情况，判断的标准包括是否存在低水平重复建设。陈耀（1998）认为不仅将区际产业结构差异趋于缩小定义为区域产业结构趋同，还应判断产业的地域特点。石涛和鞠晓伟（2008）认为产业同构是具有某种共同倾向的动态的演变过程。从分工的角度看，区域经济中存在着分工与同构不相交、同构不与分工相交以及分工与同构并不相互排斥三种产业配置形式（李青，1991）。程忠和黄少安（2016）在产业结构趋同的基础上定义了合理性产业同构的概念，合理性产业同构是指顺应地区经济发展规律而形成的产业结构一致，其符合资源配置原则从而不会导致恶性竞争，其更多强调理性选择。同时作者也给出了五个评判标准，即产业同构是否由市场规律形成，是否由资源禀赋、历史背景等因素形成，是否源于错位竞争或产品多样化带来的良性竞争且符合市场规律，是否带来了良好的结果，是否为了高额的运输成本。

关于产业同构的成因研究，宋养琰（2005）认为20世纪80年代以后中国产业同构现象就开始出现。除历史原因外，各个地方政府的利益驱动和行政干预所起的作用以及国有企业改革滞后是产业结构趋同的主要原因。刘传江和吕力（2005）通过实证研究发现，产业结构趋同过程是经济发展的必然，它与长三角地区经济发展的进程和阶段具有重要的联系。邱风等（2005）分析认为随着产业的细分程度加深和时间的推移，产业同构程度逐渐下降，是市场竞争促使地区产业互补推进的结果。而我国政府官员特殊的晋升体制决定了恶性竞争主要表现在由政府控制投资的领域。刘瑞明（2007）认为现有的晋升激励体制下是以政治控制权收益为目标，如果考虑政治控制权收益中的相对位置，地方政府为自身利益最大化将采取模仿经济发展战略，这会导致产业结构趋同。产业同构会引起地区对于原料产地和商品市场的争夺，导致市场分割也在所难免。刘作丽和贺灿飞（2007）发现京津冀区域内城市间工业结构存在趋同特征，但随着产业逐渐细分，同构程度逐渐下降。主要原因是比较优势雷同、国有经济比重过高以及地区间的贸易壁垒严重等问题长期存在。于良春和付强（2008）认为产业同构可以存在并且控制在一定的程度是合理的。从行政垄断的角度看，区域产业结构趋同的原因包括产业政策扭曲、资源配置不合理以及地方保护主义导致的市场分割等。吴福象（2008）认为长三角产业结构趋同的真正根源在于投资的相似，国有企业的投资会导致产业同构程度上升，行业基本建设和更新改造投资能使产业同构程度降低。邓路（2011）从总体以及分行业两个层面对环渤海经济圈内制造业结构进行实证分析，发现产业同构的存在以及行政垄断造成的市场分割是产业结构趋同的内在动力。郭晖（2010）运用沿海部分城市 1994～2007 年的面板数据，研究发现资源禀赋的相似性导致地区间产业同构的出现。同时，区域内的产业集聚会使产业结构存在趋同，当扩散力发挥作用时可能导致更大范围的产业同构。张媛媛（2015）认为京津冀与长三角地区产业同构的成因存在差异，京津冀地区主要依赖于资源禀赋和体制机制因素，而长三角地区主要源于市场和技术因素。叶琪（2015）指出，由于外资吸收的惯性和外资注入的逐利性，使承接国际服务业转移成为我国东部地区服务业产业结构同化的重要因素。余霞民（2016）认为政府之间的不合理竞争致使政府竞相发展能够迅速带来 GDP 的行业，而这需要干预金融体系来引导资金流向，这种不合理的金融干预是导致产业同构的重要原因。郭将和戴逢波（2016）认为中央政府发布产业政策，而地方政府照搬中央政策，致使企业纷纷发展政府鼓励的产业和战略性新兴产业，这种中国式产业结构构建路径使得各地区产业布局毫无特色，导致中国产业结构高度趋同。王志华等（2018）深入微观企业层面解析了长三角制造业同构现象，认为大中型企业同构度相对稳定且基本不存在同构现象，而小型企业虽然具有趋异化趋势但仍处于同构状态。研究表明长三角制造业同构现象主要是由小型企业同构引发的。覃成林和潘丹丹（2018）认为三大产业间比较优势的差异是粤港澳大湾区产业趋同的原因，珠三角地区各城市产业进入相同的发展阶段也导致了产业结构趋同，而香港、澳门产业解耦股的特殊性导致其并没有与域内其他城市趋同。先进制造业发展的统一规划是该地制造业趋同的主要原因。余东华和张昆（2020）认为，地方保护、行政性垄断造成的要素市场分割是造成产业同构的重要因素，同时也阻碍了制造业高级化发展。

（2）产业同构的测度

李昭和文余源（1998）利用相似系数和基尼系数进行研究，认为中国各省份之间产业结构趋同程度大而工业内部行业结构集中化程度较低。梁琦（2004）认为地理空间距离越短，产业同构程度可能越强。就环渤海地区和长三角地区内部分工而言，环渤海地区互补性较大，而长三角地区同构程度更高。蒋金荷（2006）在分析中国高技术产业的结构与地方专业化的基础上，总体上认为 1995 ~ 2002 年我国高技术产业的结构趋同程度降低了。周国富和陈玲（2006）研究发现，我国各省区市之间的产业同构程度呈现倒 U 形。陈建华（2007）认为产业同构和产业细分程度密切相关。区域与产业层次越细分，长三角地区的制造业结构相似系数就会越低。

王永锋和华怡婷（2008）发现环渤海地区宏观层面上存在三次产业结构趋同的现象，但是在工业内部细分上结构趋同程度会降低。证明了地区产业同构是一种必然的现象，同时只会以一定的程度存在于一定的产业范围中。周立群和江霈（2009）认为京津冀产业集聚主要原因是以原材料工业为主导的禀赋和制度因素，而沪苏浙制造业的重合更多来自市场和技术。京津冀地区容易形成重复建设、产能过剩及恶性竞争，沪苏浙地区有利于行业内专业分工的深化以及产业集聚的形成。范剑勇和姚静（2010）研究发现国内地区间产业同构现象实际上并不存在。从县域层面上看，县级经济专业化程度高，且地区间分布不平衡。彭飞和韩增林（2012）认为环渤海地区制造业一体化趋势存在倒 U 形曲线关系，且现阶段处于曲线的左边。鲁金萍等（2015）认为在京津冀地区，北京－河北制造业分工最明确，天津－河北次之，而北京－天津最模糊。在农副食品加工、电器制造等行业已形成明确分工，而在食品制造业、纺织服装等领域还存在一定程度的同构现象。总体上京津冀三地不存在严重的产业同构现象，并且不存在所谓的重复建设而导致的恶性竞争。Wu（2015）通过对长三角地区 27 个制造业产业的研究认为，长三角两省一市的产业结构具有明显的差异和互补性，省市县的差异非常明显，并且该地区产业结构的成因并非地方政府的竞争，而更多的是受市场力量驱动。张媛媛（2015）对比京津冀和长三角经济圈产业同构程度后，认为长三角地区的产业同构程度要大于京津冀地区，产业同构也并未明显滋生恶性竞争。王志华等（2016）发现在长三角地区，高技术产业很多还处在价值链中的加工组装环节，附加值不高，国际分工地位低，并且各地区高技术产业类似，即存在着高技术产业低端同构现象。喻柯可和涂良军（2016）认为长江经济带存在合意的产业结构趋同，但不存在明显的产业同构现象，其中江苏和浙江的产业结构趋同属非合意。谢浩和张明之（2016）认为长三角四省产业同构水平较高，特别是江苏和浙江两省，并且进一步趋同的基础依然存在。然而产业同构呈现错落的优势产业和普遍的基础产业同时存在，具有"和而不同"的特征，这是长三角制造业实力领先的重要原因。程忠和黄少安（2016）对全国各省产业结构相似度进行测算，发现中国产业结构相似度存在上升的趋势，尽管仍然处在"合理趋同"的范围内，但是已经达到较高的水平，未来需注意将其控制在合理范围内，并警惕过度趋同。Wu 和 Zhu（2017）研究认为，中国产业专业化程度以及地理集中度在 2005 年以后都有所下降，并造成了省际产业结构趋同。出现这种现象的原因是中央政府的产业发展规划是各省份产业发展的重要参考，产业政策使得地方产业发展背离了自身的比较优势，造成产业同构。He 等（2017）研究了京津冀地区产业资源消费的集聚性以及产业结构的同质性。研究认为，北京工业运行对稀缺资源的依赖程度低于津冀，而对金融等资源的依赖高于津冀。津冀在"桥"产业和核心社区产业上的重合度要高于京冀和京津，表明天津和河北之间的产业同质程度更高。刘云中和何建武（2019）认为从 20 世纪 80 年代起中国区域间产业同构程度不断下降，专业化程度上升，但 2007 年以后产业同构程度又有所上升。四大区域内部产业同构程度低于区域之间，东北和西部地区明显低于东部和中部地区，不同行业的同构程度也存在差异。覃成林和潘丹丹（2018）认为从三次产业层面来看，粤港澳大湾区产业结构整体呈现趋同态势，并且趋同程度有上升趋势。同时制造业也存在趋同趋势，但是趋同程度降低，呈现局部趋同的特征。眭文娟等（2018）的研究也支持了粤港澳大湾区产业局部趋同的观点，同时指出粤港澳大湾区传统制造业分工合作较好，发展较为成熟，而具有战略意义的先进制造业区域产业趋同较为明显。Ye 等（2019）研究发现，长三角三省一市的产业相似度有所下降但是并不明显。其中，由于历史和发展背景相似，江苏和浙江的产业结构有极高的相似度。由于在调整产业结构过程中缺乏合作和规划，上述地区产业结构的相似度在短暂下降后又有所反弹。Wang 等（2019）探讨了能源密集型产业区域趋同对二氧化碳排放的影响。文章认为，随着区域趋同，能源密集型产业可以在 2030 年前达到二氧化碳峰值，同时区域趋同也为电力部门的减排提供了帮助。

（3）产业同构的影响

多数学者认为产业同构会导致资源的浪费和过度的竞争，不利于资源的优化配置。沿海地区的产业同构在重复建设的同时，严重破害了地区的资源环境，特别是重大重化工项目的一窝蜂重复投资与分散布局，造成了竞争的低效率（赵丽、夏永祥，2004）。洪银兴（2003）认为，产业同构使得各地区丧失比较优势并且陷入恶性竞争。郭将和戴逢波（2016）认为严重的产业同构已经严重阻碍了中国经济健康增长，必须消除中国严重的产业同构现象。余霞民（2016）认为政府不合理的金融干预导致的产业同构降低了金融配置效率，致使金融体系无法发挥优化资本配置功能。

而产业同构是否具备明显的过度竞争，某种程度上主要取决于区域产业的分工联系（陈建军，2004；李庆华、王文平，2007）。靖学青（2004）认为产业同构现象存在合理性，是经济发展到一定程度的必然产物。夏永祥和卢晓（2006）认为产业同构对长三角地区的区域经济一体化有积极意义，并未对长三角地区经济造成明显的不利。赵连阁和胡颖莹（2007）认为长三角地区产业同构现象并没有那么严重，产业同构有其内在的必然性，而更应该考虑市场需求和产业的演进规律。陈建军和胡晨光（2008）认为以产业同构为主要内容的长三角地区产业集聚并没有表现为省区经济之间的"重复建设"或者是"恶性竞争"。陈秀山和徐瑛（2008）研究了 1996～2005 年中国制造业企业的空间结构特征，认为其变动过程和结果都同时表现出聚集和扩散两个特征，而聚集特征比较明显。然而作者同时发现，扩散过程对于区域产业结构冲突的贡献远大于聚集过程，接受扩散且被聚集的地区产业结构冲突性最强。张卓颖和石敏俊（2009）研究认为中国制造业存在一定程度的产业同构现象，但空间上不均衡。产业内贸易既可以在产业结构相似的省份之间发生，也存在于产业结构差异明显的省份之间。如果区域之间存在着活跃的产业内贸易，产业结构同构就不一定阻碍区域经济一体化。嵇尚洲（2013）认为产业同构存在两种不同的效应，即恶性竞争效应和产业集聚效应。随着与上海工业相似程度的变化，长三角各城市经历了产业集聚效应和恶性竞争效应交替占优的不同阶段。程忠和黄少安（2016）认为在一定范围内的产业结构趋同是合理的，产业结构的合理性往往要根据其是否符合市场规律、是否会对经济发展产生积极作用来判断，而不能因为原因的非合理性而否定产业同构的合理性。一些研究也支持了产业同构并未造成区域内恶性竞争的观点（鲁金萍等，2015；张媛媛，2015；谢浩、张明之，2016）。还有学者认为产业同构存在较为复杂的影响。罗能生和谭晶（2016）的研究认为，总体上看产业同构程度与产业效率呈现负相关关系，无论是综合技术效率还是规模效率。但是在技术性产业与生活消费型产业,产业同构与综合技术效率正相关而与规模效率负相关,对于资源型产业则恰恰相反。

总体而言,国内关于沿海地区重化工业产业同构的研究偏重于宏观区域层面,产业层面很少有涉及细分产业的同构测度研究,尽管可能会用到微观数据。对于产业同构的理解存在不同的价值判断,部分学者认为产业同构存在合意区间,在此范围的产业同构有利于地区经济增长和整体效率的提升。但没有学者能够科学地给出合理的同构区间范围。另外,在讨论产业同构成因的问题上,多数学者将产业同构归结为地方行政垄断的结果,部分学者将此结果归因于市场发展的必然,但都没有给出产业同构模式的演变机理。即便有学者从分工角度对此问题进行讨论,仍然没有从理论框架上构造合理的经济学解释模型。在关于产业同构影响的研究中,多数学者认为要根据产业同构的程度进行分析。特别需要指出的是,由于中国经济空间差异比较明显,区域发展的不平衡性要求我们在研究产业同构问题时谨慎分析区域差异。

第三节　总体述评

综观国内外重化工业产业布局特点以及产业同构原因与现状,可以看出目前这个领域的研究还存在以下不甚完善的地方。一是关于产业同构演化机理的论证还不完善,并且研究沿海地区的重化工业产业同构的理论模型还没有提出来。二是缺乏针对重化工业产业布局的系统的产业结构趋同性研究。由于重化工业产业是工业化进程的关键环节和重要领域,中国沿海地区的重化工业产业布局同构现象突出,对此问题的研究将使我们对于中国工业化进程的演化以及地理空间分布有深刻的理解。这也是本书的研究意义所在。

重化工业产业布局在沿海地区并存在同构趋势是世界沿海地区产业布局的重要特征。产业同构竞争是工业化进程的重要发展阶段，国内外产业同构本质上是竞争的必然结果。但目前还没有学者对产业同构竞争的原因和影响以及产业同构竞争的演化过程进行系统的研究。国内外重化工业沿海布局主要考虑运输成本、市场区位优势以及对外开放程度等。国内沿海地区的产业结构趋同与欧洲国家的产业结构趋同具有相似性，当将欧洲国家理解为国内各个省份的时候，产业同构的本质是可以放在一起讨论的。关于产业同构的性质，国内多数学者认为产业同构会导致低效率的竞争，但没有对同构的程度和水平进行区分。关于同构的演化也缺乏不同产业的演进解释，因此这些研究都有重要的意义。

沿海地区的重化工业产业同构是一种普遍的客观现象，通过对欧洲、美洲以及亚洲地区主要国家的沿海地区重化工业产业布局以及产业结构特点进行分析，可以发现重化工业沿海集聚布局是一种客观存在，而这个过程中的产业同构也存在共性，如美国五大湖沿岸的产业同构程度比中国的沿海产业趋同程度还要高。在不同工业化发展阶段，产业同构的程度和原因呈现差异。如亚洲国家的同构主要是承接欧美价值链转移以及自身发展的内在需求导致的，欧美的产业集聚以及分散同构要比亚洲和拉美地区早，而中国的沿海重化工业产业同构具有内在特殊性。在同构的过程中，逐渐形成了利用生产型基础设施、分摊成本、实现分工的深化，同时促进了企业研发与专业化。

第三章

概念辨析和理论基础

第一节　概念辨析

一　同构

"同构"一词见于很多学科，笔者在查阅文献资料的过程中发现哲学、数学、理学、经济学等学科都涉及"同构"这一概念。乍一看，不同学科不能放在一起讨论，但事实上不同学科视角下的同构概念在本质上体现了惊人的相似。

从哲学上讲，各个元素之间相对稳定的相互关系可以理解为结构，所以结构由关系组成，是元素相互关系中核心的和稳定的部分。罗素在 20 世纪提出了同构实在论，他认为同构关系可以理解为系统之间要素的一一对应（齐磊磊、张华夏，2010）。根据哲学的理解，客观世界和主观世界、人与自然之间都存在着同构特征。同构关系恰恰是人们认识事物结构的重要途径，因而研究同构现象，对深入了解经济发展的演变规律以及产业和区域之间的互动关系具有重要的价值。

从数学上讲，同构是一种映射。若两个数学结构之间存在同构映射，则这两个结构可以理解为是同构的。定义在欧式空间的实数域范围内的 P 与 P^*，如果由 P 到 P^* 有一个双射 m，满足如下条件，这样的映射 m 称为 P 到 P^* 的同构映射：

$$m(\alpha + \beta) = m(\alpha) + m(\beta) \qquad (3-1)$$

$$m(k\alpha) = km(\alpha) \qquad (3-2)$$

$$[m(\alpha), m(\beta)] = (\alpha, \beta) \qquad (3-3)$$

由定义可以看出，如果 m 是欧式空间 P 到 P^* 的同构映射，那么 m 也是线性空间 P 到 P^* 的同构映射，因此同构的欧式空间必然有相同的维数。设 P 是一个 n 维空间，在 P 中取一组标准正交基 ε_1，ε_2，ε_3，$\cdots\varepsilon_n$。在这组标准正交基下，P 的每个向量 α 都可以表示成：

$$\alpha = x_1\varepsilon_1 + x_2\varepsilon_2 + \cdots + x_n\varepsilon_n, 令 m(\alpha) = (x_1, x_2, \cdots x_n) \in R^n \quad (3-4)$$

因此，可以得出每个 n 维的欧式空间都与 R^n 同构，同构具有反身性、传递性与对称性。数学上的同构本质上是指具有相同基底的空间结构，和经济结构同构具有类似的特征。

经济学上的同构多数是指产业结构的同构，与哲学和数学具有同样的理论根源，可以说哲学、数学和经济学上的同构概念具有类似的同构特征。

二 产业同构

1984 年，世界银行中国经济考察团发现，中国产业结构中存在地区结构趋同现象。后来逐渐引起国内外学者的普遍关注，成为我国区域、产业经济领域的热点问题。众多学者对产业同构的理解大致相同，认为从总体上讲，产业同构是产业结构在地区间表现出来的结构高度相似。这个定义的内涵是要明确产业结构相似程度，而外延则涉及多个产业、多个区域的比较。王松青（1989）较早地认为产业同构（或产业趋同）是指不同地区的所有生产要素总量在不同产业之间或者同一产业内部的配置比例、构成以及它们之间的有机联系上表现为相似的特征。而产业结构从狭义上讲，是三次产业的比重特征；从广义上看，包括细分产业的产值或者劳动力的数量结构特征。对产业同构概念的理解必须从区域和行业两个层面进行必要的明确。

首先，产业同构问题是一个区域问题，如果只是一个区域的产业结构问题，就无法涉及和其他区域的比较。在单一的地理单元范围内，根本不存在产业同构现象。因而，产业同构首先需要明确比较研究的区域。更重要的是，要考虑区域特征，如欧盟和中国比较，欧盟存在多国家区域合作，可以存在某些产业分散布局的产业同构现象。在某种程度上，中国的不同省份可以理解为欧盟的不同国家，同样存在产业同构。但这两种产业同构的现象存在诸多差异，关键在于中国是统一政权体制下的多区域同构，而欧盟是多政权体制下的同构。多个国家的同构和单一国家多区域同构从原因和影响等角度看都有很大的区别。此外以重化工业为例，沿海和内陆也存在差异。其次，产业同构需要明确是在哪个行业层面上。宏观产业结构同构现象明显，但微观层面不一定存在同构，产业的行业范围在研究同构问题时十分重要。另外，对于产业同构的理解有必要和相关的概念进行比较。

产业同构与产业集聚。在众多关于产业同构的研究中，部分作者对产业集聚与产业同构没有进行很好的区分，从而造成研究的混乱。所谓产业集聚，最早产生于19世纪末期，著名经济学家马歇尔较早地关注这一现象，认为产业集聚是指在某个特定地理空间范围内相同产业高度集中、产业资本要素不断汇聚的一个过程。马歇尔认为产业集聚有三个好处：一是促进专业化水平的提高，保证收益；

二是为具有专业化技能的工人提供了集中的市场；三是能够存在技术溢出效应，使集聚企业享受更大的正外部性（阿尔弗雷德，2012）。埃德加·胡佛对产业集聚进行了划分，将其分解为内部规模经济、地方化经济和城市化经济（埃德加，1990）。20世纪90年代，以克鲁格曼（1991）为代表的空间经济学研究学者在规模报酬递增和不完全竞争视角下将空间要素引入新古典分析框架，从而更好地解释了产业集聚等问题。他在中心外围模型中解释了随着贸易成本的降低，初始均衡条件下的不同地区劳动力要素转移出现的区域非对称结构。在理论上证明了制造业的空间集聚趋势。此后若干学者也将运输成本、报酬递增和空间集聚等问题引入产业空间集聚和区位选择的研究中（Davis，1998；Fujita，Thisse，2002）。近年来，以Melitz和Ottaviano（2008）为代表的新新经济地理学研究者发现，微观企业和个体劳动的生产效率差异、不同企业的成本差异决定了企业的竞争力以及空间集聚分布。

但产业集聚与产业同构二者既相互关联又存在区别。从共性的角度看，二者均具有产业空间分布的特征，都表现为产业在特定空间一定程度的集聚，从本质上讲都是区域分工基础上发展的必然结果。产业集聚可以理解为产业同构分工发展的高级阶段，当集聚的交易费用大于同构模式时，地区产业结构可能存在同构化倾向。只有当分工的交易效率足够高，突破某一门槛值时，集聚的分工结构可能取代产业同构。产业集聚和产业同构本身并不一定意味着实现专业化，专业化经济作为分工的高级阶段，是交易效率发展到一定程度的产物。

产业集聚和产业同构的区别明显表现在以下两个方面。第一，产业集聚往往指相互关联的产业在一定空间范围的集中分布，一般不涉及多区域问题，而产业同构是多区域比较下的产业结构趋同。

这里产业结构趋同与集聚也存在显著差异，空间范围内产业集聚不一定存在同构；同样，产业同构的空间也可以比产业集聚的空间大。换句话说，产业同构也不一定是产业集聚。第二，产业同构往往是重复竞争的结果，是地方保护主义盛行下产生的区域要素不能合理地分配利用，是地方政府追求高利润财政收入而引起的趋同规划指导下的同质竞争，其布局不考虑产业间的关联；而产业集聚更多地侧重于具有前向或者后向关联作用的企业在特定范围内集中布局。产业同构是集中趋势下的分散布局。以重化工业沿海地区同构为例，尽管沿海地区普遍布局重化工业产业，但不同省份存在结构相似的现象，这其实是一种分散竞争的景象。

三　重化工业

1935 年，英国经济学家费希尔首先提出，人类的经济活动可以分为三个阶段。与此相对应，也就有了三次产业的划分：第一产业是以农业为基础，广义上包括农业、林业、副业、渔业和牧业等大农业范畴；第二产业指工业和建筑业；第三产业包括电力工业、供气和供水业、批发和零售商业、饭店和旅馆、运输、保管和邮电业、金融保险、不动产和企业劳务、公用服务业、社会服务业和个人服务业，以及不能明确划分的其他各类活动。其中第二产业按照生产资料的用途可以分为轻工业和重工业。在此基础上，1957 年，克拉克把全部社会经济活动划分为第一次产业、第二次产业和第三次产业。其中，第一次产业包括一切直接取自于自然界的经济活动，主要有广义的农业和矿业；第二次产业指一切对自然物进行加工的经济活动，主要有广义的工业和建筑业；第三次产业是指除第一、第二次产业以外的所有的社会经济活动，提供服务是其主要特性。习惯上，将第一次产业、第二次产业和第三次产业分别简称为第一产业、第二产业和第三产业。1985 年，国务院办公厅批转了国家统计局《关于建立第三产业统计的报告》，规定了中国三次产业的划分标准。第一产业是指农业（包括种植业、林业、牧业和渔业）。第二产业是指工业（包括采掘业、制造业、自来水、电力、蒸汽、热水、煤气）和建筑业。第三产业是指除第一、第二产业外的其他各业，它又可分为两个部分，即流通部门和服务部门。其中，第二产业包括轻工业和重工业，前者是以生产生活资料为主的工业产业部门，后者是指以生产生产资料为主的工业产业部门。

本书所说的重化工业是重工业和化学工业的合称，重化工业多为资源－资本密集型产业，规模效应显著，往往形成集中分布的重化工业区或工业带，极化作用十分显著。基于循环累积因果原理的重化工业的空间极化机制主要表现为某一地区由于重化工业的配置带来就业机会、个人收入、外来移民、地方财政收入的增加，以及基础设施改善、教育机构发展、相关工业集聚、地方服务业发展及外部经济显化等一系列变化，导致更多的产业部门及人口、资本等要素不断集聚与发展（王缉慈，1994）。本书参考前人的研究成果，根据《中国工业经济统计年鉴》和《国民经济行业分类标准》，确定了重化工业产业包括煤炭开采和洗选业、石油和天然气开采业、黑色金属矿采选业、有色金属矿采选业、非金属矿采选业、石油加工及炼焦加工业、化学原料及化学制品制造业、医药品制造业、化学纤维制造业、非金属矿物制造业、黑色金属冶炼及压延加工业、有色金属冶炼及压延加工业、金属制品业、通用设备制造业、专用设备制造业、电气机械及器材制造业、交通运输设备制造业、通用设备计算机及其他电子设备制造业、仪器仪表及文化办公机械制造、电力热力生产和供应业 20 个行业门类（穆建新等，2006；姚小芹、崔维军，2011）。

重化工业的发展具有如下特征。①重化工业属于资本和技术密集型产业，对资金的需求大。和轻工业相比，同样的投资对劳动力吸引较小。据统计，在轻工业为主的阶段，GDP 每增长 1% 能安置 300 万人就业；而在重化工业阶段，则为 70 万人（刘世锦，2004），并且对于劳动力的从业素质有更高的要求。同时，重化工业发展的投资周期较长，容易形成生产供给和市场需求的错配，发展重化工业需要合理安排国民经济投资和消费的比例。②重化工业是国民经济的基础和命脉，关系到国家的经济安全。重化工业的发展往往涉及国民经济的重要行业和关键领域，且重化工业的产业关联性较强，容易出现牵一发而动全身的产业连锁效应。多数重化工业以国有大中型企业的形式存在，是地方政府的利税大户，支撑着地方的财政收入。③重化工业能耗大，对环境污染的程度高。工业"三废"的排放和治理直接影响着地区环境和经济发展。21 世纪以来，随着海洋经济在沿海地区经济增长中的作用日益凸显，沿海地区各级政府纷纷出台了全方位的配套政策措施，掀起了新一轮海洋开发热潮。但是，重化工业发展加重了资源环境负荷，造成污染加重、生态破坏。近年来，全国大部分地区出现的雾霾很大程度上与重化工业的发展密切相关。

第二节　理论基础

一　区域分工理论与区位理论

（1）区域分工理论

1776 年，现代经济学的创始人亚当·斯密在其专著《国富论》中重点阐释了经济增长的两大根源。一是资本积累。斯密认为，要增加国民总产出，就必须增加生产工人的数量；而为了增加生产工人的数量就要进行资本积累。在斯密看来，产品是劳动生产出来的，产品的增加依赖于劳动量的增加。因此，资本积累就是生产性劳动的雇佣，两者同一。二是分工，斯密认为工人劳动生产率的提高可以促进经济发展，而劳动生产率决定于劳动的分工。在斯密看来，劳动分工本身是市场规模的函数，即劳动分工是生产规模的函数。斯密认为劳动分工可以使每个人专注于从事最具有优势的工作环节，然后再彼此进行交换，最后获得收益。但斯密的劳动分工停留在绝对优势基础上，他认为分工是国民财富增加的源泉和动力，分工可以最大限度地提高劳动生产率。

在绝对优势的基础上，李嘉图提出了比较优势理论。李嘉图认为只要存在技术条件和相对成本的优势，即便生产相同产品的地区也可以实现区域分工基础上的交易。因为生产成本和产品价格的相对差别，使各地区在不同产品的生产上具有比较优势，使区域分工和地区间贸易存在可能，进而可以获得比较利益。相比斯密的理论，李嘉图进一步阐释了相对利益驱使下同样可以实现分工交易的可能。比较优势理论和相对优势理论都是从劳动价值的角度出发，将劳动生产率的提高作为分工的动力和原因，同时以此作为分工和交换得以进行的合理评价。但二者均忽略了区域资源禀赋对于劳动分工的影响。

20世纪30年代，赫克歇尔和俄林提出了要素禀赋理论，他们认为两个国家的要素资源禀赋存在差异，并且不同商品生产要素的投入比例存在差异。假设两个地区分别生产资本密集型和劳动密集型的商品，资本充裕的国家在生产资本密集型产品上具有比较优势，劳动力充裕的国家在生产劳动密集型产品上具有比较优势。一个地区在进行分工交换的过程中，倾向于发挥地区的要素禀赋优势，即资本密集区域生产资本密集型产品，劳动密集型区域生产劳动密集型产品，并相互进行交易。由要素禀赋所导致的比较优势差异既是行业间、产品间国际分工贸易的利益源泉，同时也是产品内分工的动因（张纪，2013）。要素禀赋理论的核心是地区资源条件差异产生的劳动分工，但是其出发点是从供给层面进行研究，无法解释如果一个国家或者地区某种要素禀赋富足但又需要进口该种产品的现象。

（2）区位理论

区位理论是关于人类活动所占有场所的理论。区位理论的发展经历了传统区位论和现代区位论两个阶段。1826年德国经济学家杜能提出了农业区位理论，其基本结论是市场上的产品销售价格决定经营产品的种类和经营方式，运费决定产品的成本。随着距中心城市的距离增加，利润减少，直至为零，因此区位选择与运输距离相关。1909年，德国经济学家韦伯在其代表性著作《工业区位论：区位的纯理论》一书中提出了针对工业区位选择和布局的工业区位理论。韦伯认为工业企业布局存在指向性，运费、劳动力和集聚是工业企业区位的影响因素。由于集聚经济效益的存在，产业倾向于集聚布局。无论是工业区位论还是农业区位论，都把运输距离以及由此产生的运费因素作为重要影响因素，但两种理论的假设过于强烈，和现实情况脱节严重。

区位论对市场因素的研究，标志着古典区位论向现代区位论的转化，其主要观点认为产业布局必须充分考虑市场因素。1933年克里斯塔勒在《德国南部的中心地》一书中提出了中心地理论，提出了市场最优原则。1940年，廖什出版了《区位经济学》，在农业区位论、工业区位论和中心地理论的基础上，提出了区位平衡理论，有时称为廖什区位论。他认为布局原则应是寻求最大利润，而不是杜能的最大收益或韦伯的最小成本；布局受到竞争者和消费者等多种因素的影响。廖什的区位理论同样关注市场的影响，同时考虑到同类企业竞争以及供需平衡问题。

以克里斯塔勒和廖什为代表的区位理论是在完全竞争同质企业的前提假设条件下讨论产业空间布局问题，而现实生活中的不完全竞争主导下的产业布局少有涉及。但在此之后，随着对垄断竞争的深入研究，在传统的 DS 模型的基础上（Dixit，Stiglitz，1977），以克鲁格曼为代表的空间经济学（也可称为"新经济地理学"）建立和发展起来。笔者认为空间经济学是对现代区位理论的完善和发展，对于产业空间结构布局研究具有重要的指导意义。Krugman（1991）发表了文章《收益递增和经济地理》，认为正是由于存在消费者对多样性产品的需求、对工业品的消费差异以及区域间交易成本，经济活动空间才会呈现集聚或者分散状态。空间经济学在考虑本地市场效应、循环因果链条、内生非对称性、突发集聚、区位黏性和驼峰租金等因素的基础上，以微观企业的区位选择和利润最大化为基础，推导出宏观市场的空间分布特征以及演化趋势，以及多重均衡分布条件下企业布局的稳定性问题。根据 Fujita 和 Krugman（1999）以及 Baldwin（2002）关于产业集聚和分散的理论模型，可以得出以下结论：①产业扩散的主要原因是核心国工资成本的提高，区域间工资差距的拉大会使得产业向外围转移；②产业在多区域扩散过程中会选择哪个地区存在偶发因素；③多产业多区域扩散存在规律性，即劳动密集型产业和消费指向的产业首先从集聚地区扩散出去，主要是因为这些产业对于工资变动比较敏感，并且关联度较弱的产业对集聚的依赖程度较低；④如果产业前向或者后向关联的成本结余足以抵消工资的差距，则产业集聚不会被产业扩散所取代；⑤根据新古典经济增长理论，工资将会在长期收敛，产业扩散也将转为集聚。空间经济学理论主要是从权衡凝聚力和分散力的角度分析产业空间分布边界以及模式选择，但其无法考虑到多个产业结构的全局均衡问题。

二　产业结构演进理论

（1）配第－克拉克定律

早在 17 世纪，威廉·配第在《政治算术》一书中就明确指出，工业具有比农业和商业更高的利润率，因而在经济发展过程中，随着经济分工的深化，工业比重将超过农业和商业，这被后人称为配第定律。克拉克在其研究成果的基础上，主要研究劳动力在三次产业之间的转换规律（Clark，1940）。他通过对主要发达国家劳动力转移的实证研究，得出结论：随着经济的发展和人均收入水平的提高，劳动力首先由第一产业向第二产业转移，进而再向第三产业转移；从劳动力在三次产业之间的分布状况看，第一产业的劳动力比重逐渐下降，第二产业特别是第三产业劳动力的比重则呈现增加的趋势（见表 3－1）。配第－克拉克定律的核心思想在于明确了工业在经济发展过程中的重要地位，肯定了工业对于农业劳动力溢出的吸纳作用，同时暗示了国民收入分配将随着产业结构的转移而发生变化。

表 3－1　收入与就业的互动关系

阶段		1	2	3	4	5
1982 年人均 GDP（美元）		357	746	1529	2548	5096
劳动力比重（%）	第一产业	80.5	63.3	46.1	31.4	17.0
	第二产业	9.6	17.0	26.8	36.0	45.6
	第三产业	9.9	19.7	27.1	32.6	37.4

资料来源：杨海军、肖灵机、邹泽清：《工业化阶段的判断标准：霍夫曼系数法的缺陷及其修正——以江西、江苏为例的分析》，《财经论丛》2008 年第 2 期，第 7～14 页。

（2）霍夫曼定律

工业化的衡量一般可以通过两个途径：一是总量指标，包括工业总产值等；另一个是结构性指标，包括工业产值比重或者工业从业人员比重等。1931年，德国著名经济学家霍夫曼在其代表性著作《工业化的阶段与类型》中，认为随着经济的发展，霍夫曼系数（消费资料工业净产值与生产资料工业净产值）是会逐渐降低的。在霍夫曼的理论中，他选择了消费品部门和资本品部门，包括：食品、饮料、烟草；衣服，包括鞋类；皮革制品、家具（除其他木制品行业）、黑色金属与有色金属；机械制造；交通运输；化学工业；纺织业，包括手工纺织；橡胶业；木材；建筑业；造纸，纸制品，印刷以及出版；工具设备和科学仪器；水、燃气和电力。而将采石、水泥、玻璃制造和陶瓷业等排除在外。从研究过程上看，霍夫曼的研究范围重点在第二产业，并不考虑三次产业间的比例结构（纪玉山、代栓平，2008），并根据霍夫曼系数将整个时间段划为四个不同的发展阶段，如表3-2所示。

表3-2　工业化进程与霍夫曼系数

工业化阶段	霍夫曼系数	调整范围	特征
第一阶段	5	±1	消费品工业占主导地位
第二阶段	2.5	±1	资本品工业快于消费品工业的增长，达到消费品工业净产值的50%左右
第三阶段	1	±0.5	资本品工业继续快速增长，已达到和消费品工业相平衡的状态
第四阶段	<1	—	资本品工业占主导地位，实现工业化

资料来源：笔者自行整理。

（3）库兹涅茨法则

美国著名经济学家西蒙·库兹涅茨在其著作《各国的经济增长》中，将整个国民经济分为农业部门、工业部门和服务部门，这与我国现阶段国民经济三大产业分类基本一致。他认为随着国民经济的发展，第一产业实现的国民收入在整个国民收入中的比重，与第一产业劳动力在全部劳动力中的比重一样，都处于不断下降之中。在工业化阶段，第二产业创造的国民收入比重及占用劳动力比重都会提高，其中前者上升的速度会快于后者。在工业化后期，特别是后工业化时期，第二产业的国民收入比重和劳动力比重会下降；第三产业创造国民收入的比重及占用劳动力比重会持续上升，其中在工业化中期、前期，劳动力比重的上升速度会快于国民收入的比重。

库兹涅茨法则对产业结构转变中收入和劳动力的变化速度给出了详细的比较，认为工业发展阶段的收入增加速度快于劳动力，这主要与产业吸纳劳动力的特点有关。库兹涅茨理论将产业的需求弹性与收入看作吸引劳动力的重要因素，强调工业化发展在经济发展过程中的重要作用。然而对于我国而言，尽管新中国成立初期，优先发展工业特别是重化工业加快了经济发展，但同时不可避免地忽视了一些问题，即过度重视重化工业在国民经济中的比重而忽视了区域特殊性。由于区域产业分工的不同，区域工业化具有多样性特点，其工业化道路也可能不同，区域工业化的进程需要考虑空间差异，同时需要兼顾诸如环境保护、过度产业同构等问题（王小刚、鲁荣东，2012）。

（4）钱纳里的经济发展阶段论

1986 年，美国经济学家钱纳里对 34 个准工业国的经济发展进行过实证研究，提出任何国家和地区的经济发展都会规律性地经历传统社会、工业化初期、工业化中期、工业化后期、后工业化社会和现代化社会 6 个阶段。根据他的观点，国际社会将经济发展阶段与人均 GDP 进行了对应（见表 3 - 3）。从任何一个阶段的跃迁都是通过产业结构的转化来推动的，产业结构的变动和升级是划分区域经济发展阶段的基本依据。钱纳里认为工业化进程必须经历 6 个历史阶段。第一阶段，即传统社会：以农业为主，生产力水平极低。第二阶段，即工业化初期阶段：由以落后农业为主的传统产业结构向以现代工业为主的工业化结构转变，工业中则以食品、烟草、采掘、建材等初级产品的生产为主。第三阶段，即工业化中期阶段：制造业内部由轻型工业的迅速增长转向重型工业的迅速增长，非农业劳动力开始占主体，第三产业开始迅速发展，即重化工业阶段，重化工业是规模经济效益最为显著的产业。第四阶段，即工业化后期阶段：第一、第二产业协调发展的同时，第三产业开始由平稳增长转入持续的高速增长，成为区域经济增长的主要力量。第五阶段，即后工业化阶段：制造业内部结构由资本密集型产业为主导向以技术密集型产业为主导转换，同时生活方式现代化，高档耐用消费品在广大群众中推广普及。第六阶段，即现代化社会：第三产业开始分化，智能密集型和知识密集型产业开始从服务业中分离出来，并占主导地位；人们消费的欲望呈现多样性和多边性，追求个性。依据钱纳里的经济发展阶段理论，我国目前尚处在第三阶段，即重化工业阶段，第三产业发展迅速。

表 3 – 3　工业化不同阶段的人均 GDP

单位：美元

工业化阶段	钱纳里的不同时期工业化分级标准			钱纳里标准的中国化	
	1964 年	1970 年	1982 年	郭克莎 （2004）	陈佳贵等 （2006）
前工业化阶段	100 ~ 200	140 ~ 280	364 ~ 728	620 ~ 1240	720 ~ 1440
工业化初期	200 ~ 400	280 ~ 560	728 ~ 1456	1240 ~ 2480	1440 ~ 2880
工业化中期	400 ~ 800	560 ~ 1120	1456 ~ 2912	2480 ~ 4960	2880 ~ 5760
工业化后期	800 ~ 1500	1120 ~ 210	2912 ~ 5460	4960 ~ 9300	5760 ~ 10810
后工业化阶段	1500 以上	2100 以上	5460 以上	9300 以上	10810 以上

资料来源：骆祖春、高波：《新中国六十年来工业化发展时段标准的确定——基于世界银行 2005 年国际比较项目（ICP）结果的研究》，《学海》2009 年第 6 期，第 58 ~ 63 页。

三 新兴古典经济学与分工

新兴古典经济学起源于已故华人经济学家杨小凯在普林斯顿大学完成的博士学位论文（Yang，1988）。后经他本人、他的同事（包括黄有光等）和他的学生长期努力，发展了这一新的经济学框架（杨小凯，2003）。杨小凯的研究被国际同行认定为经济研究中最重要的部分，其关于分工的理论创新被认为是将亚当·斯密理论的深化和扩展。长期以来，经济学的研究以在生产函数和效用偏好导向下研究资本积累对于经济增长的贡献为主线，忽略了分工的重要作用。杨小凯教授及其同事、学生发展了分工理论及其应用，对经济学的发展具有重要的贡献和价值。杨小凯认为经济学可以理解为研究分工与交易费用两难冲突的学问，经济增长是分工水平深化的结果。新古典经济学分工框架和新兴古典经济学分工的比较如图 3 - 1 和图 3 - 2 所示。

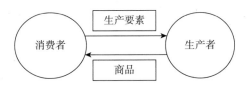

图 3 - 1　新古典经济学分工框架

资料来源：杨小凯：《经济学：新兴古典与新古典框架》，社会科学文献出版社，2003。

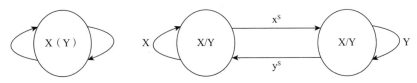

图 3 - 2　新兴古典经济学分工框架

注：X、Y 分别代表两种商品。

资料来源：杨小凯：《经济学：新兴古典与新古典框架》，社会科学文献出版社，2003。

但新古典经济学分工理论和新兴古典经济学分工理论存在如下区别。

首先，新兴古典经济学分工理论将消费者与生产者统一在一个模式下进行研究，而新古典经济学分工思想将生产者和消费者相互独立处理。实际经济生活中的经济个体，无论是企业还是个人都具有多重身份，本身既是生产产品的劳动者，又是消费产品的消费者，新兴古典经济学中具体的分工模式将二者整合起来，而新古典经济学无法做到这一点。如果是生产者，在同一个框架体系下就无法讨论其消费的问题；同样，假设消费者也不参与生产，但实际并非如此。可以说，新兴古典经济学的分工思想是从人的角度来分析分工的产生与发展，而新古典经济学是从物的角度来研究分工的过程。

其次，新兴古典经济学的分工结构能够实现全局均衡研究，而新古典经济学的分工研究是局部均衡研究。新古典经济学的分工结构往往从属于新兴古典经济学研究中分工结构中的一种或者两种，而新兴古典经济学通过文定理筛选出符合条件的所有结构，特别是能够将不同分工结构之间的演变问题置于分工与交易费用的矛盾关系中进行合理的阐释，而新古典经济学往往只关注一个生产结构而忽视不同生产结构间的演变和结构的稳定问题。尽管空间经济学有对于结构稳定性的研究，并且关注交易费用对于结构演变的影响，但是它无法捕捉到所有的生产结构以及可能的全局均衡讨论。

最后，新兴古典经济学与亚当·斯密的分工理论和马克思的劳动价值理论相互关联，传统的新古典经济学沿袭马歇尔的分析框架，以边际分析和生产函数为主要研究工具。新兴古典经济学分工研究运用超边际分析方法，对经济活动的角点解给予合理的经济学解释，对于存在角点解的模式或者结构进行分析。

新兴古典经济学将劳动生产率的提高作为经济增长的源泉，随着分工水平的提升，生产结构会发生相应的变化。该学派同时关注经济生活中普遍存在的交易费用对于经济活动的影响，交易费用会影响分工的程度，也会对劳动生产效率产生影响。同时，劳动者的专业化水平也会对分工效率产生重要的影响。新兴古典经济学认为经济组织问题是寻找最有效率的分工水平和模式，以通过折中生产力提高与交易费用的两难冲突，来降低资源稀缺程度。需求和供给可以解释分工的两个方面，分工网络的大小则由人们选择专业化水平和模式的自利决策之间的交互作用来决定（杨小凯，2003）。

四 沿海地区重化工业产业同构模型

重化工业产业同构问题经常被作为地区产业结构趋同现象的解释，二者在本质上是一个问题。因而构建产业同构理论模型的过程，实际上是侧重解释产业分散趋同布局与产业集中布局的结构演变。当前对这一问题的解释可以用新经济地理学或者超边际与新兴古典经济学范式进行解释。由于本书的研究框架是新古典经济学的研究范式，故而采用新经济地理学视角解释地区重化工业产业结构趋同的现象。事实上，对于产业结构的演变问题，Krugman（1991）在其《规模报酬与经济地理》的文章中已经有所阐释，这篇经济地理学的经典文章论证了在工资差异的条件下伴随区域人口流动而产生的地区产业结构集中 - 分散布局的变化。

本书在借鉴 Krugman（1991）和安虎森（2005）的基础上，重点在以下两个方面有所创新：①Krugman（1991）的分析框架中假设只存在劳动力要素，本书将引入劳动力和资本两种要素构建生产函数模型；②Krugman（1991）的分析框架中将人口的流动原因界定为工资差距，本书将基于结构演变的原因考虑地区的进入壁垒，且两个地区的相互进入壁垒存在差异。本章的核心是以新经济地理学为分析框架，尝试解释沿海地区重化工业产业同构的原因。

（一）基本假设

假设仅存在两个区域（1和2），存在三个部门（农业部门 A、重工业部门 H 和轻工业部门 G），存在两种生产要素投入（资本 K 和劳动 L），农业部门的规模收益不变，工业部门的规模收益递增，农业劳动力不具有空间流动性。工业劳动力存在空间流动，农业部门的产出具有同质性特征，工业部门的产出具有异质性和替代性（但并非完全可替代）特点，且重工业部门产品和轻工业部门产品不存在可替代性。

同一区域内工业品和农业品交易没有交易成本，但区域间的工业品交易存在交易成本（c），交易成本包括运输成本、贸易壁垒等所有交易费用。同时，假设区域1到区域2的交易成本与区域2到区域1的交易成本不同。

（二）消费者决策

假设消费者的效用函数相同，即具有相同的偏好。采用柯布－道格拉斯生产函数进行效用刻画，即：

$$U = U(C_H, C_G, C_A) = C_H^{\mu_1} C_G^{\mu_2} C_A^{1-\mu}, \quad \mu = \mu_1 + \mu_2 \qquad (3-5)$$

其中，C_H 代表重工业部门工业品集合，C_G 代表轻工业部门工业品集合，C_A 代表农业部门农产品集合，μ 是效用水平对工业品的弹性，同时反映了现实消费对于不同部门产品的偏好。消费者在收入预算约束下满足效用最大化，即：

$$\max C_H^{\mu_1} C_G^{\mu_2} C_A^{1-\mu}$$
$$\text{s. t. } P_H C_H + P_G C_G + P_A C_A = I \qquad (3-6)$$

其中，P_H、P_G 和 P_A 分别代表三个部门的产品集合价格指数，I 代表收入预算约束。求解这一公式的最大化可以通过构建拉格朗日函数实现，解得：

$$P_H C_H = \mu_1 I$$
$$P_G C_G = \mu_2 I \qquad (3-7)$$
$$P_A C_A = (1-\mu) I$$

如果具体到消费子效用，即各个部门的消费决策，我们首先考虑重工业部门的消费决策，假设部门内部产品的替代弹性相同，且子效用满足 CES 函数（常替代弹性生产函数）形式：

$$C_H = \left[\sum_{i=1}^{N} c_H(i)^{(\delta-1)/\delta} \right]^{\delta/(\delta-1)} \qquad (3-8)$$

其中，$c_H(i)$ 为消费者对于第 i 种重化工业产品的消费量，δ 为产品间替代弹性。同样消费者在收入预算约束下满足子效用最大化，即：

$$\max C_H = \left[\sum_{i=1}^{N} c_H(i)^{(\delta-1)/\delta} \right]^{\delta/(\delta-1)} \qquad (3-9)$$
$$\text{s.t.} \sum_{i=1}^{N} p_H(i) c_H(i) = \mu_1 I$$

其中，$p_H(i)$ 为第 i 种产品的价格，通过拉格朗日函数解得任何两种重工业品消费量如下：

$$\frac{c_H(i)}{c_H(j)} = \frac{p_H(i)^{-\delta}}{p_H(j)^{-\delta}} \qquad (3-10)$$

$$C_{\max} = c_H(i) p_H(i) \left[\sum_{i=1}^{N} p_H(j)^{1-\delta} \right]^{-\delta/(\delta-1)} \qquad (3-11)$$

$$P_H = \left[\sum_{i=1}^{N} p_H(i)^{1-\delta} \right]^{-1/(\delta-1)} \qquad (3-12)$$

通过化简，消费者的需求函数可以写成：

$$x_H(i) = p_H(i)^{-\delta} \tag{3-13}$$

其中，$x_H(i)$ 代表消费者对于重工业部门第 i 种产品的需求量。同理，轻工业部门的需求函数如下所示：

$$x_G(i) = p_G(i)^{-\delta} \tag{3-14}$$

（三）生产者决策

假设农业规模收益不变，每个农民的收益相同，一个农民生产 1 单位农产品的收入为 1，农民在两个区域间均匀分布。工人可以在区域间自由流动，两个区域的工人数量分别为 L_1 和 L_2，且满足如下关系：

$$L_1 + L_2 = L_{1H} + L_{1G} + L_{2H} + L_{2G} = \mu \tag{3-15}$$

在工业产品中，假设存在规模经济，每个部门的产品的生产函数以相同的固定成本和不变的边际成本构建，则有生产函数为：

$$\begin{aligned} L_H(i) &= \alpha + \beta x_H(i) \\ L_G(i) &= m + n x_G(i) \end{aligned} \tag{3-16}$$

其中，α、m 是固定成本，β 和 n 分别代表重工业和轻工业部门产品的边际成本系数。同时考虑工业企业的污染 φ 以及区域内部工业部门中重工业企业和轻工业企业的分布比例，即重工业化进程 θ，θ 越小表示重工业化进程越快，这样同时将重工业部门和轻工业部门的问题加总转化成以重工业部门进行代表性简化的问题，也符合本章的研究主题。区域 1 的企业的利润函数简化为如下所示：

$$\pi_A(i) = (1+\theta)p_H(i)x(i) - [\alpha + \beta(1+\theta)x(i)]w_H(i) - \varphi x(i) \tag{3-17}$$

区域 A 企业追逐利润最大化，在相同的生产函数约束下，企业最大化自己的决策，满足下列条件：

$$\max\{(1+\theta)p_H(i)x_H(i) - [\alpha + \beta(1+\theta)x_H(i)]w_H(i) - \varphi x_H(i)\}$$
$$s.t.\ x_H(i) = p_H(i)^{-\delta}$$

$$(3-18)$$

通过构建拉格朗日函数求解可得：

$$P_H = \left(\frac{\delta}{\delta-1}\right)\left(\frac{\varphi}{1+\theta} + w_H\beta\right) \qquad (3-19)$$

因此，

$$P_{1H} = \left(\frac{\delta}{\delta-1}\right)\left(\frac{\varphi}{1+\theta} + w_{1H}\beta\right) \qquad (3-20)$$

$$P_{2H} = \left(\frac{\delta}{\delta-1}\right)\left(\frac{\varphi}{1+\theta} + w_{2H}\beta\right) \qquad (3-21)$$

由于区域间的工业品交易存在交易成本，区域 1 运输 1 单位的工业品到区域 2 会剩下 c_{12}，区域 2 运输 1 单位的工业品到区域 1 会剩下 c_{21}，则区域 1 企业在区域 2 的价格为 P_{1H}/c_{12}，则区域 2 企业在区域 1 的价格为 P_{2H}/c_{21}，同时，重工业企业满足成本最小化原则，满足如下约束条件：

$$\min C_H = wL + rK + \varphi K^m L^n$$
$$s.t.\ K^m L^n = x_H(i)$$

$$(3-22)$$

为了方便计算，同时又不失解释力，假设重工业企业的规模报酬递增，且满足 $m = n = 1$，解得：

$$x_H(i) = \frac{w}{r}K_H^2 \qquad (3-23)$$

$$w_H = \frac{1}{\beta}\left[\frac{\delta-1}{\delta}\left(\frac{w}{r}\right)^{-1/\delta}K_H^{-2/\delta} - \frac{\varphi}{1+\theta}\right] \qquad (3-24)$$

（四）均衡分析

区域 1 的消费者对区域 1 的支出与区域 2 生产产品支出之比是 Q_{11}，假设每个企业劳动量相同，企业数目（n）与工人人数成正比。则

$$Q_{11} = \frac{n_1 p_1 c_{11}}{n_2(p_2/c_{12})c_{11}} = \frac{L_{1H}}{L_{2H}}\left(\frac{w_{1H}c_{12}}{w_{2H}}\right)^{1-\delta} \qquad (3-25)$$

$$Q_{12} = \frac{n_1(p_1/c_{21})c_{21}}{n_2 p_2 c_{21}} = \frac{L_{1H}}{L_{2H}}\left(\frac{w_{1H}}{w_{2H}c_{21}}\right)^{1-\delta} \qquad (3-26)$$

假设两个区域农民的收入相同，轻工业部门的收入可以用重工业部门的收入进行替代转化，因此区域总收入可以表示为：

$$Y_1 = (1-\mu_1)/2 + w_{1H}L_{1H}(1+\theta) \qquad (3-27)$$

$$Y_2 = (1-\mu_1)/2 + w_{2H}L_{2H}(1+\theta) \qquad (3-28)$$

同时，总收入与总支出相等，所以各个区域的总收入可以表示如下：

$$w_{1H}L_{1H} = \mu_1(1+\theta)\left[\left(\frac{Q_{11}}{1+Q_{11}}\right)Y_1 + \left(\frac{Q_{12}}{1+Q_{12}}\right)Y_2\right] \qquad (3-29)$$

$$w_{2H}L_{2H} = \mu_1(1+\theta)\left[\left(\frac{1}{1+Q_{11}}\right)Y_1 + \left(\frac{1}{1+Q_{12}}\right)Y_2\right] \qquad (3-30)$$

从短期来看，区域重化工业产业结构布局形式取决于地区工资差距以及市场竞争的激烈程度，地区工人从地区 1 流动到地区 2 会受到工资差距的吸引，同时也会随着地区产品替代性的增强而流向相反的地区。

从长期来看，工人的流动实际上是真实工资差距与地区贸易壁垒联合作用的结果，这一点在发展中国家长期存在。假设区域工人的相对比重可以重工业部门工人比重为代表，用 ε 来表示，则：

$$\varepsilon = \frac{L_{1H}}{L_{1H} + L_{2H}} \qquad (3-31)$$

两个地区的实际工资可以表示如下：

$$T_1 = w_{1H} \left[\varepsilon w_{1H}^{1-\delta} + (1-\varepsilon) \left(\frac{w_{2H}}{c_{21}} \right)^{1-\delta} \right]^{-1/(\delta-1)} \qquad (3-32)$$

$$T_2 = w_{2H} \left[\varepsilon \left(\frac{w_{1H}}{c_{12}} \right)^{1-\delta} + (1-\varepsilon) w_{2H}^{1-\delta} \right]^{-1/(\delta-1)} \qquad (3-33)$$

同时，

$$P_{1H} = \left(\frac{\delta}{\delta-1} \right) \left(\frac{\varphi}{1+\theta} + w_{1H}\beta \right) \qquad (3-34)$$

$$P_{2H} = \left(\frac{\delta}{\delta-1} \right) \left(\frac{\varphi}{1+\theta} + w_{2H}\beta \right) \qquad (3-35)$$

$$w_{1H} = \frac{1}{\beta} \left[\frac{\delta-1}{\delta} \left(\frac{w}{r} \right)^{-1/\delta} K_{1H}^{-2/\delta} - \frac{\varphi}{1+\theta} \right] \qquad (3-36)$$

$$w_{2H} = \frac{1}{\beta} \left[\frac{\delta-1}{\delta} \left(\frac{w}{r} \right)^{-1/\delta} K_{2H}^{-2/\delta} - \frac{\varphi}{1+\theta} \right] \qquad (3-37)$$

$\left(\dfrac{T_1 c_{12}}{T_2 c_{21}} \right)$ 是两个地区的重工业人员流动 ε 的函数。由于 T、w、K、P 之间存在相互转化的关系，故可以将地区产业结构的特征描绘出来。

假设最初两个区域 1 和 2 的工人均质分布，$\mu_1 = 0.5$，$\delta = 2$，$c_{12} = 0.5$，$c_{21} = 0.8$，可以通过数值方法解出 $\left(\dfrac{T_1 c_{12}}{T_2 c_{21}} \right)$ 与 ε 的函数关系，通过上述方程组化简可以得到

$$\left(\frac{T_1 c_{12}}{T_2 c_{21}} \right)^2 = \left[\frac{2 + 1.6a}{\varphi a + 2.5} \times \frac{\varepsilon}{(1-\varepsilon)^2} \right]^2 \qquad (3-38)$$

其中 φ 为定值常数。由于所有变量均大于 0，解出 $\left(\dfrac{T_1 c_{12}}{T_2 c_{21}}\right)$ 对 ε 的导数关系，可以发现二者存在负反馈机制，从而可以发现区域间存在着产业结构趋同的可能。

本章小结

同构一词在哲学、数学、化学等学科领域均有涉及，产业同构作为经济学的研究对象是指产业结构地区趋同的现象，自古至今同构的理念没有被赋予消极的意义，同构相关的自然科学的研究充满了美的色彩。产业同构的基本理论基础是新经济地理学，而产业同构的本质是区域产业布局的选择问题，属于区位论的范畴，至于关系到何种产业的同构自然离不开区域的空间分布研究。产业同构的理论基础是扩散力大于凝聚力产生的产业集聚向分散布局的转化，而这种变化的主要原因是聚集在一起的交易费用超过了分散布局的交易成本。产业同构竞争下的效率和水平取决于地区间的市场垄断程度以及自由化程度，这些都会影响到产业关联的通达性以及同构的地区市场作用力。从新兴古典经济学的角度分析，产业同构产生于分工和交易费用的两难冲突。具体地说，当分工的水平或者效率超过一定的门槛值，产业同构向细分分工模式转化，否则地区间的同构将受到交易费用的影响，可能存在竞争损失（当然此时也存在门槛值的界定）。

第四章

中国沿海地区重化工业演变与特征

第一节　中国沿海地区重化工业发展
阶段性演变

我国沿海地区重化工业发展的历史阶段与整体重化工业发展的历史阶段比较接近。根据新中国成立以来沿海地区重化工业比重的演变特点，笔者认为中国沿海地区重化工业发展大致可以归结为三个阶段，具体包括缓慢发展阶段（1949～1978 年）、徘徊阶段（1979～1998 年）、高速发展阶段（1999 年至今）。

一　中国沿海地区重化工业缓慢发展阶段（1949～1978 年）

新中国成立初期，我国进行了以重工业发展为基础的社会主义经济建设，取得了举世瞩目的成就。就当时而言，是十分必要的，除了当时军事国防和相应的政治考虑外，当时重工业的发展奠定了我国工业化发展坚实的物质基础，充实了全社会的物质储备，为后来的国民经济建设积累了动力（储成仿，2005；黄华，2005）。在新中国成立初期，我国并不具备优先发展轻工业的条件，因为当时国家缺乏必要的国际市场环境，发展轻工业必须要以重工业为基础，同时落后的农业生产无法保障轻工业原料的齐备，客观上要求重工业优先发展。但是在重工业优先发展的同时，在经济比例以及计划的效率等方面为后来经济发展埋下了隐患（解莉，2003）。

和内陆地区相比较，沿海地区具有较为完善的重化工业基础，但国家为了应对可能的政治和军事上的不安全因素，将重化工业有意识地向内陆地区转移。同时，为了更快地缩小地区间经济发展的差距，在计划经济体制下，也有意识地将重化工业由沿海向内陆转移。这一时期中国沿海地区重化工业在整个重化工业中的比重呈现缓慢下降的趋势。从"一五"时期到"五五"时期，东部地区重化工业逐渐得到发展，东西部地区的工业产业分工逐渐明确。这一时期，东部地区重化工业以制造业为主，制造业主要是产品的深度加工；而内陆地区重工业以能源和原材料为主，制造业则以产品的初级加工为主要特征。值得一提的是，这一时期沿海地区的重工业比重始终高于内陆地区，凸显了沿海地区重化工业发展的历史基础和市场优势。这一时期，东西部地区逐渐形成了西部地区输送能源和原材料至东部生产工业制成品的分工模式（绒巴扎西，1991）。改革开放以前，虽然也发生过两次大规模的要素和产业从东向西的转移，但都不是经济规律自动的结果。一次是抗日战争时期，内迁的产业在后方形成以战时陪都重庆为中心的西南工业圈；另一次是"文革"初期的"三线建设"，沿海工业尤其是重工业和军事工业服从战备需要内迁（黄玖立、李坤望，2006）。

二 中国沿海地区重化工业徘徊阶段（1979～1998 年）

自 1978 年中国实行改革开放以来，伴随着 5 个经济特区、14 个沿海开放城市、3 个经济开发地带的设立，临海重化工业区在改革开放进程中占据重要地位。改革开放后国家采取了非均衡发展战略，地区差异逐渐扩大；但这一时期，我国沿海地区和内陆地区重化工业比重基本保持相当的份额，沿海地区重化工业没有呈现明显的发展势头，这与改革开放后国家工业化的思路调整存在很大关系。这一时期国家重视优先发展轻工业，轻、重工业协调发展，轻重工业比例差距逐渐缩小（姜爱林，2002）。这一时期国家将提高人民的生活水平作为经济发展的重心，合理调整轻重工业的比例，加之对于发展第三产业和现代科技的大力推动，沿海地区借着改革开放的东风并没有过度地发展重化工业，而是转向大力促进以就业为导向的服务业的发展。刘刚和张长令（2012）认为 20 世纪 90 年代中后期，尤其是中国加入 WTO 以后，中国进入重化工业加速发展阶段。

表 4 - 1 反映了不同时期我国沿海地区和内陆地区重化工业产业比重的比较。从表 4 - 1 中可以看出，1984 年和 1952 年相比，沿海地区的工业固定资产原值、原煤产量、钢产量和机械工业总产值的比重均呈下降趋势。

表 4 - 1　我国沿海地区和内陆地区重化工业产业比重比较（1952～1984 年）

单位：%

地区	工业固定资产原值			原煤产量			钢产量			机械工业总产值		
	1952年	1978年	1984年	1952年	1978年	1984年	1952年	1978年	1984年	1952年	1978年	1984年
沿海	72.0	43.9	43.4	43.9	32.0	25.0	85.5	62.8	57.1	75.9	62.2	63.3
内地	28.0	56.1	56.6	56.1	68.0	75.0	14.2	37.2	42.9	24.1	37.8	36.7

资料来源：国家统计局综合司编《全国各省、自治区、直辖市历史统计资料汇编 1949 - 1989》，中国统计出版社，1990。

三　中国沿海地区重化工业高速发展阶段（1999 年至今）

由于我国地域差异较大，临海工业区在同一时期内有不同的发展模式。在原有重工业基础好的地带，可以围海开垦，发展大型石化、冶金、电力企业（张景秋，1999）。20 世纪 90 年代以后，沿海地区重化工业的快速发展得益于其参与到国际分工当中，经济全球化和世界重化工业产业转移对于中国沿海地区重化工业的快速发展影响巨大。20 世纪 70 年代以后，世界能源危机冲击迫使能源与矿产资源的价格大幅度提高，发达国家把一部分大量消耗能源与矿产资源并且环境污染较为严重的重化工业转移到发展中国家。在这次转移的过程中，东亚和东南亚成为转移的中心。中国改革开放以后，沿海地区劳动力资源丰富且成本较低，具有良好的重化工业产业基础，市场潜力巨大，自然资源丰富，在财政税收等方面具有优势，促进了这个时期沿海重化工业的发展（方行明，2011）。但由于重化工业属于资源能源密集型产业，具有能耗高、排污量大等特点，同时地方政府在发展重化工业过程中存在重复建设、盲目发展的现象，近年来，有关沿海地区重化工业发展是否存在产业同构以及生态环境损坏等问题一直是焦点问题。

和发达国家相比，我国的工业化发展道路经历了从重工业、轻工业再到重工业的发展道路。从 1999 年起，我国再次进入了重工业轨道，和新中国成立初期的重工业发展特点相区别，此次重工业化更加注重在市场机制作用下民间资本的吸收。以消费需求为导向，更加符合经济发展的客观规律，同时伴随消费结构升级以及轻工业优化等因素，此次重工业化同样面临资源约束、环境污染以及就业弹性下降的制约，切实实现技术创新基础上增长方式的转变，走新型工业化道路是当前的重要路径（简新华，2005）。付保宗（2010）

在梳理当前我国重化工业发展特点的基础上，认为我国进入工业化
中后期，提出了重化工业发展的趋势影响，主要包括：此轮重化工
业发展加速了城市化进程但是拉大了城乡差距，重化工业发展引发
的就业矛盾日益显现，资源环境越来越成为重化工业发展的制约，
等等。在重化工业演进发展的问题上，李旭晟和刘刚（2008）认为
在封闭条件下的分工深化和生产迂回将导致经济增长，而处于全球
化背景下分工格局中的中国，存在贸易摩擦以及贸易价格的不对等，
重化工业发展道路不能跨越。改革开放前后，从政府主导向市场过
渡，乡镇企业在工业化特别是农村工业化进程中起到了重要的作用，
经济结构逐渐调整。不同时期重化工业发展的特征如表 4-2 所示。

表 4-2　不同时期重化工业发展的特征比较

	20 世纪 50 年代至 20 世纪 80 年代前	20 世纪 90 年代以来
模式特征	政府主导，计划为主	市场为主，企业参与
主要目的	国防和军事需要	以经济发展为主要考虑
理论指导	扩大再生产理论	经济发展阶段理论
发展动力	政府推动，国家干预	明显的消费需求拉动特征
模式经验	苏联经验和模式	欧美经验
国际环境	国际封锁严重	受到国际分工和产业转移的影响
相同点	资源环境破坏、能源消耗、产业同构与产能过剩	

资料来源：参考付保宗（2010）、黄华（2005），有增删。

在经济快速发展的压力之下，沿海地区都不约而同地选择以重
化工业作为当地经济发展的抓手。沿海地区这种高涨的重化工业投
资热情，在拉动经济增长的同时，也产生生态环境损害等问题。总
体来看，沿海地区重化工业发展的突出问题表现在区域产业集中背
景下的分散布局形态比较严重。沿海 10 个省份均已将石化产业作为
本地的支柱产业，其中有 8 个省份同时将冶金业作为本地的支柱产

业，各省份产业发展结构高度趋同，很有可能导致重复建设、无序竞争（牛桂敏，2009）。

当前，国内部分学者认为我国已经进入重化工业中后期发展阶段。随着东北老工业基地振兴开始的重化工业产业结构的转型升级和技术改造也拉开序幕，沿海地区重化工业面临产业结构调整的机遇和挑战。由于不同地区的实际情况存在差异，沿海地区区域间的重化工业产业转移应该同步进行，特别是对分工水平的提升以及结构的改善。

从总体上看，新中国成立以来两次重化工业快速发展受到历史条件影响显著。在计划经济条件下，重化工业的发展考虑国防军事和政治稳定的因素。国家效仿苏联模式，在当时的历史条件下由政府推动，为后来国家工业化建设奠定了良好的基础，但也为后来的轻重工业比例失调埋下了隐患。而现在重化工业的发展是在市场机制作用下，随着工业化进程所经历的必经阶段。在这个阶段，重化工业表现出向沿海地区集聚发展的趋势，而相应的影响因素和传统的内陆重化工业布局原因相比也存在差异。

新中国成立以来，我国重化工业发展总体上经历过两次大的飞跃，分别是新中国成立初期和 20 世纪 90 年代中后期至今。重化工业快速发展的主要表现是重工业产值比重的增加。新中国成立初期重化工业发展更多地依靠政府主导，布局主要集中在内陆地区，布局的影响因素主要是资源和原材料禀赋。其重要作用在于为国家工业化的发展奠定了坚实的基础。当下国家重化工业的快速发展符合经济发展的客观规律，国家、企业、市场共同支配，布局集中在沿海地区，布局的影响因素主要是交通运输便利程度、开放程度和外商投资情况等。

第二节　中国沿海地区重化工业发展
特点及原因

就既有理论和现实发展来看，重化工业的发展是国际社会普遍认可的不可逾越的历史发展阶段。研究重化工业阶段性演变的历史过程对于解释重化工业向沿海布局的原因以及发展变化趋势具有重要的意义，同时对于重化工业布局的国际比较也可以将我们的研究问题在更广阔的视野下进行经验的借鉴和总结。

国家的工业化进程很大程度上与重化工业在国民经济中的比重密切相关。改革开放以来，我国沿海地区重化工业比重的大幅度提高始于 20 世纪 90 年代。新中国成立之初，中央政府在"一五"计划期间，针对国内外复杂的政治经济形势以及国家面临的国际环境和发展目标，在多方面利弊权衡的基础之上，明确提出了重工业是我国经济建设的重点，应该优先发展重工业。根据马克思扩大再生产和列宁的生产资料增长要优先于生活资料的论断，我国的社会主义工业化过程中决定优先发展能源、机械等重工业。新中国成立之初，我国重化工业发展的地区差异就比较明显，受历史上西方列强殖民统治的影响，东部沿海地区的上海、天津、青岛、广州、辽中南和苏南的少数城市占国土面积不到 12%，却集中了全国 70% 的工业（周明长，2004）。从国防和平衡地区发展的角度出发，改革开放前，国家重化工业布局偏向内陆地区，沿海地区的增长速度缓慢。1953～1978 年，内地工业产值增长 19.08 倍，高于全国同期 15 倍的增速，更高于沿海地区同期 12.9 倍的增速，重工业产值的比重由 34.15% 提高到 41.18%，原煤产量由 1952 年的 56.1% 提高到 68%，钢产量由 14.2% 提高到 37.2%，机械工业产值由 24.1% 提高到

37.8%（苏少之，2000）。

改革开放以来，20 世纪 80 年代，工业布局向沿海地区转移的趋势比较明显（宋迎昌，1996）。进入 21 世纪，中国重化工业沿海布局的趋势越来越明显。1999 年，沿海地区重化工业在工业总产值中的比重仅为 56.27%，低于全国平均水平 58.03%。从 2000 年开始，沿海地区重化工业占工业总产值的比重开始稳步上升，2000 年超过全国平均水平；到了 2007 年，重化工业在工业总产值中的比重已经超过全国平均水平 18 个百分点（刘刚、张长令，2012）。随着东北老工业基地的衰落以及中西部地区和东部沿海地区政策差距的拉大，重化工业本身作为长期投资和追逐利润较强的行业，自然而然地选择了具有得天独厚优势条件的东部沿海地区。图 4 - 1 和图 4 - 2 反映了我国沿海地区和内陆地区重化工业发展比重变化趋势以及区域分异特点。

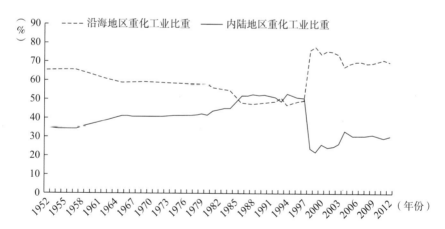

图 4 - 1　1952～2012 年沿海地区与内陆地区重化工业比重比较

资料来源：中国社会经济与发展统计数据库。

从图 4 - 1 可以看出，沿海地区自新中国成立以来重化工业比重变化大致可以分为三个阶段：1997 年之前，沿海重化工业比重呈逐年下降趋势，1985 年其重化工业比重与内陆地区持平，且经历了之

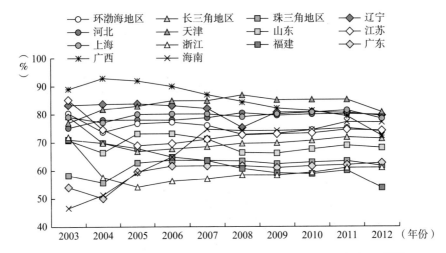

图 4 - 2　2003 ~ 2012 年沿海地区重化工业比重区域分异比较

资料来源：笔者根据各年份《中国工业经济统计年鉴》进行整理计算，由于《中国
工业经济统计年鉴 2013》更名为《中国工业统计年鉴 2013》，故 2012 年数据来源于《中
国工业统计年鉴 2013》，后文所提及的 2012 年重化工业及其细分产业数据均来源于此，
后文不再赘述。

后 10 年的震荡徘徊阶段；1998 年以后，沿海地区重化工业比重大幅
度增加；从 2003 年开始稳定在 70% 左右。相比之下，从 1998 年开
始内陆地区重化工业比例大幅度下降，沿海和内陆的重化工业比例
差距越来越大，甚至超过了改革开放前任何年份的比重差距。可见，
沿海地区的重化工业发展程度较高。

　　从沿海地区重化工业发展的空间差异上看，环渤海地区和长三
角地区的重工业化程度要高于珠三角地区。环渤海地区与长三角地
区的重化工业比重越来越接近，而与珠三角地区的差距比较大。就
各个省份而言，除海南外，各个省份的重化工业比重发展趋势基本
相同并趋于收敛。以 2012 年为例，重工业比重排名前三的省份分别
是天津、河北、辽宁，分别为 80.34%、79.65% 和 79.23%，均高
于同期全国沿海地区平均水平；相比而言，福建和浙江的重工业比
重最低，分别为 53.58% 和 60.85%。

总结我国沿海地区重化工业发展的基本特点，大致可以概括为以下三个方面。

（1）沿海重化工业发展符合世界一般规律，同时具有时空特殊性。国外发达国家的历史经验表明，工业化进程需要经历重化工业发展这一必经阶段。多数学者认为中国经济发展经历了重化工业起步并逐渐迈向重化工业中后期，这一点从相关数据可以得到印证。同样，和发达国家比较一致的是，我国重化工业向沿海地区集中。重化工业需要借助雄厚的资金技术以及先期投入大、产出持续但收益较慢，却又以较强的关联性保证国民经济持续发展，在以非均衡增长为主导的地区经济格局下，多数国家沿海地区承载着国家经济发展的对外联系纽带功能并且沿海地区的经济增长直接影响到整个国家的经济发展进程。因而，需要利用沿海地区的资金、技术、交通、政策等支持逐渐发展经济，这些都符合重化工业发展的普遍规律。但对中国而言，沿海重化工业发展的时间和空间特殊性也比较明显。

从历史上看，我国的沿海重化工业发展存在着"沿海－内陆－沿海"的演化特点。鸦片战争以来，西方列强对于中国近代工业的发展间接上起到了客观推动作用，但西方殖民统治的势力范围多集中于东部沿海地区，即便是清政府的洋务运动和"师夷长技以制夷"的治国政策指导下的重工业机械所和相关机构，也多集中在沿海地区。可以说，近代中国重化工业发展的重要原因是沦为半殖民地半封建社会后，清政府在列强的坚船利炮之下，体会到了工业文明的"苦果"，从而开始了中国重化工业的起步。1936年，中国沿海重化工业比重曾一度达到90%（周明长，2004）。新中国成立以后至20世纪80年代中期，内陆重化工业发展迅速，但比重始终没有大幅超过沿海地区。这说明，沿海地区具有发展重化工业的自身优势，并没有以国家政策导向改变其自身发展的规律。总体来看，整个中国近代工业化进程始终以沿海地区的重化工业发展作为推动力。

从空间分异上看，我国沿海地区包括 11 个省份。重化工业发展在中央统一政策体制下存在发展规划的同一性，特别是环渤海地区和长三角地区的趋同性较强，因而出现了国际社会普遍关注的产业同构化的特殊现象。简言之，各个省份在布局重化工业的过程中，纷纷上马类似的工程项目，可能存在着重复建设和过度竞争，这同样是我国沿海地区形成的特殊的分工结构所引起的，而关于区域产业同构现象的价值判断以及其在市场化过程中的作用将是本书的又一个研究重点。

（2）沿海重化工业发展受地方政府利益驱动较大。地方政府对于重化工业发展的影响主要概括为两个方面。一是地方政府垄断行为，表现为地方政府干预市场竞争，进而导致地方保护，最终出现市场分割（于良春、付强，2008）。地方垄断导致优势资源要素不能在区域间合理流动，势必造成地方的资源在某些地方过剩，而在某些地方严重匮乏的局面。在信息约束与风险规避条件下，地方政府将采取经济模仿发展战略使自身利益最大化。而这种经济模仿发展战略必然导致产业同构的形成，这进一步引发地区企业在产品市场和原料市场上的互相争夺。地方保护主义与人为的市场分割也就成为不可避免的现象（刘瑞明，2007）。二是地方政府争相追逐高利润、高税收的利好项目，在高利润的驱使下，地方政府更愿意大力发展重化工业。无论眼前效益如何，至少能保证税收。各个地方布局规划千篇一律，相互模仿，容易出现产业结构趋同的现象。

（3）从行业属性看，沿海重化工业发展的行业差距较大，不同细分产业的比重也存在一定差异。从同一产业[①]不同时期占同期整个

---

① 由于部分数据缺失，本节选择16个重化工业产业进行分析说明，计算结果见本书附录。

重化工业（重化工业不同细分产业的加总）的比重和同一产业不同时期占同期同行业的重化工业的比重看，存在较大差异。如图 4 − 3 所示，就煤炭开采和洗选业而言，2012 年，山东、河北占同期同行业的重化工业比重最高，均高于 20%，其他省份的煤炭开采和洗选业比重不足 10%。和 1987 年相比，天津煤炭开采和洗选业比重增幅最大，增长了 18 倍。除天津和山东外，其他省份的煤炭开采和洗选业比重均呈现下降趋势。在这个行业中，环渤海地区存在较高的行业份额。从同一产业不同时期占同期整个重化工业比重看，天津的增长趋势比较明显，各个省份基本保持同样的发展趋势，但均不超过 10% 的比重（见图 4 − 4）。

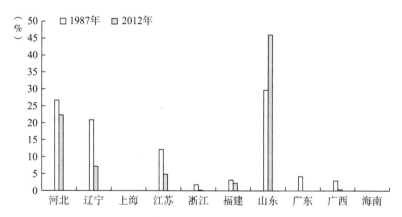

图 4 − 3　煤炭开采和洗选业不同时期占同期
同行业的重化工业比重

注：部分省份数据缺失，下同。

资料来源：《中国工业经济统计年鉴》（1988 ~ 2013），中国统计出版社，相关年份。

就石油和天然气开采业而言，2012 年，天津和山东两个省份占同期同行业的重化工业比重最高，二者占全国同行业的 55%。1987 年，山东石油和天然气开采业占同行业的重化工业比重为 61.45%，这与山东的历史资源储备及开采有关，足见环渤海地区在石油和天然气开采业方面占据明显优势。不可否认的是，广东这段时期该行

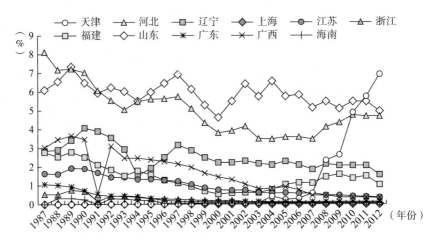

图 4 - 4　煤炭开采和洗选业不同时期占同期整个重化工业比重

资料来源：《中国工业经济统计年鉴》（1988～2013），中国统计出版社，相关年份。

业增长速度最快，1987～2012 年增长了 9 倍；而同期山东的这一比重从 61.45% 下降为 32.05%，同期比重明显下降的省份还包括河北和辽宁。从同一产业不同时期占同期整个重化工业比重看，1987～2012 年，仅天津呈现明显增长趋势，山东呈现明显下降趋势，说明这两个省份的结构调整中石油和天然气开采业调整幅度较大[①]。

就黑色金属矿采选业而言，2012 年，河北和辽宁两个省份占同期同行业的重化工业比重最高，二者合计占全国同行业的比重接近80%。和 1987 年相比，辽宁增幅最大，广东降幅最高。环渤海地区仍然是黑色金属矿采选业的重要区域。除天津、河北和辽宁外，其他省份该产业占同行业比重均呈下降趋势。从同一产业不同时期占同期整个重化工业比重看，1987～2012 年，海南呈现明显下降趋势且波动较大。2000 年以前，海南黑色金属矿采选业占比明显高于其他省份。河北和辽宁黑色金属矿采选业的占比呈现上升趋势。

---

① 由于各个行业分析过程类似，故而将其他细分产业的图放在附录（图 1 至图 30），避免赘述。

就非金属矿采选业而言，2012年，山东和辽宁两个省份同期同行业的重化工业比重最高，二者合计占全国同行业的比重接近50%。上海、江苏和浙江的非金属矿采选业比重呈现下降趋势，福建、山东、辽宁呈现明显的上升趋势，分别增长到2.76倍、1.29倍和1.59倍。天津、上海和海南非金属矿采选业占同期同行业的重化工业比重很小。从同一产业不同时期占同期整个重化工业比重看，1987～2012年，广西、山东和福建的波动较大，全国整体上呈倒U形分布，拐点出现在1996年前后。

就石油加工及炼焦加工业而言，2012年，山东、辽宁和广东占同期同行业的重化工业比重最高，分别为24.7%、17.37%和13.58%。辽宁在同期下降的幅度最大，从1987年的41.41%下降到17.37%，这和振兴东北老工业基地过程中对传统耗能低效行业的改造有很大关系。但此行业在福建、广东、广西和海南等珠三角地区的发展较为迅速，这些地区的石油加工及炼焦加工业所占比重上升较快。从同一产业不同时期占同期整个重化工业比重看，海南自2005年以后，该产业发展速度大幅度增加，在其产业结构比重中的地位比较突出，接近其自身结构比重50%，明显高于其他地区。

就化学原料及化学制品制造业而言，2012年，山东和江苏占同期同行业的重化工业比重最高，分别占到27.52%和28.78%，这与两地的自然资源条件有很大关系。天津、河北、辽宁、上海、福建和广西同期该行业的重化工业比重呈下降趋势。从同一产业不同时期占同期整个重化工业比重看，海南自1994年以后，该产业发展速度大幅度增加，在其产业结构比重中的地位比较突出，虽不及石油加工及冶炼业明显，但接近其自身结构比重10%。山东化学原料及化学制品制造业占同期整个重化工业比重列各省之首。

就医药品制品制造业而言，2012年，山东和江苏占同期同行业的重化工业比重最高，分别占到 28.14% 和 23.91%，和化学品制造业的发展存在一定的关联性。除浙江、江苏和山东外，其他省份的医药品制品制造业比重呈下降趋势，其中上海降幅最高。从同一产业不同时期占同期整个重化工业比重看，1987～2012 年，海南在该产业的结构中占比较高，并且于 2000 年达到峰值。而到 2012 年，所有省份医药品制品制造业在各自省份重化工业结构中的比重不足 9%。

就化学纤维制造业而言，2012 年，江苏和浙江占同期同行业的重化工业比重最高，分别占到 40.49% 和 41.6%，这与这两个地区的历史条件有关，江南地区的化学制品自古闻名遐迩，相关产品制造具有比较优势。除江苏、浙江、福建和山东外，其他省份的化学纤维制造业比重呈下降趋势。其中，上海下降幅度最为明显，下降到原来的约 1/50，体现了其产业结构调整的力度。从同一产业不同时期占同期整个重化工业比重看，海南在 1990 年前后曾一度占据结构领先优势，但下降趋势明显；2012 年浙江的比重最高，为 7.64%。

就非金属矿物制品业而言，山东、江苏、辽宁和广东占同期同行业的重化工业比重具有相对优势，其中山东占比最高为 26.35%。和 1987 年相比，福建增幅最大，增长了 1.86 倍。上海和天津呈现明显的下降趋势。从同一产业不同时期占同期整个重化工业比重看，2012 年，福建、辽宁和广西在其当地产业结构中保持较高比重，分别为 13.78%、11.64% 和 11.08%；而广西在 1994 年曾一度达到 22.22% 的高比重，这与其地理条件优势有关。

就黑色金属冶炼及压延加工业而言，河北和江苏占同期同行业的重化工业比重具有相对优势，分别占到 25.68% 和 21.01%。和 1987 年相比，上海此行业比重降幅最大，这与上海同期的产业结构调整有很大关系。相比之下，同期的辽宁省也存在比重大幅下降的情形。从同一产业不同时期占同期整个重化工业比重看，1987～2012 年，河北黑色金属冶炼及压延加工业在地区生产结构中占有相当重要的地位，比重呈现上升趋势，2012 年比重为 37.28%，并在若干年份一度超过 40%；天津和广西该比重在 20% 左右徘徊。

就金属制品业而言，1987～2012 年，河北、江苏、山东和广东占同期同行业的重化工业比重具有相对优势且均呈现上升趋势，2012 年分别占到 9.14%、21.32%、20% 和 18.31%；天津、辽宁、上海和广西的金属制品业比重呈现下降趋势，其中，上海下降幅度最大，从 17.17% 下降到 4.33%。从同一产业不同时期占同期整个重化工业比重看，1987～2012 年，所有省份金属制品业占当地同期重化工业比重平均低于 10%，2012 年山东比重最高，达 7.2%。

就交通运输设备制造业而言，2012 年，江苏和山东占同期同行业的重化工业比重具有相对优势，分别占到 21.03% 和 15.64%，除江苏、浙江、福建、山东、广东外，其他省份的交通运输设备制造业比重呈下降趋势，其中下降幅度最大的是辽宁省，从 1987 年的 21.28% 下降到 9.11%。从同一产业不同时期占同期整个重化工业比重看，1987～2012 年，上海交通运输设备制造业在当地重化工业产业结构中的比重较高，2012 年占比达 22.47%，说明上海在交通运输设备制造业方面存在一定的结构比较优势；其次是广西，占比达到 18.03%。

就电器机械及器材制造业而言，1987～2012 年，江苏和广东占同期同行业的重化工业比重具有相对优势且均呈现上升趋势，2012 年分别占到 30.76% 和 23.12%；天津、辽宁、上海、浙江和广西呈下降趋势，其中辽宁和上海下降幅度较高。从同一产业不同时期占同期整个重化工业比重看，1987～2012 年，浙江、江苏和广东电器机械及器材制造业占各自省份工业生产结构的比重较高，2012 年分别占到 15.85%、15.34% 和 14.97%。

就通用设备计算机及其他电子设备制造业而言，广东和江苏占同期同行业的重化工业比重具有较大优势。2012 年，分别占到 38.98% 和 28.06%。其中，广东该产业优势比较明显，从 1987 年的 13.93% 上升为 2012 年的 38.98%。除江苏、山东和广东外，其他省份的比重呈下降趋势。从同一产业不同时期占同期整个重化工业比重看，1987~2012 年，天津、上海、江苏和广东波动较大且比重较高。其中广东最高，2012 年达到 35.47%。

就仪器仪表及文化办公机械制造业而言，2012 年，江苏占同期同行业的重化工业比重具有绝对优势，占到 48.73%。1987~2012 年，除江苏、山东、广东和海南外，其他省份该行业的比重呈下降趋势，其中上海降幅最高。从同一产业不同时期占同期整个重化工业比重看，1987~2012 年，仪器仪表及文化办公机械制造业在各省份重化工业结构中的比重始终较低，不足 5%，到 2012 年最高的江苏也仅仅达到 3%，说明此行业在整个重化工业中的比重优势尚不明显。

就电力热力生产和供应业而言，2012 年，广东、江苏和浙江占同期同行业的重化工业比重具有绝对优势，分别占到 22.27%、15.76% 和 15.19%，辽宁电力热力生产和供应业占同期比重下降较为明显，从 14.17% 下降到 6.39%。从同一产业不同时期占同期整个重化工业比重看，1987~2012 年，电力热力生产和供应业在各省重化工业结构中的比重在 10% 的水平上下徘徊。

综上所述，不同地区同一产业的地区结构长期保持相对稳定，不同地区的重化工业比重存在较大差异。表 4-3 反映了同一产业不同时期占同期同行业的重化工业比重的排名变化以及地区结构份额排名。

表4-3　同一产业占同期同行业的重化工业比重的排名变化
以及地区结构份额排名

重化工业分类	1987年占同期同行业的重化工业比重前三名	2012年占同期同行业的重化工业比重前三名	2012年地区结构份额前三名
煤炭开采和洗选业	山东、河北、辽宁	山东、河北、天津	天津、山东、河北
石油和天然气开采业	山东、辽宁、河北	天津、山东、广东	天津、山东、辽宁
黑色金属矿采选业	河北、广东、山东	河北、辽宁、山东	河北、辽宁、海南
非金属矿采选业	江苏、山东、浙江	辽宁、山东、广东	广西、辽宁、福建
石油加工及炼焦加工业	辽宁、山东、江苏	山东、辽宁、广东	海南、辽宁、山东
化学原料及化学制品制造业	江苏、辽宁、上海	江苏、山东、浙江	山东、江苏、浙江
医药品制品制造业	广东、江苏、上海	山东、江苏、广东	海南、广东、浙江
化学纤维制造业	上海、江苏、广东	浙江、江苏、福建	浙江、福建、江苏
非金属矿物制品业	江苏、辽宁、山东	山东、辽宁、江苏	福建、广西、辽宁
黑色金属冶炼及压延加工业	辽宁、上海、江苏	河北、江苏、山东	河北、天津、广西
金属制品业	江苏、上海、广东	江苏、山东、广东	山东、浙江、河北
交通运输设备制造业	辽宁、上海、江苏	江苏、山东、广东	上海、广西、天津
电器机械及器材制造	上海、江苏、广东	江苏、广东、山东	浙江、广东、江苏
通用设备计算机及其他电子设备制造业	江苏、上海、广东	广东、江苏、上海	广东、上海、江苏
仪器仪表及文化办公机械制造业	上海、江苏、浙江	江苏、浙江、广东	江苏、浙江、海南
电力热力生产和供应业	山东、辽宁、河北	广东、江苏、浙江	浙江、广西、海南

资料来源：笔者根据各年《中国工业经济统计年鉴》整理计算而得。

本章小结

中国沿海重化工业产业经历了缓慢发展阶段（1949～1978年）、徘徊阶段（1979～1998年），高速发展阶段（1999年至今）三个历史过程。在这个过程中，沿海地区重化工业产业集聚与同构现象逐渐凸显。总体上，沿海地区具有发展重化工业的自身优势，并没有因国家政策导向而改变其发展的自身规律。可以说，整个中国近代工业化进程始终以沿海地区的重化工业发展作为推动力。中国沿海地区重化工业产业同构的特殊性体现在地区政府的利益驱动起到了很大的作用，但是根据重化工业不同细分产业的地区分布结构看，存在异质性特征。从空间分异上看，我国沿海地区包括11个省份。重化工业发展在中央统一政策体制下存在发展规划的同一性，特别是环渤海地区和长三角地区的趋同性较强。环渤海地区在煤炭和金属开采业方面同构程度明显，而长三角地区在加工制造业等方面的同构程度较高。

| 第五章 |

中国沿海地区重化工业产业同构测度分析

第一节　中国沿海地区重化工业产业
同构化现状

一　沿海地区重化工业产业同构现状

地区产业同构是经济体制改革过程中出现的重要现象之一，也是计划经济体制积累的问题。在我国，地区产业同构起源丁初级产品的加工产业，然后又进入支柱产业（李硕，2000）。我国沿海地区重化工业快速发展过程中面临的一个重要而突出的问题便是重化工业产业地域趋同问题。总体而言，在沿海地区重化工业集聚的背景下，各个地方在产业结构的布局上没有形成合理的分工，各地区尽可能地布局所有相关产业，并没有认真考虑地域分工和生产力合理布局，重化工业结构趋同非常明显。各地区纷纷上马相同的重化工业产业容易形成低效率的同质竞争，从而不利于经济效率的提升。

概括地讲，地区产业同构主要存在以下三个方面的可能危害：一是可能导致产能过剩以及社会资源的大量浪费，集中大面积同构产业布局会造成对产业发展的估计超过实际的社会需求，造成资源的不合理配置，导致部分资源严重过剩，而某些产业因为资源不恰当利用而呈现发展不足的迹象；二是可能造成企业的生产集中度下降，从而使得企业分散布局，不利于形成集聚的规模优势；三是可能限制地方要素的合理流动，导致地方保护主义的盛行。如前文所述，产业同构的出现本身可能和地方保护主义存在紧密的关系，而产业同构的盛行也有反作用，如为了发展本地经济可能会造成地方资源无法流动而形成贸易壁垒。同构的结果是各地方的政府均从地方利益出发，而从全国的角度看则容易出现盲目的重复建设和过度竞争。这都将严重影响经济发展的效率以及地方发展经济的动力。

二 沿海地区重化工业地理集中度测度

沿海地区重化工业产业同构是一个复杂的问题。为了测度沿海地区的重化工业同构现状，我们可以首先从产业的地理集中度入手，分析集聚状态下，沿海重化工业的分散布局形态特征。产业集中度是产业空间布局的集中程度，从侧面反映了地区产业集聚和分工的水平，是对产业同构问题的一个侧面反映。我国从 20 世纪 80 年代初以来，劳动力密集型产业或参与全球化程度高的产业在空间上逐渐向沿海集中，而资本密集型和资源密集型的产业则呈现空间扩散特征，而在 90 年代也开始向沿海集中，沿海地区的产业结构也越来越多元化（贺灿飞、谢秀珍，2006）。产业在具有区位优势的地理范围集中既有利于形成规模集聚优势，同时可以进一步降低企业间交易的成本，促进中间投入品和劳动力的共享以及知识溢出，使得企业在空间上接近，因而获得外部经济。Krugman（1991）认为规模经济、运输成本和市场需求相互作用形成了产业的地理集中，强调市场效应是产业集聚的重要源泉（Krugman，1991）。一个国家的产业结构通常是产业地区的集聚力和分散力相互作用的结果。对于这一问题的研究，可以帮助我们在研究产业同构的过程中首先厘清沿海地区是否存在重化工业集中趋势下的分散布局。目前对于产业空间集聚程度的实证研究往往集中在制造业或者单一沿海区域，针对重化工业及其细分产业的地理集中度测度和演变的研究比较欠缺。本部分将就此问题开展深入的实证分析。

（一）研究方法

目前，对于国内产业空间集聚的实证测度研究多数从我国制造业沿海内陆空间集聚与分散的演化特征着眼进行分析，强调产业地理集聚的原因以及在这个过程中伴随的地方专业化及其相互作用关系（马国霞等，2007；贺灿飞等，2007）。关于产业地理集聚的测度方法有很多，包括赫芬代尔系数、胡弗系数、熵指数以及空间 Moran's I 系数等，但上述各类系数对于产业地理集聚的测度属于绝对测度。本书采用测度地理集聚以及空间布局常用的技术手段——产业地理集聚的基尼系数作为研究工具。和其他测度方法相比，基尼系数是当前使用最广泛的系数之一（贺灿飞、潘峰华，2007）。

基尼系数这一概念最早应用于研究收入贫富差距，并被国际社会广泛关注。由于基尼系数的本质是研究不平衡差距问题，而产业地理集中本身是地理空间分布的不平衡问题，因而具有很强的借鉴意义。产业地理集聚的基尼系数公式如下文所示，基尼系数的范围为 0 到 1。当某一产业的地理集中度越高，这一系数越接近 1，表明空间分布越不均衡；反之，基尼系数接近 0，表明这一产业的地理集中度低，空间分布比较均衡。

$$G_i = \frac{1}{2Q^2\lambda} \sum_m \sum_n |x_{im} - x_{in}| \tag{5-1}$$

其中，G_i 代表测度产业地理集聚的基尼系数，x_{im} 和 x_{in} 分别代表产业 i 在区域 m 和 n 的比重，而相应的指标根据研究的视角差异可以选择产值、产业增加值、劳动力数量等，Q 代表研究区域的数量，λ 代表产业在各个区域比重的平均值。基尼系数等于洛伦茨曲线与 45°线之间面积的两倍，洛伦茨曲线是基于 x_{im} 递增排序，并将累计 x_{im} 置于纵轴，而累计的区域数置于横轴绘制而成的。

（二）研究区域与数据

这一部分的研究范围包括我国沿海所有 11 个省份 1987～2012 年的重化工业产业的 20 个细分门类。所有数据均来自《中国工业经济统计年鉴》和中经网统计数据库，换算成以可比价格折算的产值数据，基期选择为 2012 年。重化工业包含的具体产业包括煤炭开采和洗选业、石油和天然气开采业、黑色金属矿采选业、有色金属矿采选业、非金属矿采选业、石油加工及炼焦加工业、化学原料及化学制品制造业、医药制品业、化学纤维制造业、非金属矿物制品业、黑色金属冶炼及压延加工业、有色金属冶炼及压延加工业、金属制品业、通用设备制造业、专用设备制造业、交通运输设备制造业、电器机械及器材制造业、通用设备计算机及其他电子设备制造业、电力热力生产及供应业以及仪器仪表及文化、办公用机械制造业等。

（三）结果及分析

通过实证研究，沿海地区重化工业产业空间集聚度及其年度变化如表 5 - 1 所示。首先，从总体上看，1987～2012 年，沿海地区重化工业产业地理集中系数呈现上升的趋势，从 1987 年的 0.411 上升为 2012 年的 0.466，涨幅为 13.38%，说明沿海地区重化工业产业空间集聚状态总体上呈现集中化趋势。其中 2009 年的产业地理集中程度最高，基尼系数为 0.470。但由于各个年份的产业地理集中程度系数值均小于 0.5，说明总体上，沿海地区重化工业产业集聚呈现集中化趋势下的分散布局形态，重化工业产业的地理集中度低，空间分布比较均衡，这和我们对于当下重化工业产业布局的判断吻合。从细分产业平均值上看，1987～2012年，不同产业的空间集聚程度存在较大差异。其中石油和天然气开采业的地理集中程度最高，为0.690；电力热力生产及供应业的地理集中程度最低，为0.308。由于石油和天然气依赖于资源的历史和地质分布，具有典型的地理特征，因而容易集中分布；电力热力生产及供应业与沿海地区的其他产业的生产以及人民生活高度相关，因而地理集中程度较低，为均衡分散。全国各个产业的地理集中度平均值为0.434，其中除石油和天然气开采业外，煤炭开采和洗选业、黑色金属矿采选业、有色金属矿采选业、化学纤维制造业、通用设备计算机及其他电子设备制造业以及仪器仪表及文化、办公用机械制造业的产业地理集中度高于全国平均水平。这些产业多数属于资源能源开采类行业，受地理因素影响较大，但同时，通用设备计算机及其他电子设备制造业以及仪器仪表及文化、办公用机械制造业等属于高端重化工业产业的集聚，一方面反映了地区专业化水平集中在单一省份或地区，另一方面从侧面暗示了我国工业化进程尚处在重化工业中期，重化工业的地区联系还有待加强。其他产业门类包括非金属矿采选业、石油加工及炼焦加工业、化学原料及化学制品制造业、医药制品业、非金属矿物制品业、黑色金属冶炼及压延加工业、有色金属冶炼及压延加工业、金属制品业、通用设备制造业、专用设备制造业、交通运输设备制造业、电器机械及器材制造业、电力热力生产及供应业的地理集中程度均小于平均水平，表明其呈现分散状态。这些产业需接近市场或资源投入，多数受地方政府保护。为了本地区石化、机械等产业发展，产业空间分布上呈现更加分散的布局趋势特征，这也从侧面反映了各个地区重化工业产业的同构问题明显存在。

可以看出，多数省份的重化工业发展由依赖资源和能源的密集投入转为加工制造业，但诸如通用设备计算机及其他电子设备制造

表5-1 沿海地区重化工业产业空间集聚度

年份	煤炭开采和洗选业	石油和天然气开采业	黑色金属矿采选业	有色金属矿采选业	非金属矿采选业	石油加工及炼焦加工业	化学原料及化学制品制造业	医药制品业	化学纤维制造业	非金属矿物制品业	黑色金属冶炼及压延工业	有色金属冶炼及压延工业	金属制品业	通用设备制造业	专用设备制造业	交通运输设备制造业	电器机械及器材制造业	通用设备计算机及其他电子设备制造业	电力热力生产及供应业	仪器仪表及文化、办公用机械制造业	平均
1987	0.511	0.704	0.514		0.471	0.497	0.292	0.299	0.458	0.322	0.452		0.309			0.334	0.347	0.403	0.258	0.408	0.411
1988	0.505	0.646	0.454		0.425	0.432	0.282	0.292	0.429	0.318	0.445		0.312			0.330	0.353	0.387	0.256	0.393	0.391
1989	0.510	0.643	0.450		0.417	0.435	0.291	0.292	0.411	0.312	0.466		0.306			0.329	0.355	0.386	0.262	0.394	0.391
1990	0.515	0.637	0.437		0.430	0.440	0.301	0.304	0.427	0.313	0.436		0.306			0.337	0.366	0.391	0.262	0.380	0.393
1991	0.557	0.645	0.437		0.416	0.435	0.300	0.313	0.463	0.312	0.437		0.318			0.330	0.387	0.445	0.270	0.390	0.403
1992	0.527	0.632	0.450		0.424	0.441	0.314	0.338	0.442	0.352	0.423		0.341			0.325	0.394	0.466	0.280	0.427	0.411
1993	0.527	0.605	0.471	0.497	0.382	0.410	0.316	0.319	0.470	0.357	0.414	0.350	0.334	0.355	0.336	0.306	0.402	0.468	0.297	0.407	0.401
1994	0.546	0.593	0.481	0.535	0.394	0.409	0.337	0.309	0.463	0.348	0.409	0.345	0.351	0.368	0.382	0.329	0.402	0.461	0.340	0.430	0.412
1995	0.602	0.828	0.488	0.577	0.386	0.404	0.332	0.297	0.455	0.339	0.404	0.328	0.350	0.374	0.385	0.335	0.403	0.464	0.335	0.436	0.426
1996	0.614	0.786	0.494	0.575	0.378	0.399	0.327	0.287	0.446	0.334	0.400	0.315	0.349	0.381	0.389	0.340	0.405	0.469	0.328	0.449	0.423
1997	0.625	0.772	0.500	0.572	0.372	0.394	0.320	0.278	0.437	0.330	0.396	0.300	0.352	0.388	0.394	0.345	0.408	0.472	0.323	0.467	0.422
1998	0.627	0.776	0.515	0.588	0.382	0.387	0.329	0.271	0.443	0.334	0.385	0.295	0.366	0.390	0.406	0.343	0.415	0.477	0.323	0.489	0.427
1999	0.630	0.783	0.533	0.599	0.393	0.381	0.338	0.271	0.451	0.342	0.374	0.293	0.380	0.409	0.418	0.341	0.424	0.480	0.321	0.510	0.434
2000	0.557	0.543	0.550	0.608	0.407	0.374	0.348	0.278	0.459	0.352	0.365	0.294	0.393	0.430	0.431	0.342	0.432	0.484	0.320	0.528	0.425

续表

年份	煤炭开采和洗选业	石油和天然气开采业	黑色金属矿采选业	有色金属矿采选业	非金属矿采选业	石油加工及炼焦工业	化学原料及化学制品制造业	医药制品业	化学纤维制造业	非金属矿物制品业	黑色金属冶炼及压延工业	有色金属冶炼及压延工业	金属制品业	通用设备制造业	专用设备制造业	交通运输设备制造业	电器机械及器材制造业	通用设备计算机及其他电子设备制造业	电力热力生产及供应业	仪器仪表及文化、办公用机械制造业	平均
2001	0.585	0.703	0.560	0.600	0.421	0.393	0.346	0.277	0.488	0.346	0.357	0.299	0.398	0.406	0.420	0.340	0.437	0.496	0.320	0.520	0.436
2002	0.606	0.689	0.564	0.598	0.435	0.376	0.370	0.284	0.504	0.355	0.358	0.312	0.406	0.407	0.420	0.337	0.441	0.499	0.317	0.519	0.440
2003	0.676	0.662	0.569	0.612	0.452	0.378	0.376	0.254	0.544	0.363	0.369	0.335	0.413	0.419	0.400	0.323	0.450	0.517	0.318	0.511	0.449
2004	0.740	0.686	0.543	0.609	0.469	0.374	0.387	0.307	0.563	0.364	0.373	0.347	0.416	0.417	0.371	0.301	0.448	0.523	0.331	0.516	0.454
2005	0.734	0.669	0.525	0.595	0.461	0.367	0.409	0.329	0.575	0.377	0.381	0.364	0.404	0.412	0.375	0.289	0.453	0.528	0.327	0.511	0.454
2006	0.819	0.667	0.553	0.524	0.457	0.363	0.412	0.332	0.591	0.380	0.374	0.378	0.411	0.411	0.377	0.292	0.450	0.519	0.336	0.501	0.457
2007	0.809	0.661	0.548	0.625	0.454	0.343	0.416	0.347	0.583	0.376	0.368	0.390	0.412	0.406	0.366	0.295	0.453	0.517	0.333	0.504	0.460
2008	0.775	0.695	0.569	0.638	0.441	0.353	0.429	0.365	0.598	0.376	0.381	0.391	0.390	0.400	0.361	0.307	0.449	0.529	0.311	0.494	0.463
2009	0.772	0.706	0.580	0.658	0.440	0.350	0.441	0.370	0.648	0.380	0.383	0.402	0.396	0.405	0.369	0.315	0.445	0.536	0.310	0.489	0.470
2010	0.763	0.741	0.564	0.654	0.417	0.317	0.424	0.367	0.609	0.370	0.372	0.382	0.395	0.404	0.367	0.311	0.449	0.531	0.306	0.488	0.461
2011	0.758	0.738	0.571	0.647	0.393	0.308	0.429	0.374	0.618	0.356	0.376	0.377	0.376	0.396	0.369	0.309	0.454	0.529	0.308	0.518	0.460
2012	0.766	0.722	0.596	0.679	0.404	0.317	0.439	0.396	0.617	0.367	0.372	0.397	0.374	0.390	0.376	0.308	0.448	0.524	0.311	0.524	0.466
平均	0.641	0.690	0.520	0.599	0.420	0.388	0.358	0.315	0.507	0.349	0.395	0.345	0.368	0.398	0.386	0.323	0.418	0.481	0.308	0.469	0.434

注：数据由笔者计算得到。由于部分分数据缺失，有色金属矿采选业、有色金属冶炼及压延加工业、通用设备制造业以及专用设备制造业的地理集中测度范围为1993～2012年。

业等新型重化工业的发展还不平衡。这与我国沿海地区所处的工业化发展阶段有重要关系，同时反映了地方分工基础上的资源流动性。

其次，从细分产业上看。1987～2012年，不同产业的地理集中度随时间变化的特征存在较大差异性。煤炭开采和洗选业、石油和天然气开采业、黑色金属矿采选业、有色金属矿采选业等产业的时间波动较为明显。这些行业需接近资源或者沿海区位，因而内部规模经济比较显著。其中煤炭开采和洗选业波动最大，波动幅度高于石油和天然气开采业，说明当前煤炭开采和洗选业的地理分布不均衡，这也和我们国家经济发展对于煤炭的需求大于其他能源产业有很大关系。煤炭依然是能源需求的主要产品，这同时暗示了我国沿海地区重化工业的转型升级还有很长的路要走。相比而言，交通运输设备制造业等产业地理集中程度的基尼系数波动不大，始终处于分散均衡布局形态。

最后，将1987年和2012年各个产业的地理集中度系数进行比较发现，除石油和天然气开采业、非金属矿采选业、石油加工及炼焦加工业、黑色金属冶炼及压延加工业、交通运输设备制造业外，其他产业的地理集中度均呈现上升趋势，而这几个行业的地理集中度呈现下降趋势。资源开采和金属加工类产业的空间分布受资源分布的影响较大，这与20世纪80年代以来对于资源分布勘探的加强以及省际能源运输联系的加强有很大关系。

第二节　中国沿海地区重化工业产业同构测度

一　传统方法同构测度

传统的关于产业同构的测度往往急于单一指标构建，描述产业结构趋同的趋势与演变特征，需要在现有产业门类齐全、数据量大的基础上进行分析论证。传统常用的测度方法包括以下几种。

（1）结构相似系数

结构相似系数是1979年联合国工业发展组织（UNIDO）国际工业研究中心在其编写的《世界各国工业化概况和趋向》一书中提出的度量指标。这个指标是用来衡量地区间产业结构相似程度的重要指标，最早被运用且最为常用。它既可以反映两个地区的产业结构相似程度，也可以反映国与国之间、国家与地区之间的结构相似程度。具体公式如下：

$$T_{pq} = \sum_{k=1}^{n} (A_{pk} A_{qk}) / \sqrt{\sum_{k=1}^{n} A_{pk}^{2} \sum_{k=1}^{n} A_{qk}^{2}} \qquad (5-2)$$

其中，T_{pq} 代表区域 p 和区域 q 的结构相似系数，A_{pk} 和 A_{qk} 分别代表 p 区域和 q 区域 k 产业的比重，n 代表区域的产业个数。T_{pq} 的值在 0 到 1 之间变化，越接近 0，说明两个地区的产业结构相似程度越低；越接近 1，则说明两个地区的产业结构相似程度越高。

（2）Krugman 结构差异度指数

Krugman（1991）在研究地方贸易和专业化问题时，提出了测度地区间产业结构差异程度的行业分工指数或者称为专业化指数，而该指标与产业结构差异度的指数相类似，只是在取值范围上存在差异。Krugman 结构差异度指数用公式表述如下：

$$D_{pq} = \sum_{k=1}^{n} |A_{pk} - A_{qk}| \qquad (5-3)$$

其中，D_{pq} 代表区域 p 和区域 q 的 Krugman 结构差异度指数，A_{pk} 和 A_{qk} 分别代表 p 区域和 q 区域 k 产业的比重，n 代表区域的产业个数。Krugman 结构差异度指数的取值范围在 0 到 2 之间，如果两个地区的产业结构完全一样，则其取值为 0；如果两个地区的产业结构完全不一样，则其取值为 2。有学者将 Krugman 结构差异度指数与结构相似系数进行同方向的可比化处理，将 Krugman 结构差异度指数的取值范围转化为 0 到 1 之间，并且变化方向和结构相似系数一致，则其变化的公式如式（5-4）。其中，MD_{pq} 是变化后的 Krugman 结构差异度指数。

$$MD_{pq} = 1 - \frac{1}{2} \times \sum_{k=1}^{n} |A_{pk} - A_{qk}| \qquad (5-4)$$

（3）Landesmann 和 Székely 的结构差异度指数

Landesmann 和 Székely（1995）在研究东欧各国制造业结构变动趋势以及和贸易的关系时提出了测度地区间产业结构差异度的指数，该指数在于分析地区间产业结构的变异系数，具体公式如下：

$$LS_{pq} = \frac{1}{2} \times \sum_{k=1}^{n} (A_{pk} - A_{qk})^2 \qquad (5-5)$$

其中，LS_{pq} 表示 Landesmann 和 Székely 的结构差异度指数，A_{pk} 和 A_{qk} 分别代表 p 区域和 q 区域 k 产业的比重，n 代表区域的产业个数。这个指数的取值范围是 0 到 1，越接近 0，说明两个地区的产业结构相似程度越低；越接近 1，则说明两个地区的产业结构相似程度越高。但这一指数在国内应用中较少见。

（4）结构重合度指数

Finger 和 Kreinin（1979）在研究国家间出口贸易时，提出了一个研究出口产品相似度的指数，测算了部分国家出口到美国、日本和欧盟市场的制造业产品的相似程度，其公式表示如下：

$$FK_{pq} = \left[\sum_{k=1}^{n} \min(E_{pk}, E_{qk}) \right] \times 100 \qquad (5-6)$$

其中，FK_{pq} 代表区域 p 和区域 q 的结构重合度指数，E_{pk} 和 E_{qk} 分别代表 p 国出口到其他国家和地区的第 k 种产品占 p 国出口到其他国家和地区的全部产品的份额和 q 国出口到其他国家和地区的第 k 种

产品占 q 国出口到其他国家和地区的全部产品的份额，n 代表区域的产业个数。这个指数的取值范围是 0 到 100，如果两个地区的贸易出口结构完全不一样，则其取值为 0；如果两个地区的产业贸易出口结构完全一样，则其取值为 100。这一指标是研究贸易结构相似度的指标，王志华等（2006）将其进行了对应转化，改造成产业结构相似度指数。式（5 - 7）中，S_{pq} 代表产业结构重合度指数，其值介于 0 到 1 之间，A_{pk} 和 A_{qk} 分别代表 p 区域和 q 区域 k 产业的比重，n 代表区域的产业个数。该指数越接近 0，说明两个地区的产业结构相似程度越低；越接近 1，则说明两个地区的产业结构相似程度越高。

$$S_{pq} = \sum_{k=1}^{n} \min(A_{pk}, A_{qk}) \tag{5 - 7}$$

二 沿海地区重化工业产业同构测度

（1）研究方法

本节我们将采用传统的产业同构研究方法对沿海重化工业产业结构趋同现象进行测度研究。虽然是传统方法的应用，但对此问题开展多区域细分研究在国内还不多见，因而这一部分同样具有重要的现实意义。本部分将采用目前国内外最为常用的两种方法，即结构相似系数和变换的 Krugman 结构差异度指数进行研究，并进行比较分析（见表 5 - 2、表 5 - 3）。

（2）研究范围和数据

这一部分的研究范围包括 1987 ~ 2012 年我国沿海所有 11 个省份的重化工业产业的 20 个细分门类。所有数据均来自《中国工业经济统计年鉴》和中经网统计数据库，均换算成以可比价格折算的产值数据，基期选择为 2012 年。重化工业包含的具体产业包括煤炭开采和洗选业、石油和天然气开采业、黑色金属矿采选业、有色金属矿采选业、非金属矿采选业、石油加工及炼焦加工业、化学原料及化学制品制造业、医药制品业、化学纤维制造业、非金属矿物制品业、黑色金属冶炼及压延加工业、有色金属冶炼及压延加工业、金属制品业、通用设备制造业、专用设备制造业、交通运输设备制造业、电器机械及器材制造业、通用设备计算机及其他电子设备制造业、电力热力生产及供应业以及仪器仪表及文化、办公用机械制造业。

我们同时对各个沿海省份和各个沿海区域（环渤海地区、长三角地区、珠三角地区）的平均同构系数进行测度，并且对重化工业进行合理的分类，以期进一步打开重化工业内部结构的同构"黑箱"。根据沿海省份的经济发展程度和历史影响，划分如下：环渤海地区包括天津、河北、辽宁、山东四个省份；长三角地区包括江苏、上海、浙江三个省份；珠三角地区包括福建、广东、广西、海南。参考国际重化工业的分类标准以及方行明（2011）的重化工业分类标准，我们根据重化工业的发展变化特点及其产业特征，将重化工业产业分为四类。

一是矿产开采，包括煤炭开采和洗选业、黑色金属矿采选业、有色金属矿采选业、非金属矿采选业。

二是石化工业，包括石油和天然气开采业、石油加工及炼焦加工业、化学原料及化学制品制造业、医药制品业、化学纤维制造业、电力热力生产及供应业。

三是金属冶金，包括非金属矿物制品业、黑色金属冶炼及压延加工业、有色金属冶炼及压延加工业、金属制品业。

四是机械制造，包括通用设备制造业、专用设备制造业、交通运输设备制造业、电器机械及器材制造业、通用设备计算机及其他电子设备制造业以及仪器仪表及文化、办公用机械制造业。

（3）结果及分析

以结构相似系数衡量我国沿海地区重化工业产业结构相似度，

结果如表 5-2 所示，全国绝大部分沿海地区间重化工业产业的结构相似系数超过 0.5。从整体来看，1987~2012 年，我国沿海地区重化工业产业结构相似系数呈现快速下降和缓慢发展两个阶段。1987~2003 年，重化工业产业结构相似系数呈现下降趋势，说明这个时期我国沿海地区平均同构化程度呈现下降趋势，并且比较明显，从 1987 年的 0.781 下降到 0.658。从 2004 年至今，重化工业产业结构相似系数呈现缓慢增长态势；到 2012 年，我国沿海地区重化工业产业结构相似系数上升为 0.691。这个时期沿海地区重化工业产业特别是海洋产业的布局呈现快速发展的态势，同时产业结构趋同性问题日益凸显。

比较 2012 年和 1987 年，全国绝大多数地区间重化工业产业结构相似系数呈现下降趋势，但天津-山东、辽宁-浙江、辽宁-福建、辽宁-山东、辽宁-广西、上海-江苏、上海-浙江、上海-福建、上海-广东、江苏-山东、浙江-山东、福建-山东、山东-广西地区间的产业结构相似系数呈现上升趋势。仔细分析可以发现，从平均程度来看，山东和辽宁两个省份和全国其他省份的产业同构化程度比较严重。从各个地区间不同年份平均的产业同构情况来看，天津-海南、河北-海南、河北-广东、辽宁-海南、江苏-海南、福建-海南、广东-海南的结构相似系数低于 0.53，这表明海南和其他省份的重化工业结构差异性比较大。而天津-上海、天津-江苏、上海-江苏、江苏-浙江、江苏-福建、浙江-山东、福建-广东的结构相似系数高于 0.85，可以看出，长三角地区内部以及和其他地区之间的重化工业产业同构现象比较严重。

图 5-1 反映了沿海地区与全国其他地区相比的同构化趋势。可以看出，绝大多数省份的产业结构相似系数呈平稳下降趋势。海南的产业同构化过程最不显著，这与其地理位置和当地市场条件有关。

河北和广西的产业结构相似系数波动较大，与全国平均水平一致，同样呈现先下降后上升的趋势。从 2004 年开始，河北的重化工业产业同构现象越发明显，但低于全国平均水平。从地域上进行比较，长三角地区重化工业产业结构内部以及与全国其他省份的产业同构系数平均值较高，始终大于 0.8，说明该地区同构化比较明显，且从 1994 年起，与环渤海地区差距越来越大。珠三角地区的产业结构相似系数呈现下降趋势，且低于全国平均水平。

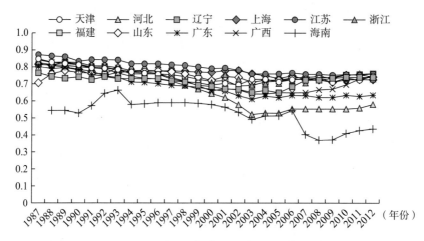

图 5 - 1　1987 ~ 2012 年沿海地区重化工业产业结构相似系数

同样，采用结构相似系数，本书分析了重化工业细分产业的地域结构趋同问题以及空间差异，将重化工业产业划分为矿产开采、石化工业、金属冶金、机械制造四类，根据各区域产业历年同构水平的平均值划分为高同构和低同构两个部分，其结果如表 5 - 4 所示。矿产开采业的产业同构化程度明显低于其他几个行业，这与这一行业的资源环境约束以及现阶段我国重化工业发展阶段有关，说明我国沿海地区的重化工业逐渐摆脱了对原材料开采的依赖。机械制造业同构化程度最高，高同构区域的相应地区最多，尤其以长三角地区的机械制造业同构化程度最为显著，石化行业的高同构区域

表5-2 沿海地区重化工业产业结构相似系数

	1989年	1990年	1991年	1992年	1993年	1994年	1995年	1996年	1997年	1998年	1999年	2000年	2001年	2002年	2003年	2004年	2005年	2006年	2007年	2008年	2009年	2010年	2011年	2012年
天津-河北	0.751	0.870	0.883	0.871	0.869	0.807	0.748	0.670	0.577	0.567	0.557	0.547	0.557	0.507	0.563	0.573	0.538	0.562	0.677	0.758	0.822	0.786	0.802	0.804
天津-辽宁	0.710	0.894	0.887	0.889	0.894	0.864	0.829	0.778	0.713	0.708	0.700	0.692	0.640	0.671	0.721	0.702	0.664	0.664	0.762	0.807	0.809	0.821	0.809	0.808
天津-上海	0.831	0.952	0.956	0.955	0.951	0.925	0.910	0.881	0.832	0.839	0.851	0.868	0.883	0.873	0.924	0.948	0.951	0.932	0.905	0.830	0.765	0.797	0.775	0.803
天津-江苏	0.947	0.890	0.906	0.916	0.873	0.835	0.835	0.821	0.791	0.797	0.805	0.816	0.856	0.840	0.923	0.940	0.908	0.890	0.891	0.859	0.822	0.802	0.776	0.814
天津-浙江	0.898	0.855	0.841	0.824	0.786	0.760	0.779	0.778	0.753	0.727	0.681	0.619	0.672	0.652	0.687	0.669	0.639	0.656	0.677	0.722	0.688	0.698	0.681	0.697
天津-福建	0.901	0.865	0.831	0.820	0.764	0.733	0.735	0.826	0.847	0.876	0.897	0.911	0.901	0.930	0.909	0.900	0.886	0.866	0.829	0.793	0.749	0.765	0.748	0.789
天津-山东	0.825	0.812	0.799	0.770	0.806	0.760	0.755	0.725	0.672	0.658	0.645	0.634	0.672	0.656	0.710	0.706	0.684	0.675	0.723	0.765	0.707	0.761	0.758	0.760
天津-广东	0.865	0.797	0.746	0.729	0.677	0.715	0.776	0.836	0.886	0.901	0.911	0.916	0.910	0.934	0.892	0.888	0.886	0.872	0.807	0.710	0.643	0.658	0.643	0.680
天津-广西	0.870	0.859	0.846	0.832	0.792	0.737	0.721	0.672	0.595	0.564	0.526	0.486	0.524	0.471	0.549	0.554	0.556	0.569	0.664	0.764	0.771	0.790	0.803	0.836
天津-海南	0.534	0.481	0.504	0.593	0.673	0.627	0.636	0.614	0.556	0.501	0.453	0.426	0.419	0.367	0.414	0.417	0.435	0.462	0.368	0.310	0.308	0.403	0.402	0.379
河北-辽宁	0.900	0.924	0.925	0.934	0.949	0.926	0.908	0.888	0.864	0.853	0.842	0.829	0.804	0.801	0.786	0.830	0.810	0.784	0.782	0.760	0.767	0.780	0.774	0.799
河北-上海	0.829	0.843	0.853	0.846	0.884	0.851	0.827	0.801	0.773	0.755	0.728	0.692	0.671	0.594	0.494	0.460	0.462	0.457	0.425	0.410	0.405	0.436	0.438	0.438
河北-江苏	0.845	0.778	0.806	0.801	0.793	0.780	0.780	0.781	0.781	0.754	0.725	0.694	0.680	0.652	0.562	0.560	0.568	0.581	0.589	0.566	0.571	0.561	0.549	0.566
河北-浙江	0.823	0.810	0.793	0.755	0.702	0.703	0.721	0.737	0.751	0.713	0.665	0.606	0.612	0.569	0.468	0.486	0.466	0.474	0.482	0.495	0.524	0.533	0.537	0.551
河北-福建	0.811	0.788	0.744	0.725	0.681	0.675	0.675	0.669	0.659	0.620	0.581	0.544	0.523	0.439	0.387	0.421	0.432	0.458	0.489	0.503	0.540	0.547	0.563	0.602
河北-山东	0.886	0.863	0.859	0.846	0.823	0.806	0.819	0.829	0.835	0.803	0.770	0.737	0.723	0.713	0.645	0.656	0.659	0.649	0.634	0.590	0.570	0.591	0.602	0.604
河北-广东	0.741	0.708	0.631	0.615	0.592	0.573	0.556	0.537	0.515	0.486	0.458	0.431	0.383	0.322	0.242	0.245	0.233	0.253	0.270	0.255	0.284	0.309	0.307	0.313
河北-广西	0.919	0.911	0.892	0.851	0.752	0.750	0.775	0.797	0.812	0.781	0.746	0.709	0.722	0.710	0.646	0.697	0.724	0.727	0.754	0.761	0.708	0.722	0.749	0.797
河北-海南	0.519	0.491	0.549	0.636	0.574	0.503	0.518	0.540	0.568	0.597	0.617	0.639	0.567	0.486	0.345	0.363	0.368	0.398	0.294	0.268	0.307	0.296	0.302	0.320

续表

	1989年	1990年	1991年	1992年	1993年	1994年	1995年	1996年	1997年	1998年	1999年	2000年	2001年	2002年	2003年	2004年	2005年	2006年	2007年	2008年	2009年	2010年	2011年	2012年
辽宁－上海	0.917	0.916	0.910	0.904	0.912	0.872	0.851	0.829	0.808	0.787	0.762	0.737	0.777	0.766	0.719	0.676	0.648	0.666	0.673	0.683	0.686	0.707	0.712	0.699
辽宁－江苏	0.758	0.698	0.720	0.758	0.771	0.782	0.782	0.781	0.779	0.758	0.737	0.715	0.715	0.713	0.686	0.670	0.660	0.673	0.715	0.721	0.744	0.761	0.727	0.732
辽宁－浙江	0.726	0.723	0.694	0.703	0.686	0.725	0.745	0.761	0.772	0.755	0.723	0.676	0.682	0.668	0.650	0.676	0.692	0.715	0.760	0.810	0.822	0.829	0.805	0.794
辽宁－福建	0.687	0.685	0.617	0.638	0.638	0.651	0.658	0.662	0.662	0.654	0.647	0.642	0.624	0.581	0.547	0.567	0.557	0.583	0.657	0.691	0.735	0.755	0.751	0.767
辽宁－山东	0.797	0.803	0.802	0.823	0.797	0.801	0.821	0.834	0.840	0.833	0.825	0.818	0.781	0.791	0.782	0.808	0.822	0.838	0.874	0.878	0.879	0.905	0.897	0.877
辽宁－广东	0.697	0.680	0.590	0.602	0.548	0.575	0.579	0.582	0.584	0.578	0.574	0.570	0.530	0.503	0.451	0.442	0.411	0.435	0.492	0.483	0.499	0.523	0.505	0.501
辽宁－广西	0.762	0.768	0.732	0.725	0.695	0.710	0.725	0.732	0.731	0.710	0.683	0.653	0.672	0.702	0.678	0.739	0.746	0.752	0.800	0.797	0.788	0.818	0.856	0.895
辽宁－海南	0.366	0.353	0.374	0.486	0.485	0.427	0.449	0.473	0.493	0.501	0.498	0.527	0.516	0.510	0.459	0.511	0.510	0.747	0.706	0.645	0.600	0.589	0.607	0.608
上海－江苏	0.869	0.804	0.830	0.814	0.844	0.858	0.863	0.866	0.866	0.880	0.892	0.904	0.895	0.898	0.913	0.948	0.956	0.948	0.941	0.941	0.927	0.926	0.910	0.897
上海－浙江	0.814	0.793	0.772	0.716	0.745	0.779	0.802	0.816	0.820	0.834	0.827	0.794	0.813	0.820	0.788	0.775	0.752	0.796	0.780	0.804	0.786	0.784	0.787	0.794
上海－福建	0.814	0.793	0.752	0.714	0.698	0.704	0.718	0.728	0.732	0.765	0.801	0.837	0.869	0.849	0.890	0.909	0.915	0.904	0.895	0.905	0.875	0.895	0.869	0.844
上海－山东	0.712	0.694	0.690	0.651	0.707	0.691	0.713	0.730	0.743	0.738	0.726	0.711	0.749	0.776	0.728	0.734	0.734	0.753	0.746	0.765	0.755	0.769	0.769	0.745
上海－广东	0.794	0.769	0.727	0.638	0.616	0.675	0.692	0.701	0.700	0.730	0.763	0.800	0.814	0.804	0.836	0.899	0.911	0.906	0.921	0.925	0.893	0.900	0.886	0.875
上海－广西	0.796	0.787	0.769	0.717	0.737	0.749	0.756	0.752	0.735	0.737	0.726	0.699	0.706	0.738	0.695	0.590	0.563	0.591	0.565	0.605	0.643	0.691	0.720	0.736
上海－海南	0.523	0.490	0.481	0.519	0.593	0.591	0.638	0.680	0.705	0.690	0.662	0.628	0.625	0.664	0.626	0.515	0.460	0.526	0.359	0.346	0.338	0.386	0.403	0.416
江苏－浙江	0.944	0.953	0.954	0.955	0.968	0.966	0.971	0.973	0.972	0.969	0.949	0.907	0.934	0.920	0.864	0.822	0.809	0.845	0.848	0.863	0.861	0.878	0.883	0.882
江苏－福建	0.975	0.961	0.947	0.941	0.870	0.853	0.845	0.836	0.827	0.826	0.827	0.832	0.836	0.822	0.898	0.919	0.916	0.910	0.905	0.910	0.896	0.907	0.893	0.889
江苏－山东	0.825	0.817	0.814	0.794	0.883	0.883	0.890	0.893	0.894	0.878	0.858	0.833	0.885	0.880	0.828	0.801	0.816	0.828	0.838	0.848	0.853	0.852	0.840	0.844
江苏－广东	0.884	0.895	0.889	0.870	0.822	0.791	0.789	0.783	0.776	0.785	0.797	0.811	0.800	0.791	0.858	0.880	0.869	0.868	0.874	0.876	0.882	0.888	0.884	0.868

续表

	1989年	1990年	1991年	1992年	1993年	1994年	1995年	1996年	1997年	1998年	1999年	2000年	2001年	2002年	2003年	2004年	2005年	2006年	2007年	2008年	2009年	2010年	2011年	2012年
江苏-广西	0.929	0.912	0.891	0.889	0.897	0.877	0.871	0.858	0.838	0.815	0.784	0.746	0.758	0.766	0.627	0.598	0.630	0.647	0.658	0.687	0.679	0.696	0.712	0.732
江苏-海南	0.628	0.618	0.654	0.690	0.674	0.574	0.589	0.607	0.627	0.638	0.637	0.629	0.586	0.550	0.437	0.438	0.454	0.464	0.294	0.272	0.278	0.305	0.311	0.321
浙江-福建	0.887	0.902	0.890	0.906	0.863	0.874	0.871	0.867	0.863	0.812	0.747	0.669	0.731	0.685	0.702	0.741	0.744	0.785	0.802	0.818	0.810	0.812	0.825	0.823
浙江-山东	0.832	0.841	0.838	0.821	0.878	0.885	0.850	0.894	0.894	0.891	0.874	0.839	0.902	0.902	0.883	0.877	0.862	0.857	0.875	0.893	0.905	0.899	0.897	0.872
浙江-广东	0.969	0.952	0.904	0.915	0.881	0.855	0.829	0.839	0.824	0.787	0.739	0.678	0.708	0.673	0.658	0.671	0.653	0.701	0.719	0.684	0.701	0.698	0.686	0.674
浙江-广西	0.913	0.918	0.895	0.876	0.883	0.876	0.862	0.846	0.827	0.805	0.774	0.732	0.775	0.792	0.700	0.706	0.718	0.725	0.718	0.769	0.781	0.770	0.786	0.786
浙江-海南	0.584	0.573	0.625	0.709	0.676	0.590	0.554	0.604	0.617	0.632	0.623	0.601	0.653	0.620	0.559	0.617	0.652	0.646	0.417	0.414	0.409	0.425	0.451	0.448
福建-山东	0.769	0.763	0.729	0.723	0.799	0.802	0.783	0.761	0.738	0.714	0.688	0.661	0.697	0.663	0.674	0.704	0.710	0.732	0.772	0.792	0.803	0.805	0.811	0.785
福建-广东	0.823	0.855	0.890	0.925	0.944	0.953	0.958	0.957	0.947	0.951	0.952	0.953	0.951	0.964	0.954	0.955	0.938	0.932	0.913	0.900	0.890	0.904	0.883	0.871
福建-广西	0.905	0.901	0.852	0.855	0.797	0.762	0.749	0.730	0.705	0.664	0.621	0.578	0.594	0.509	0.532	0.550	0.592	0.613	0.665	0.720	0.733	0.750	0.796	0.822
福建-海南	0.665	0.667	0.692	0.743	0.741	0.551	0.548	0.543	0.528	0.535	0.525	0.510	0.500	0.427	0.411	0.449	0.483	0.479	0.317	0.308	0.380	0.441	0.416	0.444
山东-广东	0.786	0.784	0.716	0.733	0.770	0.716	0.696	0.679	0.668	0.664	0.660	0.655	0.649	0.611	0.580	0.583	0.571	0.589	0.624	0.627	0.631	0.632	0.621	0.603
山东-广西	0.847	0.838	0.812	0.805	0.857	0.866	0.863	0.853	0.832	0.800	0.762	0.722	0.759	0.802	0.754	0.759	0.771	0.765	0.775	0.765	0.748	0.792	0.826	0.806
山东-海南	0.475	0.457	0.511	0.635	0.659	0.569	0.571	0.580	0.590	0.596	0.592	0.598	0.596	0.599	0.511	0.589	0.589	0.671	0.528	0.511	0.486	0.533	0.550	0.537
广东-广西	0.824	0.803	0.725	0.730	0.757	0.677	0.643	0.602	0.556	0.529	0.500	0.469	0.436	0.379	0.342	0.370	0.379	0.401	0.432	0.452	0.473	0.507	0.536	0.550
广东-海南	0.568	0.595	0.717	0.703	0.736	0.583	0.542	0.501	0.455	0.450	0.439	0.432	0.375	0.322	0.261	0.338	0.345	0.371	0.271	0.257	0.266	0.310	0.309	0.335
广西-海南	0.564	0.560	0.645	0.758	0.809	0.756	0.751	0.745	0.738	0.772	0.780	0.767	0.794	0.795	0.865	0.844	0.821	0.715	0.411	0.333	0.367	0.428	0.526	0.556

注:由于篇幅所限,1987年、1988年的计算结果暂未列出。

表 5 - 3 沿海地区重化工业变换后的 Krugman 结构差异度指数

	1989年	1990年	1991年	1992年	1993年	1994年	1995年	1996年	1997年	1998年	1999年	2000年	2001年	2002年	2003年	2004年	2005年	2006年	2007年	2008年	2009年	2010年	2011年	2012年
天津-河北	0.626	0.738	0.751	0.724	0.744	0.704	0.680	0.657	0.618	0.621	0.621	0.622	0.595	0.600	0.594	0.579	0.564	0.571	0.612	0.614	0.666	0.684	0.688	0.686
天津-辽宁	0.663	0.765	0.749	0.743	0.760	0.749	0.730	0.709	0.685	0.687	0.690	0.695	0.643	0.662	0.688	0.682	0.664	0.666	0.697	0.706	0.691	0.709	0.707	0.705
天津-上海	0.802	0.857	0.860	0.857	0.830	0.803	0.795	0.771	0.740	0.741	0.747	0.760	0.765	0.778	0.815	0.826	0.849	0.820	0.798	0.748	0.700	0.698	0.674	0.690
天津-江苏	0.831	0.793	0.797	0.807	0.768	0.710	0.704	0.692	0.676	0.680	0.685	0.692	0.741	0.711	0.767	0.789	0.750	0.721	0.739	0.735	0.707	0.686	0.670	0.699
天津-浙江	0.797	0.764	0.752	0.740	0.724	0.669	0.675	0.676	0.664	0.655	0.643	0.626	0.602	0.614	0.626	0.615	0.583	0.578	0.588	0.641	0.628	0.616	0.610	0.609
天津-福建	0.748	0.736	0.717	0.701	0.687	0.651	0.683	0.718	0.712	0.736	0.757	0.778	0.749	0.783	0.748	0.763	0.738	0.725	0.712	0.694	0.684	0.681	0.662	0.680
天津-山东	0.670	0.675	0.674	0.653	0.713	0.684	0.687	0.684	0.672	0.659	0.647	0.636	0.631	0.657	0.656	0.672	0.651	0.625	0.636	0.660	0.640	0.682	0.676	0.682
天津-广东	0.750	0.705	0.653	0.645	0.629	0.633	0.666	0.701	0.742	0.756	0.768	0.775	0.750	0.763	0.713	0.727	0.716	0.707	0.672	0.631	0.598	0.605	0.602	0.624
天津-广西	0.724	0.719	0.733	0.723	0.681	0.636	0.635	0.622	0.598	0.582	0.545	0.512	0.536	0.522	0.554	0.554	0.532	0.545	0.581	0.633	0.617	0.648	0.679	0.701
天津-海南	0.456	0.422	0.442	0.526	0.533	0.452	0.461	0.477	0.453	0.445	0.431	0.438	0.449	0.420	0.430	0.408	0.413	0.430	0.396	0.350	0.354	0.404	0.410	0.392
河北-辽宁	0.764	0.796	0.802	0.820	0.840	0.815	0.800	0.783	0.767	0.751	0.736	0.722	0.704	0.689	0.687	0.702	0.699	0.690	0.691	0.665	0.678	0.687	0.685	0.693
河北-上海	0.682	0.693	0.696	0.689	0.724	0.703	0.692	0.679	0.664	0.644	0.624	0.604	0.611	0.574	0.516	0.505	0.506	0.505	0.493	0.490	0.489	0.517	0.511	0.513
河北-江苏	0.713	0.671	0.687	0.674	0.675	0.660	0.664	0.668	0.672	0.654	0.635	0.615	0.608	0.592	0.549	0.531	0.530	0.532	0.534	0.508	0.529	0.533	0.523	0.528
河北-浙江	0.721	0.710	0.700	0.673	0.670	0.668	0.681	0.687	0.692	0.664	0.637	0.606	0.614	0.587	0.541	0.550	0.538	0.531	0.529	0.512	0.548	0.554	0.558	0.557
河北-福建	0.705	0.704	0.690	0.675	0.701	0.700	0.710	0.697	0.677	0.669	0.661	0.647	0.631	0.602	0.553	0.565	0.557	0.570	0.564	0.544	0.596	0.611	0.599	0.597
河北-山东	0.807	0.792	0.801	0.783	0.790	0.771	0.780	0.777	0.769	0.749	0.729	0.712	0.707	0.691	0.655	0.627	0.622	0.627	0.622	0.588	0.598	0.615	0.616	0.610
河北-广东	0.678	0.652	0.603	0.617	0.612	0.632	0.625	0.613	0.604	0.592	0.578	0.560	0.529	0.500	0.465	0.472	0.457	0.466	0.473	0.476	0.494	0.509	0.511	0.535
河北-广西	0.794	0.785	0.752	0.737	0.682	0.678	0.696	0.710	0.719	0.702	0.685	0.668	0.680	0.676	0.629	0.618	0.605	0.610	0.622	0.600	0.598	0.613	0.636	0.666
河北-海南	0.493	0.461	0.502	0.586	0.530	0.494	0.524	0.548	0.535	0.561	0.573	0.599	0.585	0.554	0.487	0.478	0.480	0.498	0.426	0.434	0.452	0.442	0.441	0.450

续表

	1989年	1990年	1991年	1992年	1993年	1994年	1995年	1996年	1997年	1998年	1999年	2000年	2001年	2002年	2003年	2004年	2005年	2006年	2007年	2008年	2009年	2010年	2011年	2012年
辽宁-上海	0.773	0.763	0.751	0.743	0.773	0.759	0.745	0.731	0.715	0.700	0.680	0.663	0.691	0.665	0.649	0.637	0.636	0.650	0.664	0.678	0.645	0.667	0.656	0.648
辽宁-江苏	0.669	0.640	0.642	0.658	0.677	0.697	0.657	0.698	0.697	0.685	0.672	0.656	0.657	0.649	0.642	0.629	0.645	0.654	0.666	0.668	0.678	0.685	0.658	0.666
辽宁-浙江	0.650	0.644	0.623	0.630	0.654	0.684	0.653	0.700	0.696	0.688	0.678	0.656	0.653	0.644	0.632	0.627	0.646	0.657	0.678	0.697	0.701	0.703	0.681	0.676
辽宁-福建	0.629	0.624	0.594	0.611	0.637	0.632	0.638	0.640	0.630	0.630	0.630	0.629	0.626	0.601	0.589	0.592	0.600	0.614	0.652	0.674	0.708	0.713	0.697	0.696
辽宁-山东	0.756	0.775	0.778	0.788	0.768	0.757	0.767	0.769	0.770	0.762	0.750	0.739	0.723	0.722	0.717	0.723	0.738	0.759	0.783	0.786	0.798	0.820	0.800	0.777
辽宁-广东	0.660	0.652	0.596	0.602	0.577	0.585	0.588	0.591	0.595	0.586	0.579	0.572	0.557	0.536	0.512	0.527	0.524	0.534	0.561	0.562	0.568	0.578	0.568	0.572
辽宁-广西	0.689	0.688	0.640	0.661	0.665	0.665	0.674	0.677	0.670	0.656	0.634	0.613	0.621	0.627	0.598	0.622	0.640	0.659	0.683	0.684	0.688	0.723	0.754	0.777
辽宁-海南	0.391	0.388	0.397	0.484	0.455	0.418	0.437	0.445	0.443	0.444	0.444	0.465	0.466	0.452	0.427	0.443	0.459	0.615	0.553	0.543	0.531	0.552	0.555	0.548
上海-江苏	0.789	0.767	0.772	0.755	0.780	0.785	0.784	0.783	0.783	0.791	0.798	0.808	0.776	0.792	0.813	0.845	0.842	0.829	0.817	0.815	0.795	0.796	0.779	0.762
上海-浙江	0.756	0.733	0.720	0.692	0.730	0.742	0.749	0.756	0.760	0.753	0.741	0.723	0.705	0.704	0.675	0.706	0.710	0.729	0.725	0.762	0.725	0.720	0.716	0.725
上海-福建	0.678	0.672	0.666	0.647	0.668	0.671	0.686	0.690	0.680	0.693	0.703	0.715	0.730	0.712	0.748	0.780	0.791	0.781	0.761	0.772	0.754	0.771	0.738	0.729
上海-山东	0.620	0.605	0.612	0.584	0.633	0.622	0.640	0.652	0.661	0.656	0.643	0.631	0.663	0.681	0.652	0.688	0.700	0.705	0.703	0.712	0.692	0.718	0.712	0.661
上海-广东	0.717	0.709	0.686	0.607	0.620	0.635	0.641	0.645	0.643	0.648	0.655	0.666	0.681	0.668	0.681	0.739	0.739	0.738	0.758	0.767	0.724	0.747	0.737	0.738
上海-广西	0.663	0.655	0.660	0.637	0.667	0.667	0.656	0.642	0.617	0.615	0.611	0.605	0.615	0.646	0.607	0.537	0.525	0.547	0.540	0.568	0.572	0.628	0.647	0.642
上海-海南	0.467	0.450	0.451	0.514	0.531	0.463	0.495	0.514	0.519	0.534	0.539	0.559	0.517	0.525	0.485	0.441	0.427	0.465	0.426	0.405	0.403	0.417	0.427	0.429
江苏-浙江	0.832	0.846	0.843	0.850	0.889	0.887	0.889	0.888	0.882	0.886	0.861	0.823	0.842	0.826	0.775	0.745	0.731	0.755	0.762	0.781	0.777	0.802	0.802	0.808
江苏-福建	0.884	0.854	0.849	0.837	0.777	0.754	0.752	0.751	0.750	0.748	0.743	0.739	0.739	0.728	0.758	0.789	0.798	0.794	0.804	0.810	0.788	0.795	0.783	0.780
江苏-山东	0.723	0.715	0.720	0.695	0.759	0.755	0.760	0.763	0.766	0.754	0.742	0.719	0.761	0.754	0.738	0.745	0.765	0.751	0.750	0.750	0.751	0.748	0.730	0.736
江苏-广东	0.782	0.813	0.800	0.755	0.717	0.701	0.706	0.707	0.594	0.692	0.692	0.688	0.687	0.669	0.697	0.719	0.715	0.717	0.725	0.742	0.748	0.753	0.757	0.744

续表

	1989年	1990年	1991年	1992年	1993年	1994年	1995年	1996年	1997年	1998年	1999年	2000年	2001年	2002年	2003年	2004年	2005年	2006年	2007年	2008年	2009年	2010年	2011年	2012年
江苏－广西	0.806	0.774	0.749	0.753	0.766	0.741	0.731	0.719	0.707	0.684	0.660	0.634	0.653	0.668	0.593	0.561	0.569	0.579	0.574	0.588	0.590	0.591	0.593	0.601
江苏－海南	0.551	0.530	0.572	0.609	0.552	0.468	0.486	0.515	0.530	0.547	0.554	0.558	0.539	0.517	0.455	0.451	0.449	0.445	0.377	0.381	0.383	0.380	0.388	0.401
浙江－福建	0.768	0.786	0.804	0.821	0.785	0.788	0.790	0.783	0.780	0.749	0.717	0.685	0.697	0.668	0.674	0.701	0.696	0.711	0.720	0.736	0.731	0.736	0.747	0.739
浙江－山东	0.738	0.741	0.739	0.726	0.773	0.770	0.778	0.778	0.778	0.765	0.752	0.734	0.770	0.763	0.736	0.735	0.722	0.715	0.737	0.760	0.788	0.777	0.780	0.755
浙江－广东	0.878	0.852	0.809	0.823	0.792	0.794	0.794	0.784	0.766	0.746	0.723	0.691	0.710	0.675	0.667	0.680	0.665	0.693	0.711	0.682	0.733	0.713	0.709	0.707
浙江－广西	0.769	0.769	0.748	0.722	0.759	0.761	0.742	0.724	0.706	0.675	0.640	0.606	0.645	0.664	0.595	0.592	0.593	0.601	0.607	0.639	0.656	0.651	0.663	0.676
浙江－海南	0.499	0.481	0.523	0.629	0.572	0.512	0.524	0.548	0.533	0.546	0.546	0.551	0.585	0.559	0.520	0.529	0.532	0.520	0.468	0.484	0.479	0.477	0.489	0.487
福建－山东	0.701	0.703	0.723	0.715	0.762	0.769	0.759	0.738	0.705	0.698	0.684	0.670	0.683	0.670	0.659	0.687	0.682	0.697	0.716	0.725	0.742	0.739	0.729	0.699
福建－广东	0.732	0.747	0.766	0.819	0.831	0.838	0.846	0.837	0.824	0.824	0.821	0.817	0.789	0.803	0.782	0.803	0.776	0.773	0.761	0.752	0.759	0.765	0.745	0.760
福建－广西	0.842	0.833	0.771	0.774	0.728	0.709	0.696	0.673	0.649	0.636	0.622	0.609	0.628	0.592	0.608	0.585	0.589	0.595	0.615	0.645	0.665	0.680	0.712	0.732
福建－海南	0.606	0.583	0.580	0.643	0.623	0.533	0.540	0.540	0.513	0.539	0.544	0.562	0.553	0.511	0.492	0.472	0.484	0.470	0.407	0.431	0.488	0.499	0.497	0.496
山东－广东	0.720	0.717	0.661	0.696	0.679	0.659	0.652	0.651	0.656	0.653	0.648	0.642	0.640	0.607	0.579	0.577	0.571	0.580	0.598	0.601	0.611	0.616	0.613	0.610
山东－广西	0.731	0.723	0.696	0.713	0.756	0.755	0.745	0.729	0.711	0.687	0.660	0.634	0.657	0.670	0.654	0.622	0.633	0.628	0.641	0.642	0.642	0.674	0.719	0.707
山东－海南	0.443	0.413	0.454	0.566	0.549	0.501	0.507	0.508	0.480	0.491	0.497	0.521	0.533	0.515	0.467	0.491	0.492	0.538	0.473	0.493	0.492	0.517	0.519	0.501
广东－广西	0.701	0.675	0.610	0.624	0.665	0.602	0.581	0.557	0.530	0.517	0.497	0.474	0.462	0.442	0.422	0.434	0.428	0.446	0.468	0.490	0.505	0.530	0.556	0.571
广东－海南	0.537	0.548	0.625	0.638	0.632	0.549	0.540	0.506	0.468	0.465	0.463	0.475	0.471	0.448	0.408	0.425	0.427	0.429	0.390	0.404	0.422	0.423	0.431	0.452
广西－海南	0.506	0.490	0.549	0.625	0.660	0.599	0.597	0.598	0.584	0.605	0.626	0.663	0.665	0.646	0.668	0.674	0.664	0.622	0.521	0.461	0.497	0.529	0.559	0.562

注：由于篇幅所限，1987年、1988年的计算结果暂未列出。

主要在浙江和福建。环渤海区域省份的金属冶金业与其他地区相比，其区域内同构以及和其他地区的同构相比最为明显。从表 5-4 同样可以印证不同地区的产业同构具有传递性。至于重化工业产业同构的传递顺序我们将在后文进行详细讨论。

表 5-4 沿海地区重化工业细分产业结构相似系数分类

产业分类	高同构	低同构
矿产开采	河北 - 辽宁、河北 - 福建、河北 - 山东、辽宁 - 江苏、辽宁 - 山东、辽宁 - 福建、上海 - 浙江、江苏 - 福建、江苏 - 山东	天津 - 海南、河北 - 上海、上海 - 海南、江苏 - 海南、山东 - 海南
石化工业	河北 - 浙江、河北 - 福建、河北 - 广东、上海 - 江苏、上海 - 浙江、江苏 - 浙江、浙江 - 福建、浙江 - 广东、浙江 - 广西、福建 - 广东、福建 - 广西、广东 - 广西	天津 - 海南、辽宁 - 江苏、辽宁 - 广西、辽宁 - 海南、江苏 - 海南、山东 - 海南
金属冶金	天津 - 上海、天津 - 江苏、天津 - 福建、天津 - 广东、河北 - 辽宁、河北 - 浙江、河北 - 山东、上海 - 江苏、江苏 - 福建、江苏 - 山东、浙江 - 山东、福建 - 山东	天津 - 海南、河北 - 福建、河北 - 广东、河北 - 海南、辽宁 - 福建、辽宁 - 广东、辽宁 - 海南、上海 - 海南、江苏 - 海南、福建 - 山东、福建 - 广西、福建 - 海南、山东 - 广东、广东 - 广西、广东 - 海南
机械制造	天津 - 河北、天津 - 辽宁、天津 - 上海、河北 - 辽宁、河北 - 上海、河北 - 江苏、辽宁 - 上海、江苏 - 浙江、江苏 - 福建、江苏 - 山东、江苏 - 广西、浙江 - 福建、浙江 - 山东、浙江 - 广东、福建 - 山东、福建 - 广西、福建 - 海南、山东 - 广东、山东 - 广西、广东 - 海南	天津 - 广东、天津 - 海南、河北 - 浙江、河北 - 广东、河北 - 海南、辽宁 - 浙江、辽宁 - 广东、辽宁 - 海南、上海 - 广东、上海 - 海南

注：根据计算结果，矿产开采的低同构系数临界值为 0.4，高同构系数临界值为 0.8；其他行业低同构系数临界值为 0.7，高同构系数临界值为 0.9。

为了考察不同省份在全国同构化趋势下的同构水平及其趋势，

同样以各个省份与其他地区的同构水平的平均值，测度不同省份在同构化过程中的趋势和地位。表5-5反映了不同省份和地区重化工业细分产业的结构相似系数。从总体上看，长三角地区在矿产开采、石化工业、金属冶金行业同构化程度最高，其中，石化工业行业结构相似系数最大。珠三角地区金属冶金行业结构相似系数最低。2012年和1987年相比，多数省份同构化程度呈现下降特征。矿产开采行业中，山东下降最为明显；石化工业中，天津和江苏下降最为明显，同时，辽宁、上海、山东、广东、广西和环渤海地区同构化呈现上升趋势；金属冶金行业中，河北、天津、辽宁结构相似系数下降最为明显；机械制造业中，河北结构相似系数下降最为明显，辽宁、上海和长三角地区则呈现上升趋势，这与地区的产业结构调整有很大关系。

表5-5　不同省份和地区重化工业细分产业结构相似系数

产业分类	地区	1987年	1993年	1999年	2005年	2012年	1987~ 2012年
矿产开采	天津	0.462	0.552	0.717	0.498	0.361	0.520
	河北	0.654	0.598	0.557	0.591	0.539	0.581
	辽宁	0.714	0.649	0.615	0.663	0.599	0.652
	上海	0.462	0.579	0.583	0.342	0.380	0.484
	江苏	0.801	0.718	0.716	0.614	0.618	0.684
	浙江	0.652	0.721	0.714	0.612	0.507	0.628
	福建	0.762	0.773	0.771	0.732	0.729	0.750
	山东	0.706	0.673	0.634	0.587	0.499	0.616
	广东	0.720	0.757	0.703	0.615	0.606	0.671
	广西	0.717	0.574	0.491	0.672	0.544	0.593
	海南	—	0.348	0.399	0.438	0.479	0.377
	环渤海	0.575	0.617	0.722	0.676	0.640	0.661

续表

产业分类	地区	1987 年	1993 年	1999 年	2005 年	2012 年	1987 ~ 2012 年
矿产开采	长三角	0.776	0.767	0.818	0.598	0.697	0.729
	珠三角	0.902	0.601	0.583	0.689	0.749	0.659
	平均	0.665	0.631	0.627	0.579	0.533	0.597
石化工业	天津	0.903	0.864	0.803	0.729	0.755	0.792
	河北	0.885	0.869	0.895	0.884	0.883	0.883
	辽宁	0.771	0.766	0.721	0.704	0.835	0.753
	上海	0.871	0.852	0.856	0.831	0.891	0.862
	江苏	0.846	0.758	0.744	0.666	0.654	0.721
	浙江	0.886	0.876	0.876	0.810	0.785	0.845
	福建	0.872	0.882	0.830	0.841	0.828	0.840
	山东	0.663	0.818	0.840	0.846	0.806	0.823
	广东	0.860	0.881	0.879	0.889	0.869	0.876
	广西	0.866	0.844	0.847	0.832	0.871	0.841
	海南	—	0.665	0.728	0.810	0.670	0.691
	环渤海	0.809	0.906	0.873	0.825	0.833	0.851
	长三角	0.973	0.973	0.961	0.870	0.906	0.937
	珠三角	0.967	0.849	0.855	0.952	0.830	0.841
	平均	0.842	0.825	0.820	0.804	0.804	0.812
金属冶金	天津	0.933	0.868	0.704	0.718	0.857	0.806
	河北	0.914	0.860	0.766	0.683	0.803	0.792
	辽宁	0.907	0.865	0.823	0.744	0.775	0.817
	上海	0.941	0.906	0.847	0.770	0.861	0.857
	江苏	0.914	0.888	0.834	0.750	0.844	0.839
	浙江	0.892	0.867	0.778	0.749	0.831	0.817
	福建	0.805	0.754	0.693	0.695	0.805	0.750

续表

产业分类	地区	1987 年	1993 年	1999 年	2005 年	2012 年	1987 ~ 2012 年
金属冶金	山东	0.928	0.867	0.746	0.756	0.854	0.817
	广东	0.905	0.741	0.685	0.661	0.704	0.726
	广西	0.887	0.849	0.729	0.588	0.805	0.750
	海南	—	0.665	0.728	0.810	0.670	0.691
	环渤海	0.963	0.929	0.769	0.772	0.882	0.857
	长三角	0.938	0.954	0.905	0.854	0.871	0.903
	珠三角	0.785	0.710	0.564	0.521	0.731	0.631
	平均	0.903	0.830	0.758	0.720	0.801	0.788
机械制造	天津	0.808	0.770	0.785	0.823	0.775	0.780
	河北	0.914	0.823	0.793	0.776	0.755	0.802
	辽宁	0.798	0.750	0.789	0.831	0.883	0.802
	上海	0.778	0.701	0.757	0.876	0.861	0.783
	江苏	0.909	0.885	0.894	0.880	0.876	0.887
	浙江	0.849	0.831	0.841	0.781	0.849	0.829
	福建	0.901	0.861	0.855	0.815	0.851	0.851
	山东	0.895	0.874	0.842	0.869	0.860	0.863
	广东	0.850	0.766	0.773	0.743	0.789	0.783
	广西	0.906	0.839	0.729	0.816	0.852	0.821
	海南	—	0.778	0.797	0.735	0.526	0.732
	环渤海	0.862	0.868	0.848	0.908	0.852	0.861
	长三角	0.772	0.779	0.832	0.868	0.953	0.837
	珠三角	0.961	0.971	0.846	0.788	0.757	0.860
	平均	0.861	0.807	0.805	0.813	0.807	0.813

资料来源：笔者计算整理得到。

沿海地区重化工业变换后 Krugman 结构差异度指数如表 5 - 3 所

示。我们采用变换后的 Krugman 结构差异度指数与结构相似系数进行比较分析，发现二者最大的区别是变换后的 Krugman 结构差异度指数的变动幅度明显小于结构相似系数，二者的变动趋势一致，结果相互佐证。为避免重复研究，我们尽量从不同角度给出结论进行分析。表 5-6 反映了沿海地区重化工业变换后的 Krugman 结构差异度指数，我们同样给出高同构和低同构区域进行分析。

表 5-6　沿海地区重化工业及其细分产业变换后的
Krugman 结构差异度指数地区分布

产业分类	高同构	低同构
重化工业总体	天津-上海、辽宁-山东、上海-江苏、江苏-浙江、江苏-福建、浙江-山东、浙江-广东、福建-广东	河北-广东、辽宁-广东、上海-广西、山东-广东、山东-广西、广东-广西①
矿产开采	河北-辽宁、辽宁-江苏、辽宁-福建、辽宁-山东、江苏-福建、江苏-山东、浙江-广东、福建-广东	天津-河北、天津-辽宁、天津-广西、天津-海南、河北-上海、河北-浙江、辽宁-上海、上海-江苏、上海-福建、上海-广西、上海-海南、江苏-海南、浙江-海南、山东-海南
石化工业	河北-广东、上海-江苏、上海-浙江、江苏-浙江、浙江-福建、浙江-广东、福建-广东、福建-广西	天津-海南、辽宁-海南、辽宁-福建、辽宁-广西、辽宁-海南、江苏-海南、山东-海南
金属冶金	天津-上海、辽宁-上海、浙江-广东、福建-山东	天津-广东、天津-广西、天津-海南、河北-浙江、河北-广东、河北-海南、辽宁-广东、辽宁-海南、上海-广东、上海-海南

续表

产业分类	高同构	低同构
机械制造	天津－上海、天津－福建、河北－辽宁、河北－浙江、河北－山东、辽宁－浙江、辽宁－山东、辽宁－广西、上海－江苏、江苏－浙江、江苏－福建、浙江－山东、福建－广东	天津－海南、河北－福建、河北－广东、河北－海南、辽宁－广东、辽宁－海南、上海－海南、浙江－海南、江苏－海南、福建－广西、福建－海南、山东－海南、广东－广西、广东－海南

注：根据计算结果，矿产开采的低同构系数临界值为 0.4，高同构系数临界值为 0.7；重化工业总体行业低同构系数临界值为 0.55，高同构系数临界值为 0.75。其他行业低同构系数临界值为 0.6，高同构系数临界值为 0.8。

①所有省份和海南的同构系数均低于 0.5，在这里略去。

　　总体而言，分析变换后的 Krugman 结构差异度指数可以发现，沿海地区重化工业产业同样呈现先下降后上升的发展趋势。与结构相似系数不同，这个最低点出现在 2005 年，2005 年以后呈现上升趋势。从 1987～2005 年的平均值来看，除了海南和其他沿海省份的结构相似度低于 0.5 之外，河北－广东、辽宁－广东、上海－广西、山东－广东、山东－广西和广东－广西的产业同构程度都比较低，变换后的 Krugman 结构差异度指数均小于 0.55，同构倾向并不明显。除广东－广西外，这些往往是地理位置相隔较远的两个地区，且地区间经济发展程度与经济增长方式相差较大。有 19 对地区的重化工业结构趋同程度高于 0.7，其中排前 5 名的是江苏－浙江、江苏－福建、江苏－上海、天津－上海和福建－广东，主要集中在长三角地区以及东南沿海。这与联合国结构相似系数的评价结果具有一致性。

　　从细分产业看，和联合国结构相似系数测算的结果相比，存在一定的差异。机械制造业的高同构地区最多，金属冶金行业的高同构地区最少。对于矿产开采行业，天津、上海、广西和海南不存在和其他区域的高同构现象；石化行业中，天津、辽宁、山东和海南不存在和其他区域的高同构现象。金属冶金行业高同构的省份主要集中在天津、上海、辽宁、浙江、福建、山东、广东。机械制造业的高同构现象比较明显，几乎涉及所有省份。重化工业产业总体上低同构区域主要是广东和广西。同一个省份会在高同构和低同构分类中同时出现主要是因为地区间的经济发展差异、地理距离以及地方行政壁垒的影响。

表5-7反映了1987年和2012年重化工业总体及不同细分产业类型分别用结构相似系数和变换后的Krugman结构差异度指数测算的前5名和后5名的地区组合。从结构相似系数看，1987年，总体上东南沿海内部和江苏、浙江的结构相似程度较高，而与环渤海地区诸如山东、辽宁的结构相似程度较低，说明当时整体上结构相似没有扩展到整个沿海地区，而主要集中在南方地区。相比而言，2012年，重化工业整体同构呈现扩大化趋势，省际跨度大，涉及范围广。2012年的后5名中有3对区域涉及河北省，说明河北的重化工业产业结构与其他省份的差异性越来越大，这与河北省产业结构长时间没有得到有效调整且与其他地区重化工业发展阶段存在差异性有关。按变换后的Krugman结构差异度指数排序，和按结构相似系数排序略有差异，但总体基本一致。以结构相似系数为例分析，1987年，环渤海地区矿产开采业的结构相似度最低，各个省份的差异比较明显。受资源约束的影响，天津在2012年和其他地区的矿产开采业结构趋同程度仍较低。

石化产业方面，1987年调查结果显示，除天津外，仍然是南方省份呈现同构趋势明显；2012年，天津-浙江从前5名直接变成了后5名，说明天津-浙江石化产业的结构趋同度明显下降。从2012年的结果看，广东省也和其他省份的石化产业结构趋同明显，说明广东可能需要在这个产业门类上有所差异而非同质化。1987年，金属冶金行业结构同构明显的地区主要集中在山东及以南省份，2012

表 5-7　1987 年和 2012 年重化工业及其细分产业排名概况

产业分类	结构相似系数 1987年 前5名	结构相似系数 1987年 后5名	结构相似系数 2012年 前5名	结构相似系数 2012年 后5名	变换后的 Krugman 结构差异度指数 1987年 前5名	变换后的 Krugman 结构差异度指数 1987年 后5名	变换后的 Krugman 结构差异度指数 2012年 前5名	变换后的 Krugman 结构差异度指数 2012年 后5名
总体	天津-上海 浙江-江苏 江苏-浙江 江苏-福建 江苏-广东	上海-山东 辽宁-广东 辽宁-福建 福建-广东 山东-广东	上海-江苏 辽宁-广西 江苏-福建 江苏-浙江 辽宁-山东	河北-广东 河北-上海 辽宁-山东 广东-广西 河北-浙江	天津-上海 浙江-广东 江苏-浙江 福建-广西 江苏-福建	上海-山东 辽宁-广东 辽宁-福建 天津-山东 辽宁-浙江	江苏-浙江 江苏-福建 辽宁-山东 辽宁-浙江 上海-江苏	河北-上海 河北-江苏 河北-广东 河北-浙江 广东-广西
矿产开采	天津-上海 辽宁-山东 辽宁-福建 福建-山东 河北-山东	天津-河北 河北-上海 天津-山东 上海-山东 天津-辽宁	上海-浙江 天津-山东 河北-辽宁 江苏-福建 浙江-广东	天津-上海 河北-上海 天津-广东 天津-浙江 天津-广东	辽宁-浙江 辽宁-上海 河北-山东 福建-山东 河北-浙江	天津-河北 河北-上海 天津-山东 上海-山东 天津-山东	河北-辽宁 江苏-广西 广东-广西 福建-广西 天津-山东	天津-上海 河北-上海 天津-广东 上海-山东 天津-浙江
石化工业	福建-广西 天津-江苏 上海-江苏 江苏-浙江 天津-浙江	福建-山东 上海-山东 山东-广西 山东-广东 江苏-山东	河北-广西 广东-广西 广东-广西 福建-广东 上海-广东	天津-江苏 辽宁-江苏 天津-浙江 天津-福建 福建-山东	福建-广西 天津-江苏 上海-江苏 江苏-浙江 上海-浙江	福建-山东 山东-广西 山东-广东 辽宁-福建 辽宁-浙江	河北-广西 河北-广东 广东-广西 福建-广西 天津-山东	天津-江苏 福建-山东 天津-浙江 江苏-广西 河北-江苏

续表

产业分类	结构相似系数				变换后的 Krugman 结构差异度指数			
	1987 年		2012 年		1987 年		2012 年	
	前 5 名	后 5 名	前 5 名	后 5 名	前 5 名	后 5 名	前 5 名	后 5 名
金属冶金	天津－广西 江苏－山东 江苏－福建 浙江－广东 浙江－山东	上海－浙江 上海－广东 辽宁－浙江 辽宁－广东 上海－山东	上海－江苏 天津－河北 浙江－山东 辽宁－广西 辽宁－江苏	河北－广东 天津－广东 河北－山东 天津－福建 河北－浙江	福建－广西 江苏－山东 浙江－广东 江苏－福建 山东－广东	辽宁－浙江 辽宁－广东 上海－浙江 上海－广东 辽宁－山东	上海－江苏 浙江－山东 辽宁－广西 辽宁－江苏 山东－广东	河北－广东 河北－山东 天津－广东 河北－浙江 河北－福建
机械制造	辽宁－广西 辽宁－山东 河北－山东 河北－广东 河北－辽宁	福建－广西 河北－福建 辽宁－福建 山东－福建 浙江－福建	天津－上海 福建－广东 江苏－福建 辽宁－山东 河北－山东	辽宁－广东 河北－广东 广东－广西 辽宁－福建 浙江－广东	辽宁－广西 河北－山东 辽宁－山东 河北－辽宁 河北－广西	福建－广西 辽宁－福建 福建－山东 河北－福建 浙江－福建	天津－上海 江苏－福建 浙江－山东 辽宁－山东 福建－广东	辽宁－广东 河北－广东 广东－广西 浙江－广东 山东－广东

注：由于海南和其他省份同构程度较低，故此排名只考虑沿海其他 10 个省份。

资料来源：笔者计算整理得到。

年前 5 名地区增加了辽宁省。机械制造业方面，1987 年，环渤海地区的产业同构化程度较高，而福建省与其他省份的同构化程度较低。2012 年，广东除和福建结构趋同程度较高外，和其他省份的结构趋同程度均比较低。从指标层面看，关于金属冶金业的研究中，两种指标的结论差异性较大，而其他行业结果基本一致。

本章小结

通过反映产业空间集聚程度的基尼系数测度发现，沿海地区重化工业产业集聚呈现集中化趋势下的分散布局形态，重化工业产业的地理集中度低，空间分布比较均衡。1987 ~ 2012 年，不同产业的空间集聚程度存在较大差异，其中石油和天然气开采业的地理集中程度最高，为 0.690，电力热力生产及供应业的地理集中程度最低，为 0.308。由于石油和天然气依赖于资源的历史和地质分布，具有典型的地理特征，因而容易集中分布；电力热力生产及供应业与沿海地区的其他产业的生产以及人民生活高度相关，因而地理集中程度较低，为均衡分散。非金属矿采选业、石油加工及炼焦加工业、化学原料及化学制品制造业、医药制品业、非金属矿物制品业、黑色金属冶炼及压延加工业、有色金属冶炼及压延加工业、金属制品业、通用设备制造业、专用设备制造业、交通运输设备制造业、电器机械及器材制造业、电力热力生产及供应业的地理集中程度均小于平均水平，表明其呈现分散状态，这与其对市场和资源的依赖程度高从而产生地方保护倾向有关。可以看出，多数省份的重化工业发展由依赖资源和能源的密集投入转为加工制造业，但诸如通用设备计算机及其他电子设备制造业等新型重化工业的发展还不平衡。这与我国沿海地区所处的工业化发展阶段有关，同时反映了地方分工基础上的资源流动性。将 1987 年和 2012 年各个产业的地理集中程度系数进行比较发现，除石油和天然气开采业、非金属矿采选业、石油加工及炼焦加工业、黑色金属冶炼及压延加工业、交通运输设备制造业外，其他产业的地理集中度均呈现上升趋势，而这几种行业的地理集中程度呈现下降趋势。一方面，资源开采和金属加工类产业的空间分布受资源分布的影响较大；另一方面，产业空间分布上呈现更加分散的布局趋势特征，这也从侧面反映了各个地区重化工业产业的同构问题明显存在。

采用传统方法测度沿海地区重化工业产业同构程度，发现两种方法的计算结果具有一致性。矿产开采业的产业同构化程度明显低于其他几个行业，这与这一行业的资源环境约束以及现阶段我国重化工业发展阶段有关，说明我国沿海地区的重化工业逐渐摆脱了对原材料开采的依赖。机械制造业同构化程度最高，高同构区域的相应地区最多，尤其以长三角地区的机械制造业同构化程度最为显著，石化行业的高同构区域主要在浙江和福建。环渤海区域省份的金属冶金业与其他地区相比，其区域内同构以及和其他地区的同构相比最为明显。从总体上看，长三角地区在矿产开采、石化工业、金属冶金行业同构化程度最高，其中，石化工业结构相似系数最大。珠三角地区金属冶金行业结构相似系数最低。2012 年和 1987 年相比，多数省份同构化程度呈现下降特征。矿产开采行业中，山东下降最为明显；石化工业中，天津和江苏下降最为明显，同时，辽宁、上海、山东和广东、广西同构化呈现上升趋势；金属冶金行业中，河北、天津、辽宁结构相似系数下降最为明显；机械制造业中，河北结构相似系数下降最为明显，辽宁、上海则呈现上升趋势。

第六章

中国沿海地区重化工业产业同构化演变

第一节　新方法同构检验：基于非线性
回归模型的检验

传统的研究产业同构的方法存在如下问题：一是指标本身构造的问题，对细分产业同构测度的数据量要求以及数据的微观化差异性要求较高，很难做到对产业的细分研究；二是仅仅依靠单一指数，很难从根本上对不同年份数据间的作用关系以及不同区域截面的相互影响加以考虑，不能反映产业结构演变的内在特征。基于此，本书采用回归的思想，从新的角度尝试研究产业同构问题。这是本书的创新点之一。本书拟采用目前国际上最为先进的面板数据单位根测定方法对沿海地区产业同构进行测度并分析其演变的路径和过程。这样做的好处是对重化工业所有的产业门类进行全面的测定，对所有产业的结构趋同现象进行比较分析，从而从更加微观的角度分析沿海地区重化工业产业同构化特征。本书拟采用国际上最新的非线性傅里叶模型并结合顺序面板选择法（Sequential Panel Selection Method，SPSM），实现在计量方法上的突破，再进一步以 Bootstrap 模拟法产生出最适合的估计值，建立更为有效的估计与检验。同时，顺序面板选择法的研究结果可以用来判断产业同构现象的演化趋势，将这种研究方法与产业结构演变问题相结合，从演化和结构相对稳定性的角度重新剖析产业同构的存在性问题是本书的创新点之一。

一　研究方法

经济事件的非线性问题不能简单地套用线性模型，传统线性计量估计方法存在忽略结构突变的缺陷，为了得到更有效的正确估计值，本研究将采用 Chortareas 和 Kapetanios（2009）提出的顺序面板选择法，并结合 Kapetanios 等（2003）提出的非对称检定与 Enders 和 Lee（2012）提出的非线性傅里叶模型对数据进行分析。该检测方法除了能考虑到各个省份产业结构的交互相关性外，还能进一步克服传统检测方法的不足，捕捉到结构突变的非线性渐进式动态调整，且无须主观设定结构突变点。而非线性傅里叶模型的检验将更有效率地判断结构突变的存在性、结构突变点个数以及结构突变的时间，并能以非线性模式捕捉动态的变化。特别是当各个省份在研究区间内受到重大外部经济冲击，傅里叶模型能够克服过去计量方法的不足。本书更进一步采用 Bootstrap 模拟法估计，对统计检定量的检定与临界值的估计将更有效率，并克服样本时间不同的缺陷。在研究时，我们通过非线性面板傅里叶检验的方法，判断结构突变的时间和影响因素，同时在此基础上分析产业同构的相对稳定性。和传统研究相比，通过自己编写的程序，模拟出更有针对性的临界值，对计算的统计量进行准确分析。

在研究方法上，常用的面板单位根检验有 LLC、IPS 等。Taylor 和 Sarno（1998，2004）、Taylor（2003）的研究表明，如果带有单位根的原假设被拒绝，可能会错误地推断面板中所有的序列都是平稳的。线性单位根检验方法做如下假定：尽管存在偏差情况，移动到均衡水平的过程是线性的，并且调整的速率是一个常数。此外，在数据生成过程（DGP）中，如果非线性因素被忽视了，我们就不能得到预期的结果。另外，在检验中忽略一些结构性突变因素，也可能是传统的单位根检验不能拒绝原假设平稳性的原因。Perron（1989）认为如果序列中存在结构性突变，忽略结构性突变将导致拒绝单位根的说服力下降。如果忽略数据生成过程中的结构性突变因素，往往会接受存在一个单位根的假设。传统的单位根检验方法在考虑结构突变的情况下会降低结论的准确度，而在通常情况下考虑结构断点问题的处理方法是使用虚拟变量，然而，这种方法有几个不良的后果。第一，这种方法需要事先设定突变的确切数量和时点，但现实中往往无法准确知道这些信息，因而用加入虚拟变量的方法得到的结果可能与实际存在较大的差距，导致提前设定偏差（Maddala，Kim，1998）；第二，即使可以事先知道突变发生的时点，但是只能在回归方程中设置少量的虚拟变量（通常为 1～2 个），过多的虚拟变量可能会导致过度拟合的问题，因此只适用于突变点较少的情况；第三，使用虚拟变量仅能表示数据的急剧变化，但对于一些低频数据，结构性突变可能是渐进的，因此结构性突变应该近似于平稳和渐进的过程（Leybourne 等，1998）。这些问题促使一些学者开始关注新的单位根检验方法，Becker 等（2006）、Enders 和 Lee（2012）、Christopoulos 和 León-Ledesma（2010）提出通过灵活的傅里叶变换方式（包含正弦和余弦无限和的周期函数），把任何形式未知的结构性突变模拟为一个平稳过程的单位根检验方法。Gallant（1981）、Becker 等（2006）、Enders 和 Lee（2012）、Christopoulos 和 León-Ledesma（2010）都认为，即使函数本身不是周期性函数，傅里叶变换也可以捕获一个未知函数的行为，通过减少待估参数的个数，可以不考虑结构性突变的时间或形状，而使得检验具有足够的样本量和说服力。

本节的贡献是通过运用非线性傅里叶模型并结合顺序面板选择法（SPSM）分析地区产业同构的存在性以及其演变特征。近年来，越来越多的证据表明宏观经济变量存在非线性特征，传统的单位根检验在检测均值回复时缺少说服力。Ucar 和 Omay（2009）通过结合 Kapetanios 等（2003）提出的非线性框架与 Im 等（2003）提出的面板单位根检验，提出了非线性面板单位根检验。本书基于这一方法，利用带有傅里叶函数的面板 KSS 单位根检验，运用 Chortareas 和 Kapetanios（2009）提出的顺序面板选择法（SPSM）来分析沿海地区重化工业产业同构化问题。

Kapetanios 等（2003）基于非线性指数平滑转换回归模型（ESTAR）提出了 KSS 单位根检验，其模型为：

$$\Delta I_t = \gamma I_{t-1} \{ 1 - \exp(-\lambda I_{t-1}^2) \} + w_t \tag{6-1}$$

结合本书的研究框架，I_t 表示产业结构序列，w_t 是随机扰动项且服从均值为零和方差不变的独立同分布，$\lambda \geq 0$ 是 ESTAR 模型的转换参数。模型的原假设是 I_t 遵循一个线性单位根过程，在备择假设中遵循一个非线性平稳 ESTAR 过程。

在 $\lambda = 0$ 的原假设下，用一阶泰勒级数近似替代 $\{ 1 - \exp(-\lambda I_{t-1}^2) \}$，并用如下辅助回归近似方程：

$$\Delta I_t = \xi + \alpha I_{t-1}^3 + \sum_{i=1}^{k} \lambda_i \Delta I_{t-i} + w_t \quad (t = 1, 2, \cdots, T) \tag{6-2}$$

在这个方程中，原假设和备择假设以 $\alpha = 0$（非平稳性）表示。Ucar 和 Omay（2009）对此问题进行了拓展研究，提出了非线性面板数据单位根检验。回归方程为：

$$\Delta I_{i,t} = \beta_i I_{i,t-1} \{ 1 - \exp(-\lambda_i I_{i,t-1}^2) \} + w_{i,t} \qquad (6-3)$$

对所有的截面个体 i，在 $\lambda_i = 0$ 时，用一阶泰勒级数展开，得到近似面板 ESTAR 模型，得到如下辅助回归近似方程：

$$\Delta I_{i,t} = \xi_i + \delta_i I_{i,t-1}^3 + \sum_{j=1}^{k} \lambda_{i,j} \Delta I_{i,t-j} + w_{i,t} \qquad (6-4)$$

其中，$\delta_i = \lambda_i \beta_i$。

基于式（6-4）对单位根检验进行的假设如下：

$H_0 : \delta_i = 0$，对所有截面个体 i（线性平稳性）

$H_1 : \delta_i < 0$，对一些截面个体 i（非线性平稳性）

综合起来，本书所采用的带有傅里叶函数的 KSS 单位根检验的方程为：

$$\Delta I_{i,t} = \xi_i + \delta_i I_{i,t-1}^3 + \sum_{j=1}^{k1} \lambda_{i,j} \Delta I_{i,t-j} + m_{i,1} \sin\left(\frac{2\pi kt}{T}\right) + n_{i,1} \cos\left(\frac{2\pi kt}{T}\right) + \tau_{i,t}$$

$$(6-5)$$

其中 $t = 1, 2, \cdots, T$，k 表示频数[①]（Frequency），$[m_i, n_i]'$ 测量频数的位移和振幅。由于傅里叶函数能够将可积函数作任意近似，当存在结构性突变，如果需要保留傅里叶函数部分则至少要存在一个频数，那么模型设定就需要选择合适的频数 k 来构建 $[\sin(2\pi kt/T), \cos(2\pi kt/T)]$，以得到合适的傅里叶函数[②]。由于没有关于数据突变形状的先验知识，找到最佳频数的方法是网格搜索

[①] 频数 k 小于或等于模型中结构断点个数。

[②] Enders 和 Lee（2012）研究表明，式（6-5）中的频数应该通过最小化残差平方和得出。然而，他们的蒙特卡罗实验表明应该使用不超过两个频数，因为关联到一个更大数量的频数时将会失去解释力。

（Grid Search）法。

应用 Chortareas 和 Kapetanios（2009）提出的顺序面板选择法有三个步骤。①将带有傅里叶函数的面板 KSS 检验应用于面板上所有的序列。如果不能拒绝存在单位根的原假设，检验中止，则面板上所有的序列都是非平稳性的。如果拒绝原假设，进行下一步。②找到 KSS 统计量最小的序列，由于它是平稳的，剔除后重新进行第一步。③对余下的序列进行检验，直到面板上所有的序列都被删除，中止程序。经过以上三个步骤的最终结果是，整个面板被分为两类：平稳序列和非平稳序列。

二 研究范围和指标选择

这一部分的研究范围包括我国沿海所有 11 个省份 1987～2012 年重化工业产业的 20 个细分门类。所有数据均来自《中国工业经济统计年鉴》和中经网统计数据库，换算成以可比价格折算的产值数据，基期选择为 2012 年，具体重化工业包含的细分产业包括煤炭开采和洗选业、石油和天然气开采业、黑色金属矿采选业、有色金属矿采选业、非金属矿采选业、石油加工及炼焦加工业、化学原料及化学制品制造业、医药制品业、化学纤维制造业、非金属矿物制品业、黑色金属冶炼及压延加工业、有色金属冶炼及压延加工业、金属制品业、通用设备制造业、专用设备制造业、交通运输设备制造业、电器机械及器材制造业、通用设备计算机及其他电子设备制造业、电力热力生产及供应业以及仪器仪表及文化、办公用机械制造业。参考 Finger 和 Kreinin（1979）以及 Krugman 结构差异度指数的构造思路，本书研究指标选择两个地区产业比重之间的距离作为研究变量如式（6-6）所示，以其平稳性检验判断产业结构是否存在趋同现象。

$$L_{pq} = |A_{pk} - A_{qk}| \qquad\qquad (6-6)$$

其中，L_{pq} 代表区域 p 和区域 q 的某个产业比重之间距离。A_{pk} 和 A_{qk} 分别代表 p 区域和 q 区域 k 产业的比重。如果是单一重化工业细分产业 A_{pk} 和 A_{qk} 分别代表 p 区域和 q 区域 k 产业在重化工业中的比重，如果是重化工业总体的检验，A_{pk} 和 A_{qk} 则分别代表 p 区域和 q 区域重化工业总产值占工业总产值的比重。

三　结果和分析

传统单位根检验（如 ADF、PP 和 KPSS 检验等）都没有考虑结构性突变，因而其应用的范围和解释能力都存在一定的局限性。此外，传统的面板单位根检验都是假定所有截面有相同的单位根过程，而不能确定面板中哪个截面是平稳的、哪个截面是非平稳的。综合两方面的考虑，我们将时序面板选择方法与带有傅里叶函数的面板 KSS 单位根检验相结合，分析沿海地区重化工业产业结构趋同的特性。

顺序面板选择方法将整个面板分为平稳序列和非平稳序列，从而可以清楚地识别出面板中有多少序列以及哪些序列是平稳过程。第一步，由于没有关于数据突变形状和位置的先验知识，采用网格搜索（Grid Search）法找到最优频数。根据 Enders 和 Lee（2012）的研究，使用 1 万次 Bootstrap 模拟计算的近似 P 值，将频数 k 设定为 1 到 5 之间的所有整数，选取出来估计式（6-5）。表 6-1 是对沿海地区重化工业产业同构检验的面板数据进行带有傅里叶函数的面板 KSS 单位根检验的结果，同时给出了在一个递减面板中面板 KSS 统计的 Bootstrap 的 P 值序列、单个最小 KSS 统计，以及每次产生的平稳序列。从表 6-1 中可以发现，当面板 KSS 单位根检验首次应用于整个面板时，统计值为 -3.7432，在 1% 的显著性水平下拒绝原假设。执行 SPSM 程序后，发现面板中天津－海南以 −11.4992 的最小 KSS 值处于平稳水平。然后，从面板中提出天津－海南，继续对剩余序列进行面板 KSS 单位根检验。第二步发现，在 1% 的显著性水平下面板 KSS 单位根检验仍然拒绝原假设。从面板中剔除河北－辽宁，继续对剩余序列进行面板 KSS 单位根检验。第三步发现，在 1% 显著性水平下面板 KSS 单位根检验仍然拒绝原假设。从面板中剔除辽宁－海南，继续对剩余序列进行面板 KSS 单位根检验。这一步骤要持续到 10% 的显著性水平下，直到面板 KSS 单位根检验不能拒绝原假设为止，最后这一过程在顺序 28 停止，此时有 28 对地区被剔除。出于稳健性考虑，对余下所有面板进行检验。结果发现对于余下的所有序列，面板 KSS 统计都不能拒绝带有单位根的原假设。显然，使用带有傅里叶函数的面板 KSS 单位根检验的顺序面板选择方法为这 28 对地区产业同构的存在提供了有力证据。由此得出结论：在沿海地区所有 55 对地区组合中，有 28 对地区存在产业结构趋同现象，这与地区间经济发展阶段、地区保护主义以及市场竞争程度有关。同时，从数据的变化趋势中，可以清楚地观察到结构性变化。因此，在检验单位根（或平稳性）时允许存在结构性突变是合理的。

本书同时计算了重化工业中的 20 个细分产业同构特征（如表 6－2 所示），不同产业的地区结构趋同现象主要存在以下两个特点。

（1）产业同构在重化工业不同产业中的地区差异比较明显，化学纤维制造业的产业同构最为严重，在 55 对沿海地区组合中有 28 对地区存在产业同构现象，其次是电器机械及器材制造业、通用设备计算机及其他电子设备制造业、通用设备制造业等，可见当前机械制造业的地区产业同构现象比较明显。这与当前我国所处的工业化发展阶段有关，我国沿海地区的工业化从原材料初级加工为主导的早期工业化进入以机械制造为主导的中后期重化工业阶段。有色金属冶炼及压延加工业是唯一不存在产业同构现象的重化工业细分产业。非金属矿采选业和医药制品业分别有 4 对和 5 对产业同构化的地区组合。这些产业对于资源的依赖性强或者所属的专业门类特征显著，因而产业同构化趋势不甚明显。

（2）从总体来看，重化工业产业同构比较严重的省份是海南、河北、辽宁、广东、上海，它们分别和全国其他一半以上的省份存在产业同构化趋势。而从细分产业上看，不同地区在某个产业上的同构严重程度存在较大差异，如广东在煤炭开采和洗选业、石油和天然气开采业、化学纤维制造业、通用设备计算机及其他电子设备制造业等方面产业同构化趋势严重，而在有色金属矿采选业、非金属矿采选业、金属制品业、专用设备制造业、交通运输设备制造业、电力热力生产及供应业以及仪器仪表及文化、办公用机械制造业等方面产业同构化趋势不明显。

表 6 - 1　沿海地区重化工业产业同构测度检验

顺序	OU 统计量	P 值	最小 KSS	k	截面
1	- 3. 7432	0. 0000 ***	- 11. 4992	1	天津 - 海南
2	- 3. 5995	0. 0000 ***	- 10. 5152	2	河北 - 辽宁
3	- 3. 469	0. 0000 ***	- 7. 2742	2	辽宁 - 海南
4	- 3. 3959	0. 0000 ***	- 6. 5616	2	辽宁 - 江苏
5	- 3. 3338	0. 0000 ***	- 6. 5313	2	广西 - 海南
6	- 3. 2698	0. 0000 ***	- 6. 1164	1	山东 - 海南
7	- 3. 2118	0. 0000 ***	- 5. 9671	2	浙江 - 海南
8	- 3. 1543	0. 0000 ***	- 5. 963	1	浙江 - 广东
9	- 3. 0946	0. 0000 ***	- 5. 5434	2	福建 - 广东
10	- 3. 0414	0. 0000 ***	- 5. 4842	1	辽宁 - 福建

续表

顺序	OU 统计量	P 值	最小 KSS	k	截面
11	− 2.9871	0.0000 ***	− 5.3743	1	上海 – 海南
12	− 2.9328	0.0000 ***	− 5.3022	3	天津 – 福建
13	− 2.8777	0.0000 ***	− 5.2049	2	天津 – 广东
14	− 2.8223	0.0001 ***	− 5.0757	2	辽宁 – 广西
15	− 2.7673	0.0003 ***	− 4.9875	1	辽宁 – 广东
16	− 2.7118	0.0003 ***	− 4.9085	1	辽宁 – 山东
17	− 2.6555	0.0008 ***	− 4.8048	1	上海 – 广西
18	− 2.599	0.001 ***	− 4.7825	1	河北 – 福建
19	− 2.5399	0.0013 ***	− 4.665	1	河北 – 海南
20	− 2.4809	0.0023 ***	− 4.4343	3	上海 – 山东
21	− 2.4251	0.003 ***	− 4.4205	1	河北 – 广东
22	− 2.3664	0.005 ***	− 4.3496	1	上海 – 浙江
23	− 2.3063	0.0097 ***	− 4.1016	1	天津 – 上海
24	− 2.2502	0.0175 **	− 4.0107	1	河北 – 上海
25	− 2.1934	0.0304 **	− 3.835	1	河北 – 山东
26	− 2.1387	0.0418 **	3.7245	1	河北 – 广西
27	− 2.084	0.0608 *	− 3.5759	1	广东 – 海南
28	− 2.0307	0.0795 *	− 3.5729	1	江苏 – 海南
29	− 1.9736	0.1010	− 3.3218	2	江苏 – 浙江
30	− 1.9218	0.1205	− 3.298	2	浙江 – 广西
31	− 1.8667	0.1394	− 3.2511	1	上海 – 广东
32	− 1.809	0.1973	− 3.1598	2	上海 – 江苏
33	− 1.7503	0.2308	− 3.105	2	河北 – 浙江
34	− 1.6887	0.274	− 3.0044	1	山东 – 广西
35	− 1.6261	0.3353	− 2.8638	1	辽宁 – 上海
36	− 1.5642	0.3953	− 2.7685	2	天津 – 浙江

续表

顺序	OU 统计量	P 值	最小 KSS	k	截面
37	− 1.5008	0.4639	− 2.724	1	江苏 – 山东
38	− 1.4329	0.5609	− 2.695	2	浙江 – 山东
39	− 1.3586	0.5922	− 2.5308	1	江苏 – 广东
40	− 1.2854	0.6796	− 2.4641	1	山东 – 广东
41	− 1.2068	0.7131	− 2.4119	1	上海 – 福建
42	− 1.1207	0.7592	− 2.1929	1	河北 – 江苏
43	− 1.0382	0.8344	− 2.1353	2	辽宁 – 浙江
44	− 0.9468	0.9021	− 2.0046	1	天津 – 广西
45	− 0.8506	0.9277	− 1.8434	1	天津 – 江苏
46	− 0.7514	0.9382	− 1.7811	2	广东 – 广西
47	− 0.6369	0.9661	− 1.5999	1	天津 – 辽宁
48	− 0.5166	0.9795	− 1.3244	2	福建 – 海南
49	− 0.4012	0.9846	− 1.2965	1	天津 – 河北
50	− 0.252	0.9864	− 1.2852	1	福建 – 山东
51	− 0.0453	0.9968	− 1.228	3	福建 – 广西
52	0.2504	0.997	− 0.5378	2	天津 – 山东
53	0.5131	0.994	− 0.4368	3	江苏 – 广西
54	0.988	0.9977	− 0.0416	1	浙江 – 福建
55	2.0177	0.9936	2.0177	2	江苏 – 福建

注：***、** 和 *分别表示 1%、5% 和 10% 的显著性水平。渐近 p 值由 1 万次重复 Bootstrap 模拟得到。

表 6 - 2　沿海地区重化工业细分产业同构测度检验

煤炭开采和洗选业	石油和天然气开采业	黑色金属矿采选业	有色金属矿采选业	非金属矿采选业	石油加工及炼焦工业	化学原料及化学制品制造业	医药制造业	化学纤维制造业	非金属矿物制品业	黑色金属冶炼及压延工业	有色金属冶炼及压延工业	金属制品业	通用设备制造业	专用设备制造业	交通运输设备制造业	电器机械及器材制造业	通用设备计算机及其他电子设备制造业	电力热力生产及供应业	仪器仪表及文化、办公用机械制造业
广东-海南	山东-广东	上海-广东	河北-江苏	上海-浙江	天津-上海	河北-江苏	辽宁-福建	山东-广东	上海-福建	河北-海南		福建-广西	天津-浙江	浙江-广西	河北-江苏	福建-广西	江苏-广东	河北-海南	上海-福建
上海-广东	江苏-广东	山东-广东	福建-海南	山东-海南	山东-广东	广东-海南	上海-浙江	广东-广西	江苏-广东	广东-广西		河北-山东	浙江-广东	河北-辽宁	江苏-福建	天津-山东	浙江-福建	海南-广东	天津-浙江
浙江-海南	福建-海南	天津-广东	辽宁-海南	江苏-海南	江苏-广东	山东-广西	福建-广东	河北-广东	河北-广东	浙江-广西		广东-海南	浙江-福建	辽宁-山东	福建-山东	天津-福建	广东-海南	河北-江苏	浙江-天津
江苏-海南	浙江-广东	浙江-福建	上海-海南	辽宁-上海	广东-广西	浙江-山东	浙江-广西	辽宁-广东	浙江-广东	辽宁-上海		天津-山东	江苏-广西	上海-天津	浙江-山东	广东-海南	浙江-海南	江苏-山东	天津-山东
河北-广西	江苏-海南	江苏-浙江	江苏-海南		上海-浙江	上海-海南	浙江-江苏	天津-广东	辽宁-广东	河北-广东		上海-海南	福建-广西	天津-辽宁	山东-天津	浙江-海南	浙江-广西	山东-海南	辽宁-河北
浙江-广东	广东-广西	江苏-福建	河北-广东		天津-浙江	浙江-广东		天津-江苏	上海-广东			江苏-海南	浙江-福建	辽宁-海南	河北-上海	辽宁-山东	广西-海南	福建-广东	浙江-广西
辽宁-广西	浙江-广西	上海-福建	辽宁-广东		广西-海南	辽宁-浙江		天津-广西	辽宁-广东			江苏-山东	天津-广西	河北-浙江	山东-上海	福建-广东	河北-海南	江苏-福建	浙江-广东
福建-广东	福建-广东	河北-广东	浙江-广东		福建-海南	江苏-海南		上海-广东	海南-广东			山东-海南	浙江-海南	福建-河北	山东-江苏	河北-海南	河北-福建	辽宁-福建	福建-浙江
辽宁-山东	海南-广东	浙江-广西			辽宁-上海	河北-上海		天津-上海				河北-辽宁	河北-广西	河北-江苏	河北-广西	辽宁-广西	福建-山东	福建-广东	天津-上海
	上海-广东	浙江-广东													上海-广西				

行业	省份对
煤炭开采和洗选业	天津 - 海南；河北 - 辽宁；天津 - 上海；天津 - 浙江；福建 - 海南；江苏 - 广东；江苏 - 山东；河北 - 广东；福建 - 广西
石油和天然气开采业	河北 - 山东；河北 - 海南；河北 - 广西；河北 - 浙江；河北 - 福建；浙江 - 广西；河北 - 广西；河北 - 辽宁；浙江 - 海南
黑色金属矿采选业	天津 - 福建；福建 - 山东；上海 - 江苏；上海 - 山东；辽宁 - 海南
有色金属矿采选业	天津 - 海南；浙江 - 海南
非金属矿采选业	
石油加工及炼焦加工业	江苏 - 山东；江苏 - 福建；河北 - 上海；浙江 - 海南；天津 - 海南；上海 - 广东；河北 - 广西；上海 - 江苏；江苏 - 海南
化学原料及化学制品制造业	上海 - 广东；上海 - 浙江；江苏 - 山东；浙江 - 海南；上海 - 福建
医药制品业	
化学纤维制造业	上海 - 广西；广东 - 海南；上海 - 福建；辽宁 - 海南；江苏 - 广东；天津 - 辽宁；福建 - 海南；江苏 - 浙江；河北 - 上海
非金属矿物制品业	浙江 - 山东；天津 - 广东；河北 - 福建；上海 - 广东；河北 - 上海
黑色金属冶炼及压延工业	天津 - 浙江；天津 - 上海；天津 - 广东；浙江 - 广东；河北 - 山东；天津 - 山东；江苏 - 福建；山东 - 海南；河北 - 广西
有色金属冶炼及压延工业	
金属制品业	福建 - 海南；福建 - 山东；江苏 - 广西；上海 - 福建；河北 - 海南；河北 - 江苏；辽宁 - 福建；浙江 - 海南；天津 - 浙江
通用设备制造业	上海 - 福建；上海 - 浙江；浙江 - 广西；广西 - 海南；浙江 - 山东；江苏 - 浙江；上海 - 海南；辽宁 - 浙江；广东 - 广西
专用设备制造业	广西 - 海南；河北 - 上海；上海
交通运输设备制造业	辽宁 - 上海；河北 - 福建；辽宁 - 浙江；浙江 - 广东
电器机械及器材制造业	辽宁 - 海南；辽宁 - 福建；辽宁 - 广东；江苏 - 海南；浙江 - 广西；上海 - 广西；河北 - 福建；天津 - 广东；天津 - 河北
通用设备、计算机及其他电子设备制造业	辽宁 - 福建；天津 - 辽宁；河北 - 山东；河北 - 浙江；上海 - 福建；天津 - 海南；福建 - 广西；江苏 - 浙江；辽宁 - 浙江
电力热力生产及供应业	
仪器仪表及文化、办公用机械制造业	辽宁 - 浙江

续表

煤炭开采和洗选业	石油和天然气开采业	黑色金属矿采选业	有色金属矿采选业	非金属矿采选业	石油加工及炼焦加工业	化学原料及化学制品制造业	医药制品业	化学纤维制造业	非金属矿物制品业	黑色金属冶炼及延压工业	有色金属冶炼及延压工业	金属制品业	通用设备制造业	专用设备制造业	交通运输设备制造业	电器机械及器材制造业	通用设备计算机及其他电子设备制造业	电力热力生产及供应业	仪器仪表及文化、办公用机械制造业
河北-海南	福建-海南				上海-广西			江苏-海南					福建-海南			上海-山东	上海-浙江		
河北-江苏	广西-海南				福建-广东			上海-江苏		天津-福建			河北-上海			天津-上海	山东-广东		
河北-福建	辽宁-山东				河北-海南			天津-河北					福建-广东			福建-海南	河北-广东		
福建-山东					浙江-广西			天津-山东					辽宁-海南			上海-海南	辽宁-江苏		
								辽宁-广西					山东-海南			河北-浙江	辽宁-广东		
								江苏-广西								浙江-海南			
								上海-山东											
								天津-海南											

资料来源：笔者根据研究结果整理而成。

第二节　沿海地区重化工业产业同构化演变

一　同构演变的顺序

由于运用 Chortareas 和 Kapetanios（2009）提出的顺序面板选择法（SPSM），与带有傅里叶函数的面板 KSS 单位根检验相结合，这个方法的最大特点是在回归的过程中能够区分顺序找到 KSS 统计量最小的序列。它是平稳的，剔除后重新进行回归判定。显著的序列先被确定下来，在存在顺序的条件下，我们可以对同构进行演变分析。表 6 - 3 反映了沿海地区重化工业产业同构演变顺序。以天津为例，它与其他省份的产业同构顺序分别是海南、福建、广东、上海，表明 1987 ~ 2012 年，天津最先和海南存在同构，继而与福建、广东同构，最后和上海存在重化工业产业结构趋同现象。其他省份的同构特征同样可以展示出来。海南、辽宁是最先和其他省份出现同构的省份，辽宁的重化工业产业的历史条件较好，海南则在重化工业产业方面没有自己的特色，在所有沿海省份中，最缺乏产业升级的动力。河北和其他省份特别是珠三角地区的重化工业产业同构较晚，这与地区产业转移的阶段性演变以及重化工业发展阶段有关。从细分产业上看，最先与其他省份出现同构的省份位于南方地区，以广东省最为明显。广东地区的经济增长动力是以外向型出口导向型为特征，重化工业在广东的布局往往和其他省份存在很高的结构相似特征，同时对于重化工业转型升级的内生技术动力不足，也是广东与多数地区较早出现产业同构的重要原因。同时，广东作为 20 世纪 80 年代中后期中国最早开放的沿海省份，其重化工业发展较南方其他省份更具有一定的优势，因而从演变发展的特征上看，较早出现产业同构。

表 6 – 3　沿海地区重化工业产业同构演变顺序

地区	沿海地区重化工业产业同构演变
天津	海南、福建、广东、上海
河北	辽宁、福建、海南、广东、上海、山东、广西
辽宁	河北、海南、江苏、福建、广西、广东、山东
上海	海南、广西、山东、浙江、天津、河北
江苏	辽宁、海南
浙江	海南、广东、上海
福建	广东、辽宁、天津、河北
山东	海南、辽宁、上海、河北
广东	浙江、福建、天津、辽宁、河北、海南
广西	海南、辽宁、上海、河北
海南	天津、辽宁、广西、山东、浙江、上海、河北、广东、江苏

资料来源：笔者根据研究结果整理而成。

从沿海地区重化工业演变过程中，我们同样发现了一些规律性的现象。除海南外，多数省份最先与南方省份形成同构，这与我国的工业化历史具有重要关系，南方省份的工业化条件和基础良好，产业发展速度快于北方省份。同时，我们可以发现，如果某个省份和天津同构后，会很快和河北或者辽宁等环渤海省份形成同构。在这个演化的顺序中，一方面可以佐证环渤海地区的产业同构程度比较严重，另一方面可以发现这些省份间的同构传导渠道比较畅通，容易形成同构。除了地理位置接近之外，地区间的壁垒较强、一体化程度较低、产业链衔接不当等突出问题长期存在是这种现象的主要原因。

二 同构的相对稳定性

同构是否具有相对稳定性，是指在产业结构出现同构的过程中，这一现象是长期存在的还是短暂的不稳定特征，即是否存在不同地区的产业同构保持在平稳的发展状态——仅仅是围绕着同构稳定状态的均值而波动，还是这种现象的存在是短期行为。上文中，我们已经对同构的存在性及其演化特点进行了分析，同构本身是否稳定，是对同构研究的必要补充。产业同构过程的稳定性是对其内在演变规律的重要检验，在这里我们仅以沿海地区所有产业构成的重化工业为基础进行判断，以此说明产业结构趋同现象的相对稳定性问题。本节的研究方法仍然采用面板顺序单位根检验方法，对于此方法的优越性及其分析过程与前文类似，在此不再赘述。

本部分运用 Chortareas 和 Kapetanios（2009）提出的顺序面板选择法，结合带有傅里叶函数的面板 KSS 检验，研究沿海地区产业同构的相对稳定性。本部分所采用的研究指标是沿海地区重化工业产业同构系数，由于测度产业同构系数的方法很多，我们用最为常用的两种结构相似系数——联合国结构相似系数和经过变换的 Krugman 结构差异度指数的平均值作为待测指标，这两个指标综合平均判断的结果可以更加准确地评判沿海地区重化工业产业趋同的相对稳定性。数据样本的时间范围是 1987~2012 年，所有数据均来自《中国工业经济统计年鉴》并进行了可比化处理。沿海地区包括 11 个省份，各个地区间的同构组合结果是 55 个截面个体。

由于没有关于数据突变形状和位置的先验知识，采用网格搜索（Grid Search）法找到最优频数。根据 Enders 和 Lee（2012）的研究，并使用 1 万次 Bootstrap 模拟计算的近似 P 值，将频数 k 设定为 1 到 5

之间的所有整数①，从中选取来估计方程。残差平方和（RSSs）表明，单一频率（$k = 1$）最适用于其中的 35 个截面，20 个截面除外。有 13 个截面的最优频数是 2（$k = 2$），7 个截面的最优频数是 3（$k = 3$）。表 6 - 4 是对面板数据进行带有傅里叶函数的面板 KSS 单位根检验的结果，同时给出了在一个递减面板中面板 KSS 统计的 Bootstrap 的 P 值序列、单个最小 KSS 统计，以及每次产生的平稳序列。

研究结果表明，有 35 对地区间的重化工业产业结构趋同存在相对稳定性，其他 20 对地区的产业结构趋同是非稳定的。换句话说，多数地区的产业结构相似系数围绕均值呈现波动状态。从地域上看，1987～2012 年，除河北 - 山东产业同构外，河北省和其他 9 个省份的产业同构比较稳定（见表 6 - 5）。山东与其他 8 个省份产业同构存在相对稳定性，接下来是天津和江苏，它们分别与其他 7 个省份产业结构趋同存在相对稳定性。辽宁、上海、广东、海南分别和其他 6 个省份的产业结构相似度存在相对稳定性；最后是浙江、福建和广西，它们分别和其他 5 个省份存在稳定性。

表 6 - 4　沿海地区产业同构相对稳定性的面板 KSS 检验结果

顺序	OU 统计量	P 值	最小 KSS	k	对应截面
1	- 3.7119	0.0003 ***	- 11.8691	1	浙江 - 福建
2	- 3.5608	0.0005 ***	- 7.2546	1	福建 - 山东
3	- 3.4911	0.0007 ***	- 6.8977	2	辽宁 - 广东
4	- 3.4256	0.0007 ***	- 6.5631	2	广西 - 海南
5	- 3.3641	0.0005 ***	- 6.2326	1	山东 - 广东
6	- 3.3067	0.0008 ***	- 5.9516	2	江苏 - 山东
7	- 3.2528	0.0014 ***	- 5.8767	1	浙江 - 山东

---

① 假定最大频数为 5，最小频数为 1。

顺序	OU 统计量	P 值	最小 KSS	k	对应截面
8	− 3.1981	0.0018 ***	− 5.7372	1	上海 – 广东
9	− 3.1441	0.0015 ***	− 5.7202	1	山东 – 海南
10	− 3.0881	0.0021 ***	− 5.6534	3	天津 – 辽宁
11	− 3.031	0.0026 ***	− 5.268	1	天津 – 广东
12	− 2.9802	0.0024 ***	− 5.2148	1	河北 – 福建
13	− 2.9282	0.0030 ***	− 4.9915	1	河北 – 海南
14	− 2.8791	0.0031 ***	− 4.9251	1	辽宁 – 山东
15	− 2.8292	0.0035 ***	− 4.9208	2	河北 – 广西
16	− 2.7769	0.0048 ***	− 4.7241	1	浙江 – 广西
17	− 2.727	0.0058 ***	− 4.5549	1	天津 – 福建
18	− 2.6789	0.0067 ***	− 4.4776	2	天津 – 江苏
19	− 2.6303	0.0085 ***	− 4.3388	1	河北 – 浙江
20	− 2.5828	0.0103 **	− 4.2638	3	河北 – 广东
21	− 2.5348	0.0112 **	− 4.2603	1	上海 – 海南
22	− 2.484	0.0131 ***	− 4.103	2	辽宁 – 广西
23	− 2.435	0.0208 **	− 4.0776	1	江苏 – 海南
24	− 2.3837	0.0247 **	− 3.9584	3	上海 – 浙江
25	− 2.3329	0.0302 **	− 3.9299	2	辽宁 – 福建
26	− 2.2796	0.0336 **	− 3.8422	1	天津 – 山东
27	− 2.2257	0.0378 **	− 3.8139	1	江苏 – 广西
28	− 2.169	0.0458 **	− 3.7714	2	天津 – 海南
29	− 2.1097	0.0513 *	− 3.6875	2	河北 – 辽宁
30	− 2.049	0.0576 *	− 3.6704	1	河北 – 上海
31	− 1.9841	0.0638 *	− 3.4276	1	天津 – 河北
32	− 1.924	0.0712 *	− 3.4075	3	上海 – 江苏
33	− 1.8595	0.0715 *	− 3.2944	1	江苏 – 广东
34	− 1.7943	0.0844 *	− 3.2666	1	河北 – 江苏

续表

顺序	OU 统计量	P 值	最小 KSS	k	对应截面
35	− 1.7241	0.0948*	− 3.2383	1	上海 − 山东
36	− 1.6484	0.1148	− 3.2243	1	辽宁 − 江苏
37	− 1.5655	0.1468	− 3.1743	1	天津 − 广西
38	− 1.4761	0.1687	− 3.1144	1	福建 − 海南
39	− 1.3797	0.1708	− 3.0124	1	广东 − 海南
40	− 1.2777	0.2468	− 2.9394	1	山东 − 广西
41	− 1.1669	0.383	− 2.8983	1	上海 − 广西
42	− 1.0433	0.433	− 2.8885	2	江苏 − 浙江
43	− 0.9013	0.4774	− 2.7956	2	福建 − 广西
44	− 0.7435	0.5668	− 2.6299	1	浙江 − 广东
45	− 0.572	0.6336	− 2.4857	1	广东 − 广西
46	− 0.3806	0.6757	− 2.3482	3	浙江 − 海南
47	− 0.162	0.7162	− 2.269	3	辽宁 − 海南
48	0.1014	0.7215	− 1.9045	2	辽宁 − 浙江
49	0.388	0.7464	− 1.7589	3	辽宁 − 上海
50	0.7458	0.7889	− 1.1771	1	天津 − 上海
51	1.1303	0.7963	− 1.0683	1	天津　浙江
52	1.68	0.9448	− 0.3052	1	河北 − 山东
53	2.3417	0.9617	1.4137	2	上海 − 福建
54	2.8057	0.9445	1.5607	1	福建 − 广东
55	4.0508	0.9981	4.0508	1	江苏 − 福建

注：***、** 和 * 分别表示 1%、5% 和 10% 的显著性水平。渐近 p 值由 1 万次重复 Bootstrap 模拟得到。

表 6 − 5　全国沿海省份重化工业同构稳定变化路径

省份	稳定变化路径（按顺序依次稳定）
天津	辽宁、广东、福建、江苏、山东、海南、河北
河北	福建、海南、广西、浙江、广东、辽宁、上海、天津、江苏
辽宁	广东、天津、山东、广西、福建、河北

续表

省份	稳定变化路径（按顺序依次稳定）
上海	广东、海南、浙江、河北、江苏、山东
江苏	山东、天津、海南、广西、上海、广东、河北
浙江	福建、山东、广西、河北、上海
福建	浙江、山东、河北、天津、辽宁
山东	福建、广东、江苏、浙江、海南、辽宁、天津、上海
广东	辽宁、山东、上海、天津、河北、江苏
广西	海南、河北、浙江、辽宁、江苏
海南	广西、山东、河北、上海、江苏、天津

资料来源：笔者根据研究结果整理而成。

由于我们采用的是顺序面板选择法模型，按顺序最先稳定的序列显著性最高。结果存在先后顺序，我们将稳定结果序列展开，从顺序的角度了解重化工业产业同构的相对稳定性，可以更好地了解这一现象。天津、江苏、浙江、福建、广西和海南的产业同构最先稳定于相邻的省份，辽宁、上海、河北、广东、山东则最先稳定于不相邻的省份，这与地区发展的结构趋同特征密切相关。换句话说，南方省份最容易先和相邻的省份形成稳定同构结构，北方省份最容易先和不相邻的省份形成稳定同构结构。这说明南方相邻省份间最先形成稳定的同构且不容易被打破，北方相邻省份起初很难形成稳定的同构关系。

本章小结

传统的研究产业同构的方法对细分产业同构测度的数据量以及数据的微观化差异性程度要求较高，很难做到对产业的细分研究；同时，仅仅依靠单一指数，很难从根本上对不同年份数据间的作用关系以及不同区域截面的相互影响加以考虑，不能反映产业结构演变的内在特征。因此，我们采用国际上最新的非线性傅里叶模型并结合顺序面板选择法（SPSM），实现在计量方法上的突破。再进一步以 Bootstrap 模拟法产生出最适合的估计值，建立更为有效的产业同构和演变测度方法，结果发现产业同构在重化工业不同产业中的地区差异比较明显。首先是化学纤维制造业的产业同构最为严重，在 55 对沿海地区组合中，有 28 对地区存在产业同构现象，其次是电器机械及器材制造业、通用设备计算机及其他电子设备制造业、通用设备制造业等，可见当前机械制造业的地区产业同构现象比较明显。有色金属冶炼及压延加工业是唯一不存在产业同构现象的重化工业细分产业。我国沿海地区的工业化从以原材料初级加工为主导的早期工业化进入以机械制造为主导的中后期重化工业阶段。总体来看，重化工业产业同构比较严重的省份是海南、河北、辽宁、广东、上海，它们分别和全国其他一半以上的省份存在产业同构。而从细分产业上看，不同地区在某个产业上的同构程度存在较大差异。

第七章

沿海地区重化工业产业同构成因实证分析

沿海地区重化工业产业结构的趋同本质上是其自身发展的必然，不同的细分产业呈现的同构形态和成因不尽相同，总体而言，影响产业同构形成的因素很多，但大致可以归纳为以下三个方面。①市场化因素。价格扭曲使区域经济利益严重不平等，地方政府和企业把资金投向高利润行业，从而造成市场导向下的产业结构趋同（李硕，2000）。市场经济本身有自发性、盲目性和滞后性的特征，导致区域产业重复建设，盲目地形成结构趋同的布局。②政府因素。这一层面主要包括地方政府的政策保护以及地域竞争。地方政府为了保护本地利润，防止外流，会加大对重化工业及其关联产业的配置建设力度，所有地方都配套完整的重化工业产业链条，从而造成产业同构布局的出现。另外，地方政府具有竞争意识，相互效仿出台规划，从而实现区域的竞争，这种竞争的结果可能会导致效率的损失。③社会因素。主要是运输成本造成地区间要素流动的交易费用增加（林理升、王晔倩，2006）。但同时应该认识到，沿海地区各个省份之间的运输和交易费用非常高。换句话说，资源要素的地域流动性不强，这也迫使地方政府不得不努力发展本地的重化工业产业链条而忽视专业化水平的提升，而地区间要素流动的交易费用高的重要原因可能是地方行政垄断势力比较强；另外，各地发展经济的同时不注重环境保护，重化工业是环境污染损害较大的行业，由于环保治理以及惩罚的力度不大，重化工业企业布局时往往不考虑区域环境，客观上也加剧了区域产业结构的趋同。此外，沿海地区重化工业产业结构的趋同与分散受到资源禀赋、能源结构等区域差异的影响。这一部分，笔者在前文分析产业结构趋同现象及其演变特征的基础上，采用动态面板模型 GMM 估计方法分析沿海地区重化工业产业同构的成因，解释我国沿海地区重化工业集中趋势下分散布局的影响因素，深入比较剖析不同影响因素对重化工业产业同构的影响。

和前人的研究相比，本书这一部分的贡献在于以下两个方面：①对重化工业产业同构现象的成因给出总体的比较完善的阐释，这是前人文献中少见的；②在回归模型的使用上，尽管前人研究产业同构与其他因素关系的时候考虑到滞后期的同构对产业同构当期的影响（于良春、付强，2008；吴福象，2008），但传统的估计方法在时间较短的情况下，对参数的估计效果是有偏差的。本书采用动态面板数据模型不仅可以恰当地避免这一技术问题，而且可以更好地观测不同区域间的同构异质性以及相应的动态效果。

第一节　理论解释和假说

新古典经济学强调地区经济结构差异与地区的先天禀赋有重要的关系，先天优势往往决定了地区经济增长的路径，但该学派同样承认不同起点的地区随着资本的积累最终会收敛到经济增长的稳态平衡路径。新古典经济学在强调资源稀缺的同时引入了边际收益递减以及规模报酬的思想，强调经济活动的最优生产边界。新经济地理学将空间因素引入，为传统经济研究注入了重要的空间变量，从而使得经济活动的地域性以及产业空间分布的结构演变研究成为可能。而新兴古典经济学对于分工的研究解释了后发优势对于地区分工甚至专业化经济的影响同样不可忽略。该学派在空间产业结构演变的分析中考虑到分工和交易费用的冲突，将交易费用内生化，对研究产业结构的演变具有重要的现实意义。[①] 根据第三章述及的传统区域分工理论和空间经济学以及新兴古典经济学的理论，本书提出假说如下。

假说1：地方保护主义会促进地区间产业结构趋同。

Young（2000）认为地方保护主义的存在导致我国改革开放以来地区专业化程度提升缓慢，同时进一步加剧了地区的产业结构趋同。地方保护主义一方面增加了地区间要素流动的壁垒，使得资源得不到合理的优化配置，在一定空间范围内扭曲了产品和要素的价格，从而导致市场分割、地区产业重复建设等问题。可以说地方保护主义的存在某种程度上阻碍了市场的一体化进程（黄赜琳、王敬云，2006；范剑勇、林云，2011）。于良春和付强（2008）认为地区行政垄断通过扭曲产业政策、歪曲资源配置以及地方保护、市场分割等策略性行为直接作用于区域产业同构状况。地方保护增加了地方政府的获利空间，形成了保护激励。地方政府出于政绩考核的需要，丰富地区的产业门类，各个地区的产业结构趋同程度越发明显。因此，笔者认为，地方保护主义的存在可能是地区间产业同构的重要影响因素，并且随着地方保护主义的盛行，地区间的行政垄断将导致地区间的产业同构化加剧。

假说2：在一定条件下，市场化自由竞争越强烈，产业同构现象越会被强化。

[①] 笔者之所以在同一问题下将新古典经济学与新兴古典经济学两大理论框架做比较，是希望学界能够融合各经济学派的优势，取长补短。

市场化进程中产业结构呈现集中或者分散的现象有其内在的规律，Krugman（1991）通过中心外围模型说明产业分散布局过程中除了贸易壁垒导致要素不能合理流动外，贸易自由度和市场竞争达到一定的程度，产业布局的集聚力会超过分散力，区域间初始的分散布局会形成集聚趋势。但Krugman（1991）同样论证了在不同的参数条件下（如产品替代弹性等）的分散趋同布局可能。同样杨小凯（2003）认为，市场自由竞争会促进分工水平的提高。随着地区专业化水平的提升，地区间的产业同构现象将被打破，分散布局将向集中趋势演变，但分工水平在一定范围时，分散布局是必然的发展阶段。中国的地域辽阔，各个省份的面积相当于国外的一个国家，地区间的自由竞争需要发展到一定的程度才能够导致产业结构相似程度的降低。如果地区间的竞争小于贸易保护的作用力，则地区竞争可能不能阻碍产业结构趋同现象，相反，地区自由竞争还可能会导致产业同构程度的深化。这当然也和地区间的经济差距有关。[①]

假说3：运输成本增加会加剧产业结构趋同现象。

传统的区位理论认为，运输成本是影响区域产业布局的重要因素（约翰·冯·杜能，1986；Weber，1909）。Krugman（1991）认为运输成本是工业区位选择及经济集聚最为关键的影响因素。运输成本的上升会导致交易费用的增加，容易形成地区间产业同构；运输成本的下降影响着经济集聚的向心力和离心力，在一定的程度上影响着经济活动在空间的动态演进，从而推动一个国家或地区的经济不断向前发展（李爱国、黄建宏，2006）。较高的运输成本会阻碍地区间合理分工和有效的协同发展，加剧地区间产业结构相似程度的提升。

假说4：地区经济差距越小，产业结构趋同现象越明显。

---

① 关于这一假说的部分检验将在第八章有所体现。

经济发展的基础性条件是产业结构是否趋同的重要影响因素。如果两个地区的经济发展水平和经济差异化程度较高，所处的工业化发展阶段就可能存在差异，其自身布局的产业选择就会因发展阶段不同而存在较大差距，因而不容易形成产业同构现象。我国内陆地区和沿海地区相比存在一定的经济差距，这也是重化工业向沿海集聚而非向内陆集聚的重要原因。但不可否认的是沿海地区各省份的经济发展差距仍然较大，环渤海地区要想赶上长三角地区的经济发展水平还需要相当漫长的过程（刘铁鹰，2012）。区域分工理论认为，不同地区面临不同的产业结构升级换代，落后地区往往承接发达地区的产业转移，因此会导致地区间产业结构相似度的降低。因此，地区间经济差距越小，产业结构趋同现象可能越明显；反之，地区间经济差距越大，产业结构相似度可能越低。

假说 5：地区能源结构接近，会促进重化工业产业同构。

能源结构合理是经济发展可持续性的重要标志。重化工业产业是典型的能源密集型产业，除了对于资本和技术的依赖性比较强外，还需要能源的支撑，地区间的能源储量和利用效率往往对于产业结构产生重要的影响（张丽峰，2011）。如果两个地区的能源消耗及技术利用效率存在较大的差距，可能说明地区间的重化工业产业结构相似程度较低，很可能一个地区的重化工业产业不是其经济发展的主导产业类型。地区间能源总量消费结构会与地区间的产业结构密切关联，因此本书认为，地区能源结构接近，会促进我国沿海重化工业产业同构。

假说 6：资源禀赋和历史条件差异越大，地区产业结构相似程度越小。

新古典经济学强调，一个地区的资源禀赋条件决定着这个地区的产业经济结构初始条件以及对外贸易交换的分工优势和结构。地理位置和自然资源条件在长时期保持相对稳定的状态，但地区间的结构特别是重化工业产业结构对资源环境的依赖较大，会受到地区矿产储量或能源储量与利用的影响较大。如果两个地区的资源能源禀赋差距较小，容易形成地区间的重化工业产业高度同构；反之，其结构相似程度较低。同样，历史因素等会存在先天差距，如果两个地区的历史上对外开放程度或区域交流程度越高，地区的产业结构趋同现象可能越明显。因此，本书认为资源禀赋和历史条件差异越大，地区产业结构相似程度可能越小。

第二节　变量选择与数据来源

一　变量选择

（1）产业同构系数

产业同构的测度在前文已经给出，我们采用当今最为常用的两种产业结构差异度判定方法——联合国结构相似系数和 Krugman 结构差异度指数进行全面的测度。为了使结果更加具有说服力，我们尽量利用所有的相关信息来完善论证，因此，这里我们采用两种产业同构测度结果的平均值作为衡量产业同构程度的变量——产业同构系数（见表 7 - 1）。

（2）市场竞争活跃度

我们采用非公有经济就业人数占整个地区就业人数的比重来表征地区间经济发展的活跃程度，相当于用非公有制经济的发展水平来衡量市场竞争的活跃程度。

（3）地方保护程度

地方保护主义可以从两个层面进行衡量。一是地方保护的收益，地方政府出于垄断收益采取保护措施。重化工业产业是地方的利税大户，因而采用税收收入占地方经济总量的份额作为地方保护程度变量，反映地方政府对于地区的控制程度和利益驱动力。二是用国有及国有控股企业工业总产值占工业地区总产值的比重来表征地方政府控制或者干预市场的能力（黄赜琳、王敬云，2006；于良春、付强，2008）。因此，地方保护程度的变量选择两个指标。

（4）运输成本

我们采用地区货物周转量与货运量的比值即理论上的货物运输距离来衡量地区的货物运输成本。距离越远，运输成本越高。此处货物运输的周转和数量是将公路运输、铁路运输和水路运输转换成同样的标准单位，因此，运输距离是公路运输、铁路运输和水路运输的合计。由于部分数据缺失，本书没有考虑海运成本问题，但由于我们计算的是地区间的运输成本而非国家间的运输成本，忽略海运成本后影响不会太大。

（5）经济发展差异度

经济发展差异度采用地区生产总值的差的绝对值来衡量。之所以没有采用人均GDP，是因为地区经济总量对地区产业结构分布布局的影响要比人均GDP对地区产业结构的影响大，特别是重化工业产业在考虑产业布局的时候往往考虑某一地区的总体竞争力。

（6）工业化差距

工业化差距采用工业产值占总产值比重的差距来衡量。不同地区工业化的差距越小，重化工业产业同构的趋势可能越发严重。这一经济变量可以和地区经济发展差异度变量相互印证。

表 7-1　产业同构成因分析相关变量说明

变量属性	名称	变量	含义
被解释变量	产业同构系数	I	两种产业同构测度结果的平均值

续表

变量属性	名称	变量	含义
解释变量	市场竞争活跃度	$Market$	非公有经济就业人数占整个地区就业人数的比重
	地方保护程度（1）	$Gov1$	税收收入占地方经济总量的份额
	运输成本	TC	货物周转量与货运量的比值
	经济发展差异度	$GDPG$	地区生产总值的差的绝对值
	地方保护程度（2）	$Gov2$	国有及国有控股企业工业总产值占工业地区总产值的比重
	工业化差距	IG	工业产值占总产值的比重的差距
	能源结构差异度	EGG	单位 GDP 能耗的差距
	运输成本×能源结构差异度	$TC \times EGG$	
	工业化差距×经济发展差异度	$IG \times GDPG$	
	市场竞争活跃度×能源结构差异度	$Market \times EGG$	
	地方保护程度（1）×经济发展差异度	$Gov1 \times GDPG$	
	能源结构差异度×地方保护程度（1）	$EGG \times Gov1$	
	地区虚拟变量	Id	

资料来源：产业同构数据根据《中国工业经济统计年鉴》计算整理，其他数据均根据中经网统计数据库计算整理。

（7）能源结构差异度

我国能源利用的主要矛盾并不是能源的总量约束，而是能源的结构性约束。能源的结构性矛盾已成为我国未来能源问题的软肋（李影、沈坤荣，2008）。能源结构差异度的衡量采用不同地区能源消耗总量与地区生产总值的比值间的差距，即单位 GDP 能耗的差距作为地区能源结构差异度的衡量指标。

（8）其他

由于两个省份之间的资源禀赋在样本期间保持相对固定，因而我们将其固定在个体固定效应上加以衡量。同时我们增加地区虚拟变量，相邻的省份取1，不相邻的省份取0，考察产业同构是否会受到地区相毗邻的扩散影响。

二　数据来源

这一部分的研究范围包括我国沿海地区所有11个省份1987～2012年重化工业产业的20个细分门类。所有数据均来自《中国工业经济统计年鉴》和中经网统计数据库换算成以可比价格折算的产值数据，基期选择为2012年，重化工业包含的细分产业包括煤炭开采和洗选业、石油和天然气开采业、黑色金属矿采选业、有色金属矿采选业、非金属矿采选业、石油加工及炼焦加工业、化学原料及化学制品制造业、医药制品业、化学纤维制造业、非金属矿物制品业、黑色金属冶炼及压延加工业、有色金属冶炼及压延加工业、金属制品业、通用设备制造业、专用设备制造业、交通运输设备制造业、电器机械及器材制造业、通用设备计算机及其他电子设备制造业、电力热力生产及供应业以及仪器仪表及文化、办公用机械制造业。

第三节　实证研究

一　模型与方法

本书采用的是1987～2012年沿海地区55个地区组合的面板数据，具有"时间少，截面多"的短面板特征。根据于良春和付强（2008）以及吴福象（2008）等人关于产业同构建模的基本原则，笔者决定引入产业同构这一被解释变量的滞后项作为解释变量，由于产业同构本身是一个延续性的时间变化问题，前一期的产业结构趋同程度往往会对下一期的产业结构安排存在影响。基于以上两个原因，本节决定采用动态面板模型广义矩估计方法（Generalized Method of Moments，GMM）研究沿海地区重化工业产业同构现象的成因。如果简单地引入滞后期作为被解释变量，由于产业同构与其影响因素诸如市场自由化、经济发展差距等诸多指标间存在一定程度的双向因果关系，二者相互影响，为了有效地避免模型的内生性问题，采用动态面板模型是一个可能的选择。同时，模型中引入了被解释变量的滞后项，有必要借助工具变量进行估计，以解决可能存在的内生性问题以及随机效应估计量和固定效应估计量的有偏可能。

为了处理上述普通最小二乘法（Ordinary Least Squares，OLS）下的估计偏差，我们采用系统 GMM 估计方法，使用系统内部的工具变量处理内生性，同时允许解释变量存在弱外生性，即扰动项的差分与解释变量的差分不相关，误差项可以与解释变量当期以及前期的值相关但不允许对未来的反馈。GMM 估计方法是对动态面板进行一阶差分变换，在这个过程中可以消除不随时间变化的个体固定效应的影响，然后引入滞后变量作为差分方程的内生变量的工具变量进行回归。GMM 估计方法分为差分 GMM 估计方法和系统 GMM 估计方法两大类，Arellano 和 Bond（1991）提出可用两阶段差分广义矩进行估计，而 Arellano 和 Bover（1995）以及 Blundell 和 Bond（2000）则进一步提出系统广义矩估计方法。两种方法相比，差分转换可能会导致部分样本信息的损失，并且当解释变量在时间上有持续性时，工具变量的有效性将减弱，从而影响估计结果的渐近有效性（艾春荣、汪伟，2008）。如果采用系统 GMM 估计方法，可以在一定程度上同时利用变量水平变化和差分变化的信息，比差分 GMM

估计方法更有效（Roodman，2006）。当被解释变量的系数较大，且表现出强烈的序列相关时，差分 GMM 估计方法的估计效果不如系统 GMM 估计方法。基于此，本书采用系统 GMM 估计方法进行研究。系统 GMM 估计方法需要考虑以下两个重要的检验：①动态面板设定的有效合理性检验。通过检验一阶差分转换方程的一阶、二阶序列相关检验 AR（1）、AR（2）来判断随机扰动项是否存在序列相关，来检验估计的有效性。②工具变量的有效性。工具变量的有效性检验通常采用 Hansen 检验和 Sargan 检验，然而 Hansen 检验较 Sargan 检验具有稳健性，它不用假设独立同分布条件即可应用。因此，本书采用 Hansen 检验对工具变量的有效性进行检验，其原假设是新增工具是有效的。

根据相关经济学理论和假说，本书建立的动态面板模型如下：

$$I_{it} = \sum_{j=1}^{p} \rho_j I_{it-j} + X'_{it}\beta + \delta_i + \varepsilon_{it} \qquad (7-1)$$

其中，I_{it} 代表产业结构趋同程度；X'_{it} 代表影响产业结构的因素，包括市场竞争活跃度、地方保护程度、运输成本、经济发展差异度、能源结构差异度、工业化差距以及相关的交互项；δ_i 代表不随时间变动的个体的固定效应，如能源储量、地理距离等；ε_{it} 为随机扰动项。对上述方程进行差分形式转换，消去个体效应得到方程为：

$$\Delta I_{it} = \sum_{j=1}^{p} \rho_j \Delta I_{it-j} + \Delta X'_{it}\beta + \Delta \varepsilon_{it} \qquad (7-2)$$

二 描述统计量

本书采用 Stata 12.0 对数据进行处理。首先，我们对研究变量进行描述性统计分析，以从直观的角度更好地了解变量特征，具体结果如表 7 - 2 所示。可以看出，经济发展差异度的波动较大，工业化差距与运输成本的交互项的波动较小。由于我们在方程中引入了交叉项，可能存在多重共线性问题，因而我们根据方差膨胀系数（Variance Inflation Factor，VIF）多重共线性检验以及参考相关系数矩阵，剔除"能源结构差异度×地方保护程度（2）"以及"市场竞争活跃度×地方保护程度（1）"这两个变量（见表7-2）。

表 7-2　数据描述统计特征

变量	Mean	Max	Min	Std.	Obs.
产业同构系数	0.6838	0.9303	0.2500	0.1355	1430
市场竞争活跃度	0.3001	1.3396	0.0078	0.2220	1430
地方保护程度（1）	0.2655	0.9177	0.0375	0.1734	1430
运输成本	0.0921	0.5091	0.0055	0.0829	1430
经济发展差异度	1.4817	5.4799	0.0005	1.1215	1430
地方保护程度（2）	0.8055	1.5832	0.2265	0.2964	1430
工业化差距	0.1069	0.4836	0.0001	0.0959	1430
能源结构差异度	0.1782	0.7604	0.0004	0.1602	1430
运输成本×能源结构差距	0.0155	0.2196	0.0000	0.0226	1430
工业化差距×经济发展差异度	0.0265	0.1714	0.0000	0.0323	1430
市场竞争活跃度×能源结构差距	0.0516	0.5913	0.0000	0.0708	1430
地方保护程度（1）×经济发展差异度	0.4199	3.9022	0.0001	0.5553	1430
能源结构差异度×地方保护程度（1）	0.0450	0.3897	0.0000	0.0537	1430
地区虚拟变量	0.1818	1.0000	0.0000	0.3858	1430

注：N=55，T=26。

资料来源：笔者计算整理而得。

三　实证结果

我们采用系统 GMM 估计方法多个模型假设，通过对不同变量引入的系数进行差别比较，在考虑多种因素作用下，可以甄别产业同构的成因、程度及其系数的稳健性等影响。具体估计结果如表 7 – 3 所示。动态面板的实证结果表明我国沿海地区重化工业产业同构的滞后一期值对产业同构的当期都存在显著的影响，AR（1）和 AR（2）检验的结果也证明了结论的可靠性。被解释变量的滞后一期对当期的影响系数显著为正，说明产业同构具有一定的惯性，地区间产业同构会由于前一期表现出来的同构布局而呈现继续的同构趋势。从动态的角度分析这一问题，可以清楚地发现，总体上产业同构的滞后项对产业同构当期存在正向的影响，即会促进当期产业结构趋同程度的进一步加深。

除去被解释变量滞后项的作用之外，我们观察模型（1）至模型（7）所有其他解释变量对产业同构的影响，总体上发现以下结论。

（1）从影响因素上看，我们之前一直关心到底是经济活动的自发过程导致产业同构还是地方保护主义成为垄断的导火索。从实证结果上看，不考虑交叉项的情况时，地方保护主义倾向对地区产业结构趋同的影响较大，其影响程度超过了市场竞争。足见，现阶段我国产业同构主要是政府行政垄断干预下的结构趋同现象。进一步分析两种不同的地方保护主义倾向，并不是都促进产业结构相似程度的增加。政府在税收和政绩观的利益驱动下，加剧了地区间产业同构，但是国有企业的发展使得产业结构相似程度降低，这表明近些年我国的国有企业改革取得一定的效果，国有企业努力追求产业结构的转型升级，避免了产业同构的恶化。

（2）我们关注市场竞争活跃度这一重要影响因素，我国沿海地区的产业结构趋同有其内生性，地区之间的竞争促进了地区间产业的竞争性布局以及由此产生的结构相似。市场经济的活跃程度越高，地区非公有制经济发展规模越大，越容易将同构的竞争局面扩大化，

表 7 - 3 中国沿海地区重化工业产业同构成因回归结果

解释变量	模型 1	模型 2	模型 3	模型 4	模型 5	模型 6	模型 7
产业同构系数滞后一期值	1.064 (33.72)***	1.165 (31.07)**	1.166 (29.08)***	1.159 (29.67)***	1.154 (29.67)***	1.154 (29.41)***	1.155 (29.37)***
市场竞争活跃度	0.011 (3.11)***	0.009 (2.16)**	0.020 (2.35)**	0.021 (2.18)**	0.025 (2.83)***	0.035 (3.45)***	0.035 (3.41)***
地方保护程度（1）	0.019 (2.48)**	0.036 (2.37)**	0.041 (3.20)***	0.039 (2.35)**	0.051 (2.37)**	0.046 (2.79)***	0.045 (2.62)***
运输成本				0.023 (2.13)**	0.018 (1.85)*		
经济发展差异度	-0.001 (1.80)*	0.002 (1.50)			0.004 (2.09)**	0.004 (1.78)*	0.004 (1.64)*
地方保护程度（2）			-0.008 (1.70)*	-0.011 (2.07)**			
工业化差距			0.079 (2.66)***	0.096 (3.82)***	0.057 (2.12)**	0.051 (2.04)**	0.052 (2.10)**
能源结构差异度	0.012 (2.17)**	0.012 (2.02)**	0.034 (2.63)***	0.042 (3.18)***	0.036 (2.76)***	0.051 (3.21)***	0.050 (3.02)***
运输成本 × 能源结构差异度						0.113 (2.41)**	0.099 (2.45)**

续表

解释变量	模型 1	模型 2	模型 3	模型 4	模型 5	模型 6	模型 7
工业化差距 × 经济发展差异度			−0.236 (2.93)***	−0.297 (4.32)***	−0.289 (4.00)***	−0.297 (3.97)***	−0.302 (4.02)***
市场竞争活跃度 × 能源结构差异度						−0.065 (2.12)**	−0.059 (1.66)*
地方保护程度（1）× 经济发展差异度		−0.010 (2.09)**	−0.006 (2.63)***	−0.004 (1.65)*	−0.012 (1.98)**	−0.012 (1.92)*	−0.011 (1.74)*
能源结构差异度 × 地方保护程度（1）			−0.091 (2.16)**	−0.126 (2.64)***	−0.131 (2.78)***	−0.142 (3.70)***	−0.141 (3.64)***
地区虚拟变量							−0.001 (0.33)
AR （1）	0.000	0.000	0.000	0.000	0.000	0.000	0.000
AR （2）	0.087	0.457	0.677	0.331	0.414	0.784	0.783
Wald 检验	0.000	0.000	0.000	0.000	0.000	0.000	0.000
Hansen 检验	0.931	0.930	0.999	0.930	0.999	0.997	0.991

注：***、**和*分别表示在1%、5%和10%水平上统计显著；Hansen 检验、Wald 检验、残差自相关 AR（1）和 AR（2）检验列出的都是统计量对应的 P 值，结果采用 Stata 12.0 计算。

从而提高了结构相似度。

（3）运输成本、工业化差距和能源结构差异度对于产业结构相似的程度具有正向的显著影响。其中工业化差距和能源结构差异度存在和假说不一致的结论，说明工业化差距和能源差异度越大，产业结构趋同现象越显著，这同样是和地区间的产业竞争有关。差距较大的地区产业结构的趋同收敛是经济增长的客观要求，这与我们国家总体的重化工业化发展阶段密切相关，即重化工业历史阶段是当前不可跨越的历史阶段，不会因为地区经济发展的差距或者能源效率差距的增大而降低；相反，地区间会因为差距的存在而增加模仿的机制和动力，促进地区产业结构的趋同。这也恰恰佐证了沿海地区产业同构现象的内在驱动特征。

（4）在考虑交叉项的影响上，多数影响因素结合在一起会起到相辅相成的作用，且交叉项的引入不会导致独立解释变量的影响方向和相对影响程度的变化。[①] 这里我们更多关注工业化差距和经济发展差异度，这两个因素代表了地区综合经济差异。随着工业化进程的加速和经济发展，两者结合起来对地区产业同构的影响呈现负效果，即地区间经济发展和工业化差距达到一定的程度，地区间的产业结构趋同程度会降低，产业结构的转型升级和地方的专业化会起到重要的作用。市场竞争活跃度与能源结构差异度、地方保护程度（1）与经济发展差异度以及能源结构差异度与地方保护程度（1）也都是类似的原因，即存在影响产业结构的拐点，经济发展自由化程度的提升必然经历重复竞争导致的垄断同构，进而随着经济结构的调整和产业技术升级呈现异质性竞争的局面。

---

① 其中模型1中经济发展差距的系数特征可以忽略。

（5）我们注意到地区虚拟变量即地理距离相邻地区对产业结构相似程度没有显著影响。说明我国沿海地区的产业结构趋同现象并非简单的相邻模仿，跨区域的产业结构相似程度需要被考虑。

第四节 结果分析

对于以上研究结果，本书着重强调以下两个重要启示。

（1）我国沿海地区重化工业产业同构是市场经济发展的必然要求，是经济发展到一定阶段的产物，有其历史必然性。同时，地方保护主义的行政垄断干预促进了产业结构趋同程度的进一步加深。国家经济发展以及工业化进程的推进客观上要求重化工业产业在沿海分散布局，这与我国工业化发展阶段具有密切的关系。

（2）重化工业产业同构的重要原因是地区竞争。由于我国地域辽阔，沿海省份众多。和内陆地区相比，沿海省份都处在重化工业发展的相同阶段，因而存在竞争趋同的前提。各地区就是在地区间竞争的基础上发展的，这恰恰印证了张五常的"县域竞争是中国经济发展的根本性制度原因"这一重要结论。中央放权于地方政府，地区竞争往往形成中央集中指令，地方跟风趋同发展，各个地区都在搞相同的产业门类，追求大而全的发展而忽视了特色和阶段性。

本章小结

采用动态面板模型 GMM 估计方法得出以下结论：地方保护主义倾向对地区产业结构趋同的影响较大，其影响程度超过了市场竞争。足见，现阶段我国产业同构主要是政府行政垄断干预下的产业结构趋同现象。进一步分析发现，地方政府基于税收和政绩观的考虑，造成的地区产业结构趋同非常明显。市场经济的活跃程度越高，地区非公有制经济发展规模越大，越容易将同构的竞争局面扩大化，从而提高了结构相似度。

第八章

沿海地区重化工业产业同构影响分析

在第七章对沿海地区的重化工业产业同构成因进行剖析的基础上，本章深入分析重化工业产业集中趋势背景下分散布局的影响。本章要解决的问题包括以下几个方面：关于产业同构这一经济现象到底对地区经济发展的作用如何？当前产业同构是否会导致地区经济发展的衰退？是否存在产业同构的合意区间？关于产业同构的影响，当前国内外经济学者大致形成了以下三种观点。第一种观点认为，产业同构是重复建设的表现，会导致地区间的恶性竞争从而阻碍经济发展，这种竞争不是一种良性的竞争模式，而是会导致投资不均衡、资源要素不能合理地在地区间流动，从而会导致经济无效率。第二种观点认为，产业同构有其存在的合理性，产业同构在一定程度上是经济发展的客观要求。同样，地区间适度的产业同构是地区一体化趋势的重要表现，可以衡量地区间的经济一体化程度。同时，合意的产业同构可以在一定程度上促进经济的增长，迫使地区间在竞争过程中实现市场调节下的产业结构转型升级。但这种观点同时认为，产业同构需要控制在合适的范围之内才能发挥作用，如果超过了一定的限度，产业结构趋同相似现象将阻碍经济的发展。第三种观点认为，当前沿海地区的产业同构属于异质同构，或正在由同质同构向异质同构转变，宏观上的高同构系数掩盖了微观产业或地区层面的异质同构，尽管同构水平较高，但现阶段的异质同构对经济发展会起到促进作用。本书认为，根据产业同构演变的论述，我国现阶段重化工业沿海地区同构本质上就属于异质同构，细分产业之间存在显著的演变差异和同构特征，沿海地区 55 个省份组合中只有一半组合存在同构特征且不同产业没有同构现象出现。换句话说，当前我国沿海地区的产业同构现象还没有阻碍沿海地区经济的发展，但是不同地区间的产业同构拐点存在地区差异。这对地区间的异质同构竞争局面具有重要的作用。

关于产业同构的经济影响，我们从宏观和微观两个层面进行讨论，同时在宏观影响的分析中，加入对于产业同构间接影响的考察。产业同构作为一种经济竞争和地方行政垄断干预共同作用的产物，有其存在的合理性和必要性。首先，产业同构是区域竞争的产物，张五常认为，中国经济发展的重要根源和动力来自区域竞争特别是县域竞争，政府主导改革并不等于说全国的改革是在中央政府的行政指令下进行。事实上，经过 40 多年的改革实践，中国已经形成了一整套地区之间和地方政府之间的竞争机制。所谓政府主导，主要是指政府的宏观调控，而不是理性设计。如前文所述，中国在改革前形成的地方性"块块"经济是改革得以成功的一个重要基础，而 40 多年来的改革则进一步把这种地方经济发展成一种地区性的竞争。省与省、市与市、县与县、乡镇与乡镇之间的竞争是中国的改革与发展最强大的动力和源泉。张五常认为，县域竞争是中国经济改革与发展的源泉与关键，中国的县与县之间的竞争，产生了和欧洲奇迹一样的效果（张五常，2008）。同时，人类社会的任何竞争都受到资源约束，区域竞争归根到底是市场在资源配置中制度优化的体现。沿海地区多年来产业同构系数居高不下，自 20 世纪 90 年代以来始终保持 0.5 以上的同构系数。但是同构化的过程中，正是地方之间讨价还价订立合约的过程和地区间的竞争实现了合理的定价，促进中国经济高速增长。张五常（2008）阐释了县域竞争是中国经济增长的强劲动力，从区域分工与竞争的角度分析了区域竞争如何创造中国奇迹。而本书的研究是对张五常研究的佐证与深化，区域竞争本质上是产业竞争，是区域空间内产业结构或者说产业链的竞争。在承认区域竞争重要性的同时，应更加关注产业竞争特别是重化工业等实体产业的升级演化对于经济发展的影响。从这个角度看，本书的贡献之一也在于此。

其次，产业同构系数较高的两个地区往往是一体化程度较高的区域，如果地理集中度较高恰恰是形成新的增长区域和提高经济竞争力的体现，相邻区域的产业同构恰恰是产业集聚的雏形，地域合理分工与产业同构相结合容易形成规模经济。在这种情形下，产业同构促进了地区经济的发展。如果在这种情况下认为产业结构相似度有合理的门槛值时，我们可以说这个门槛值会很高。当然，任何事物都应当保持协调适度的发展，产业同构也不例外，而适度是和其他事物的协调适度，而非孤立的适度发展。

再次，沿海地区的重化工业产业异质同构是地区经济发展的动力。地区经济发展的产业结构依赖于合理的分工，我们在前文中论证了中国沿海地区重化工业细分产业的同构现象存在较大的差异，基本形成了具有一定分工的宏观高同构局面，而地方政府如果可以从地区协调发展的角度选择产业，那么相邻地区的同构可以相互促进和补充，尽量拉长产业链，促进地方经济的发展。

最后，任何事物都具有两面性，同构也不例外。同构程度过高可能会导致资源的过度无序消耗，损害经济增长的效率，重复建设和低水平过度竞争会严重影响工业化的进程。

那么，中国沿海地区的重化工业同构对经济的影响究竟如何？到目前为止，关于产业同构可以促进经济发展抑或阻碍经济成长的研究往往停留在理论层面或是简单的现象回归，特别是对产业同构合意区间的判断还处在环境描述层面，缺乏客观的、有说服力的实证研究，并且在研究产业同构对于地区经济发展的影响的过程中，如果仅仅判断二者的相互作用关系，会忽视其他变量的作用。基于此，和前人的研究相比，本章的创新主要体现在以下两个方面。①以独特的研究视角切入，不仅分析产业同构本身对于经济成长的影响，同时还分析产业同构作为门槛变量的过程中，地区工业化对经济增长的影响，以及在工业化过程的不同阶段，产业同构对经济发展的影响。②本章采用国际上较为先进的门槛回归模型对产业同构的合意区间进行判定，说明产业同构在何种程度和范围对经济增长作用的差异，以期弥补前人实证研究的缺陷。本书将从两个角度分析沿海地区重化工业产业同构的影响、产业同构本身对于经济发展的影响以及产业同构间接作用导致的工业化对经济发展的影响。在研究产业同构本身对于经济发展的影响的同时，考虑产业同构自身的门槛效应以及工业化作为门槛变量产生的产业同构对经济发展的影响。

第一节　研究方法

本章采用两种方法，相互结合使用，深入研究产业同构的影响。首先，利用面板门槛回归模型，从宏观视角分析产业同构与经济增长在重化工业化作为门槛变量时的相互作用关系，同时考察产业同构的不同程度下，沿海地区的工业化对于经济增长是否存在差别影响，即分别考量产业同构对于经济增长的直接和间接作用。其次，利用变参数面板数据回归模型分析产业同构在不同地区间的适度的拐点值，即适度的同构规模。由于面板数据回归模型比较常用，下面仅对面板门槛回归模型进行简要概述。

门槛回归模型是由 Tong（1978）提出，其本质是分段回归的过程，而分段的依据是在确定门槛变量的基础上，利用门槛变量数据估计出合理的分段区间并在此基础上进行回归。以往的研究忽略了现有数据研究结构突变的特征，不考虑不同区间参数的稳定性，同时即便是考虑分段回归也往往过于主观地划分区间。而门槛回归模型是一种比较客观的计量工具，基本需要两个步骤，首先确定回归模型是否存在门槛效应，如果存在的话，再进行门槛回归模型估计。

检验门槛效应是否存在的原假设是不存在门槛效果，但有干扰参数的存在，使得传统检定统计量呈现非标准正态分布。Hansen（1996）建议以 Bootstrap 法模拟出其检定统计量的渐近分布，作为判断门槛是否存在的临界值。如果拒绝原假设，则存在门槛效应，就不能用简单的回归模型来进行分析。Chan（1993）及 Hansen（2000）证明当门槛效果固定时，门槛的最小平方估计式会具有超一致性现象。在估计出门槛值后，Hansen（1999）构造 LR 统计量的置信区间来检定，当 LR 统计量值大于临界值则表示可以显著拒绝原假设。由于传统最小二乘估计法很难估计非线性回归模型，Hansen（1999）提出用两阶段线性最小平方法来对面板数据的门槛模型进行检定。即先设定门槛值，再个别求残差平方和，利用残差平方和估计门槛值，最后再利用估计的门槛值求出各区间所对应的回归系数。

一 门槛模型设定

本书选择门槛模型是基于以下两个考虑。第一，理论上产业同构要保持在适度的规模，超过一定限度的同构是资源过度损耗和分配不均的表现，相关研究也佐证了产业同构的合意性。那么，现有数据是否证明了存在合意同构门槛范围的假说，抑或证明不存在门槛效果？在重化工业化的不同阶段，产业同构对于经济增长的影响有没有明显的差别呢？第二，门槛回归模型本身对于非线性突变特征的揭示作用使其成为研究产业同构的良好选择。根据 Hansen（1999）面板门槛回归模型的设定，再考虑加入控制变量的情况，单一门槛模型设立如下所示：

$$y_{it} = \begin{cases} \theta' x_{it} + \beta_1 q_{it} + v_{it} + \mu_i & q_{it} \leqslant \omega \\ \theta' x_{it} + \beta_2 q_{it} + v_{it} + \mu_i & q_{it} > \omega \end{cases} \tag{8-1}$$

$$\theta = (\theta_1, \theta_2, \theta_3, \theta_4)', \quad x_{it} = (s_{it}, m_{it}, g_{it}, c_{it})'$$

其中，y_{it} 为代表经济增长的变量，q_{it} 为门槛变量，x_{it} 为控制变量向量，μ_i 代表固定效应及不同区域不同条件下的异质性，误差项 v_{it} 服从期望值为 0、方差为 σ^2 的独立同分布。此外，模型中 i 代表个体截面，t 则表示时间。将上述门槛回归模型变形如下：

$$y_{it} = \mu_i + \theta' x_{it} + \beta_1 q_{it} I(q_{it} \leqslant \omega) + \beta_2 q_{it} I(q_{it} > \omega) + v_{it} \tag{8-2}$$

其中，$I(.)$ 为指针函数（indicator function）

$y_{it} = \mu_i + \theta' x_{it} + \alpha' q_{it}(\omega) + v_{it}$ 可再写成：

$$y_{it} = \mu_i + [\theta', \beta'] \begin{bmatrix} x_{it} \\ q_{it}(\omega) \end{bmatrix} + v_{it}$$

$$y_{it} = \mu_i + \alpha' X_{it}(\omega) + v_{it}$$

$$q_{it}(\omega) = \begin{bmatrix} q_{it} I(q_{it} \leqslant \omega) \\ q_{it} I(q_{it} > \omega) \end{bmatrix} \tag{8-3}$$

其中，$\beta = (\beta_1, \beta_2)'$，$\alpha = (\theta', \beta')'$，$X_{it} = [x'_{it}, q'_{it}(\omega)]'$，$y_{it}$ 和 q_{it} 已知。回归式（8-3）可变形为：

$$\bar{y}_{it} = \mu_i + \alpha' \bar{q}_{it}(\omega) + \bar{v}_{it} \tag{8-4}$$

其中，$\bar{y}_i = \dfrac{1}{T} \sum\limits_{t=1}^{T} y_{it}$，$\bar{v}_i = \dfrac{1}{T} \sum\limits_{t=1}^{T} v_{it}$

且 $\bar{q}_i(\omega) = \dfrac{1}{T} \sum\limits_{t=1}^{T} q_{it}(\omega) = \begin{pmatrix} \dfrac{1}{T} \sum\limits_{t=1}^{T} q_{it} I(q_{it} \leqslant \omega) \\ \dfrac{1}{T} \sum\limits_{t=1}^{T} q_{it} I(q_{it} > \omega) \end{pmatrix}$

式（8-3）减去式（8-4）可得：

$$y_{it}^* = \alpha' q_{it}^*(\gamma) + v_{it}^* \tag{8-5}$$

其中，$y_{it}^* = y_{it} - \bar{y}_i$，$q_{it}^*(\omega) = q_{it}(\omega) - \bar{q}_i(\omega)$，且 $v_{it}^* = v_{it} - \bar{v}_i$，回归式（8-5）即去除了个体固定效果后的回归式。

令：

$$y_i^* = \begin{bmatrix} y_{i2}^* \\ \vdots \\ y_{iT}^* \end{bmatrix}, \quad q_i^*(\omega) = \begin{bmatrix} q_{i2}^*(\omega)' \\ \vdots \\ q_{iT}^*(\omega)' \end{bmatrix}, \quad v_i^* = \begin{bmatrix} v_{i2}^* \\ \vdots \\ v_{iT}^* \end{bmatrix}$$

进一步令：

$$Y^* = \begin{bmatrix} y_1^* \\ \vdots \\ y_i^* \\ \vdots \\ y_n^* \end{bmatrix}, \quad Q^*(\omega) = \begin{bmatrix} q_1^*(\omega) \\ \vdots \\ q_i^*(\omega) \\ \vdots \\ q_n^*(\omega) \end{bmatrix}, \quad b^* = \begin{bmatrix} v_1^* \\ \vdots \\ v_i^* \\ \vdots \\ v_n^* \end{bmatrix}$$

由上述定义，进一步将式（8-5）改写成：

$$Y_{it}^* = Q_{it}^*(\omega)\beta + b_{it}^* \tag{8-6}$$

式（8-6）可用来估计门槛效应。首先设定一个门槛值 γ，以

OLS 方法求取 β 的估计值 $\hat{\beta}$：

$$\hat{\beta}(\omega) = (Q^*(\omega)'Q^*(\omega))^{-1}D^*(\omega)Y^* \qquad (8-7)$$

求得估计值后，依大于或小于先前设定的特定门槛值将门槛变量 q 分区，分别将小于及大于特定门槛值的数据，运用 OLS 方法来估计，得到 $\beta = (\beta'_1, \beta'_2)'$ 后，可求得残差：

$$\hat{b}^*(\omega) = Y^* - Q^*(\omega)\hat{\beta}(\omega) \qquad (8-8)$$

再进一步求出残差平方和，即：

$$\begin{aligned} SSE_1(\omega) &= \hat{e}^*(\omega)'\hat{e}^*(\omega) \\ &= Y^*\{I - Q^*(\omega)[Q^*(\omega)'Q^*(\omega)]^{-1}Q^*(\omega)'\}Y^* \end{aligned}$$
$$(8-9)$$

下一步估计门槛值。根据残差平方和最小原理，用 OLS 方法求出个别对应的残差项平方和进行比较，最后以最小的残差项平方和反推得到门槛估计值 $\hat{\omega}$：

$$\hat{\omega} = \operatorname*{argmin}_{\omega} SSE_1(\omega) \qquad (8-10)$$

则残差方差的表达式为：

$$\hat{\sigma}^2 = \hat{\sigma}^2(\hat{\omega}) = \frac{1}{n(T-1)}\hat{e}^{*}{}'(\hat{\omega})\hat{e}^*(\hat{\omega}) = \frac{1}{n(T-1)}SSE_1(\hat{\omega})$$
$$(8-11)$$

上述回归式（8-1）为针对单一门槛模型所做的讨论。在检验是否存在双重门槛值时，方程形式可改写为：

$$y_{it} = \begin{cases} \mu_i + \theta'x_{it} + \alpha_1 q_{it} + v_{it} & if \quad q_{it} \leqslant \omega_1 \\ \mu_i + \theta'x_{it} + \alpha_1 q_{it} + v_{it} & if \quad \omega_1 < q_{it} \leqslant \omega_2 \\ \mu_i + \theta'x_{it} + \alpha_3 q_{it} + v_{it} & if \quad \omega_2 \leqslant q_{it} \end{cases} \qquad (8-12)$$

二 门槛模型检定

门槛效应判别的原假设和备择假设如下:

$$\begin{cases} H_0 : \beta_1 = \beta_2 \\ H_1 : \beta_1 \neq \beta_2 \end{cases}$$

如果备择假设成立,此时系数 $\beta_1 \neq \beta_2$,即代表 β_1 与 β_2 在两个区间有着不同的解释意义,即存在显著的门槛效果。

Hansen (1996) 建议利用 F 检验来实现,统计量为 sup – Wald 统计量:

$$F = \sup F(\omega)$$

其检定方式如下:

$$F(\omega) = \frac{[SSE_0 - SSE_1(\hat{\omega})]/1}{SSE_1(\hat{\omega})/n(T-1)} = \frac{SSE_0 - SSE_1(\hat{\omega})}{\hat{\sigma}^2} \quad (8-13)$$

由于在原假设条件下,某些系数并不存在,此时将有扰动参数的情形产生。根据 Davies (1977, 1987) 所提出的"Davies Problem",说明检定统计量 F 将呈现非标准分布。Hansen (1996) 建议利用 Bootstrap 法求得 F 的 $p-value$ 值,进而判断所求 F 值是否拒绝原假设。Hansen (1996) 同时指出,在典型的统计架构下,这种方法对检定统计量 F 是渐近有效的。其 Bootstrap 法反复抽样后的 P 值为:

$$P = P[\tilde{F}(\omega) > F(\omega) \mid \psi]$$

其中,ψ 为在 $\tilde{F}(\omega) > F(\omega)$ 时的条件期望值,因此以 Bootstrap 法反复抽样的 P 值是由模拟大量独立 Wald 检定而计算出来的,若此 P 值小于临界值 (critical value),则可以拒绝原假设。

Hansen（1999）则提出使用极大似然估计，求得统计检定量的渐近分布，当 $LR_1(\omega_0)$ 足够大而使得其 P 值落在置信区间之外，则表示可以拒绝原假设。而检定假设设定如下：

$$\begin{cases} H_0: \omega = \omega_0 \\ H_1: \omega \neq \omega_0 \end{cases}$$

其中，ω_0 为真实门槛值 ω，检验表达式为：

$$LR_1(\omega) = \frac{SSE_1(\omega) - SSE_1(\hat{\omega})}{\hat{\sigma}^2} \qquad (8-14)$$

第二节　实证研究

一　产业同构的宏观影响

（1）模型构建

这一部分采用 Hansen（1999）面板门槛模型对产业同构的宏观影响进行分析。建立的多变量门槛回归模型如下所示：

$$y_{it} = \begin{cases} \mu_i + \theta' x_{it} + \alpha_1 q_{it} + v_{it} & q_{it} \leqslant \omega_1 \\ \mu_i + \theta' x_{it} + \alpha_1 q_{it} + v_{it} & \omega_1 < q_{it} \leqslant \omega_2 \\ \mu_i + \theta' x_{it} + \alpha_3 q_{it} + v_{it} & \omega_2 \leqslant q_{it} \end{cases} \qquad (8-15)$$

其中，y_{it} 为代表经济增长的变量，q_{it} 为门槛变量，x_{it} 为控制变量向量，μ_i 代表固定效应及不同区域不同条件下的异质性，误差项 v_{it} 服从期望值为 0、方差为 σ^2 的独立同分布。此外，模型中 i 代表个体截面，t 则表示时间。

（2）变量选择

这一部分的研究范围包括我国沿海所有 11 个省份 1987~2012

年的重化工业产业的 20 个细分门类，所有数据均来自《中国工业经济统计年鉴》和中经网统计数据库，换算成以可比价格折算的产值数据，基期选择为 2012 年，重化工业包含的细分产业包括煤炭开采和洗选业、石油和天然气开采业、黑色金属矿采选业、有色金属矿采选业、非金属矿采选业、石油加工及炼焦加工业、化学原料及化学制品制造业、医药制品业、化学纤维制造业、非金属矿物制品业、黑色金属冶炼及压延加工业、有色金属冶炼及压延加工业、金属制品业、通用设备制造业、专用设备制造业、交通运输设备制造业、电器机械及器材制造业、通用设备计算机及其他电子设备制造业、电力热力生产及供应业以及仪器仪表及文化、办公用机械制造业。用人均 GDP 来表征区域经济发展的程度，用联合国结构相似系数与改进的 Krugman 结构差异度指数的平均值作为地区重化工业产业同构程度的代理变量，同时增加控制变量工业化发展水平，即用工业总产值占地方 GDP 的比重来衡量。

（3）实证研究

本书以产业同构为门槛变量，分别检验地区经济增长与产业同构以及地区经济增长与工业化进程之间的关系是否受到产业同构的影响而呈现非线性的不对称的门槛关系。运用面板门槛回归模型进行实证分析，需要先检定是否有门槛效果存在。Hansen（1999）指出，可以利用 Bootstrap 反复抽样求得 $p\text{-}value$ 值及检定 F 统计值，依序检测单一门槛效果、双重门槛效果及三个门槛效果是否存在（见表 8 - 1）。

表 8 -1　产业同构对经济发展直接影响门槛效果检定

	F 统计值	$p\text{-}value$ 值
单一门槛检定	87.230726**	0.0194

续表

	F 统计值	p-value 值
临界值（10%，5%，1%）	（68.477692，76.650046，94.710801）	
双重门槛检定	43.157878	0.1624
临界值（10%，5%，1%）	（48.778991，56.191943，72.247995）	
三个门槛检定	20.346524	0.2536
临界值（10%，5%，1%）	（27.133246，32.100170，44.505595）	

注：p-value 值及临界值为以 Bootstrap 反复抽样 10000 次计算所得结果。** 表示在 5% 显著水平下显著。

根据表 8 - 1 和表 8 - 2，可以判断在考虑产业同构门槛值的基础上，在 5% 的显著性水平下存在一个门槛效果，门槛值为 0.7434，它将观测值分割为两个区间，形成非线性不对称关系，即在不同的区间所对应的门槛的参数值不同。因此，实证模型的结果可以表示为：

$$y_{it} = \begin{cases} \mu_i + \theta' x_{it} + 0.2956 q_{it} + v_{it} & q_{it} \leq 0.7434 \\ \mu_i + \theta' x_{it} + 0.1393 q_{it} + v_{it} & 0.7434 < q_{it} \leq 1 \end{cases} \quad (8-16)$$

表 8 - 2　产业同构对经济发展直接影响门槛值及参数值估计

	估计值		95% 置信区间	
门槛值 γ_1	0.7434		[0.7419，0.7736]	
门槛值 γ_2	0.8286		[0.8253，0.8422]	
门槛值 γ_3	0.6040		[0.3889，0.7766]	
	估计值	OLS se	t_{OLS}	White se	t_{White}
系数 β_1	0.2956	0.0625	4.7296 ***	0.0602	4.9103 ***
系数 β_2	0.1393	0.0551	2.5281 ***	0.0543	2.5654 ***

注：OLS se 为同构型标准偏差，White se 为异质性标准偏差；*** 表示在 1% 显著水平下显著。

根据门槛结果，我们发现在不同的同构水平下，以 0.7434 为门槛值，无论大于或者小于门槛值，产业同构都会对经济增长产生促进作用，说明产业同构本身是经济一体化程度提高的表现，重化工业产业同构的内部异质性较强，地区产业同构所形成的竞争是良性竞争，没有形成重复建设和对经济增长的阻碍。表 8 - 3是控制变量的相关结果，我们选择的控制变量是工业化水平和对外贸易依存度。结果表明，二者均显著地促进经济的发展，这和现实具有一致性。

表 8 - 3　控制变量估计结果

	估计值	OLS se	t_{OLS}	White se	t_{White}
系数 θ_1	0.9532	0.1111	8.9588 ***	0.1227	7.7685 ***
系数 θ_2	0.1663	0.0104	15.9904 ***	0.0111	14.9820 ***

注：OLS se 和 White se 分别为同质性标准差和异质性标准差，*** 表示在 1% 显著水平下显著。

　　紧接着，我们以产业同构为门槛值，这一过程中工业化与经济增长的相互作用关系，可以用来判断不同产业同构水平下是否存在工业化与经济增长的非线性不对称关系，这可以理解为产业同构的间接影响。

　　根据表 8 - 4 和表 8 - 5，可以判断在考虑产业同构门槛值的基础上，在 5% 的显著性水平下存在一个门槛效果，门槛值为 0.4959，它将观测值分割为两个区间，形成非线性不对称关系，即在不同的区间工业化与经济增长关系所对应的门槛的参数值不同。因此，实证模型的结果可以表示为：

$$y_{it} = \begin{cases} \mu_i + \theta'x_{it} + 0.2148q_{it} + v_{it} & q_{it} \leq 0.4959 \\ \mu_i + \theta'x_{it} + 0.3419q_{it} + v_{it} & 0.4959 < q_{it} \leq 1 \end{cases} \quad (8-17)$$

表 8-4　产业同构对经济发展间接影响门槛效果检定

	F 统计值	$p\text{-}value$ 值
单一门槛检定	72.01321**	0.0134
临界值（10%，5%，1%）	(45.9585，55.0937，76.0152)	
双重门槛检定	16.7004	0.5700
临界值（10%，5%，1%）	(33.2448，38.6843，50.9195)	
三个门槛检定	11.6430	0.7555
临界值（10%，5%，1%）	(29.7060，34.8803，46.6116)	

注：$p\text{-}value$ 值及临界值为以 Bootstrap 反复抽样 10000 次计算所得结果。** 表示在 5% 显著水平下显著。

表 8-5　产业同构对经济发展间接影响门槛值及参数值估计

		估计值		95% 置信区间	
门槛值 γ_1		0.4959		[0.4891，0.5350]	
门槛值 γ_2		0.4127		[0.4019，0.5442]	
门槛值 γ_3		0.5342		[0.4959，0.5412]	
	估计值	OLS se	t_{OLS}	White se	t_{White}
系数 β_1	0.2148	0.0412	5.2136***	0.0462	4.6494***
系数 β_2	0.3419	0.0396	8.6338***	0.0447	7.6488***

注：OLS se 为同构型标准偏差，White se 为异质性标准偏差；*** 表示在 1% 显著水平下显著。

　　根据门槛结果，我们发现在不同的同构水平下，以 0.4959 为门槛值，无论大于或者小于门槛值，工业化都会对经济增长产生促进作用，说明产业同构不但没有阻碍工业化发展，反而起到了促进经济增长的作用。而且随着产业同构程度的增加，工业化对于经济增长的促进效果更加明显。在增加控制变量后发现产业同构在这个过程中没有起到显著的作用（见表 8-6）。

表 8 - 6　控制变量估计结果

	估计值	OLS se	t_{OLS}	White se	t_{White}
FDI 系数 θ_1	0.0846	0.0019	44.52632 ***	0.0019	44.52632 ***
同构系数 θ_2	0.0251	0.0416	0.6037	0.0427	0.5878

注：OLS se 和 White se 分别为同质性标准差和异质性标准差，*** 表示在 1% 显著水平下显著。

二　产业同构的微观影响

（1）模型构建

这一部分通过对产业同构与经济发展的区域分异差异的考察研究，对地区经济发展受产业同构的影响程度从微观层面进行剖析，可以与宏观结果进行比较分析。目前，关于产业同构的经济影响，不同学者认为可能存在倒 U 形、直线形、N 形的回归关系。为了检验前人的研究，我们建立的面板数据分析模型如下所示：

$$y_{it} = ax_{it}^{3} + bx_{it}^{2} + cx_{it} + d + \lambda'W_{it} + \pi_{it} + \varepsilon_{it} \qquad (8-18)$$

其中，y_{it} 为代表经济增长的变量，x_{it} 为产业同构系数，W_{it} 为其他影响因素，π_{it} 代表固定效应及不同区域、不同条件下的异质性，误差项 ε_{it} 服从期望值为 0、方差为 σ^2 的独立同分布，a、b、c、d 是待估参数，λ' 为待估向量。此外，模型中 i 代表个体截面，t 则表示时间。

（2）变量选择

基于微观视角的产业同构经济影响分析采用的地区面板数据是沿海 11 个省份的 55 对地区组合数据，所有数据均来自《中国工业经济统计年鉴》和中经网统计数据库，换算成以可比价格折算的产值数据，基期选择为 2012 年。我们的选择变量包括人均 GDP、产业同构系数、地区工业化水平以及对外贸易依存度等变量，其中所有的绝对数都取对数。

（3）实证研究

①平稳性检验

通过平稳性检验，可以发现在 5% 的显著性水平下，人均 GDP、产业同构系数、地区工业化水平以及对外贸易依存度等变量都呈现平稳性趋势，但对外贸易依存度在两种检验下的结果存在矛盾。我们又进行了差分检验，发现对外贸易依存度可能存在一阶差分后平稳，检验结果如表 8-7 所示。

②协整检验

在进行分析时，要求所用的变量必须是平稳的，否则会产生"伪回归"问题。如果变量是非平稳的，需要进行协整检验。检验结果如表 8-8 所示，在 5% 的显著性水平下变量间所谓的长期趋势关系，因而我们可以进行简单的经典回归分析（见表 8-8）。

表 8-7　数据的平稳性检验

变量	原始数据		一阶差分	
	Levin, Lin & Chut	ADF-Fisher Chi-square	Levin, Lin & Chut	ADF-Fisher Chi-square
人均 GDP（对数化）	-7.21406 (0.0000)	180.569 (0.0000)	—	—
产业同构系数	-4.17991 (0.0000)	200.174 (0.0000)	—	—
产业同构的二次方	-4.34938 (0.0000)	187.114 (0.0000)	—	—
产业同构的三次方	-5.24209 (0.0000)	189.948 (0.0000)	—	—
对外贸易依存度	-4.45878 (0.0000)	122.832 (0.1899)	—	547.885 (0.0000)

续表

变量	原始数据		一阶差分	
	Levin, Lin & Chut	ADF-Fisher Chi-square	Levin, Lin & Chut	ADF-Fisher Chi-square
产业结构	−3. 61583 (0. 0001)	142. 260 (0. 0208)	—	—

注：数据为 Eviews 6.0 输出结果，显著性水平为 5%，括号里的数字表示相应估计量对应的 P 值。

表 8 − 8   协整检验（Kao 检验）

检验变量	Kao 检验	是否存在协整关系
人均 GDP、产业同构、产业同构的二次方、产业同构的三次方	−6. 068190 (0. 0000)	存在
人均 GDP、产业同构、产业同构的二次方、产业同构的三次方、对外贸易依存度、产业结构	−5. 975597 (0. 0000)	存在

注：数据为 Eviews 6.0 输出结果，显著性水平为 5%，括号里的数字表示相应估计量对应的 P 值。

③实证结果

采用面板数据模型进行回归分析，在变参数模型、混合回归模型、变截距模型的比较下，以及固定效应和随机效应模型的 Hausman 检验之后，最终确定采用变参数的个体随机效应模型。表 8 − 9 即实证结果，模型 1 是没有引入控制变量的回归结果，模型 2 是引入对外贸易依存度和工业化两个变量后的模型回归结果。根据回归结果，我们大致可以得出以下结论。

首先，引入对外贸易依存度和工业化两个变量之后，二者均促进了地区人均 GDP 的提高。在 5% 的显著性水平下，地区工业水平促进经济增长的作用明显高于对外贸易的作用，说明我国沿海地区经济发展的动力源自内源性经济增长方式而非外向型贸易拉动。观察其他变量，可以发现，在 1% 的显著性水平下，产业同构程度的立方、产业同构的平方以及产业同构本身均显著，说明以往对于产业同构线性或者抛物线形的拟合可能存在对现象把握不住的情况。总体上，我国沿海地区产业同构与经济增长的关系可能呈现 N 形关系，并且根据检验分析，笔者认为产业同构的三次方项系数存在区域分异变参数的特点。

其次，模型 1 和模型 2 的曲线形状基本一致，我们以模型 2 为例进一步分析。可以发现，总体上产业同构对经济发展的影响在自变量的可行域范围 [0，1] 呈现先上升后下降的趋势，但这和通常意义上用抛物线形式估计出来的结果具有显著的差异，特别是拐点出现时间以及出现前后对经济影响的变化速率都存在较大差异。

最后，我们关注不同区域的拐点值。拐点值说明产业同构的变化达到何种程度时会表现出对经济增长的阻碍。拐点值之前，产业同构一般会促进地区间经济的发展。在部分结果中，地区间的产业同构相似程度大于 1，说明在整个区间范围产业同构都会促进地区经济的发展，这些地区包括天津 – 上海、辽宁 – 浙江、辽宁 – 山东、辽宁 – 广西、上海 – 江苏、上海 浙江、上海 – 山东、江苏 – 山东、浙江 – 山东、福建 – 广东。仔细观察会发现这些地区多数属于相邻省份，特别是长三角地区的三个省份已经呈现产业同构在整个区间范围内对经济增长的促进作用，说明这个地区的一体化程度较高，而且明显呈现异质同构的特征，并非对资源的重复利用和低效浪费。全国平均的产业同构拐点值为 0.92，可见，就目前而言，产业同构达到较高的程度才会阻碍经济的发展。当然，这个拐点是动态变化的点。

表 8 - 9　产业同构经济影响的区域分异特征

	模型 1			模型 2		
产业同构的平方	13.50148***			14.15890***		
产业同构	-3.167645**			-4.004316***		
对外贸易依存度	—			0.168806***		
工业化	—			0.927670***		
截距项	1.664165***			1.320537***		
地区	产业同构的三次方	截距项	拐点	产业同构的三次方	截距项	拐点
天津 - 河北	-11.86385***	2.38687***	0.7941	-11.64241***	2.007336***	0.8447
天津 - 辽宁	-11.30145***	1.391011***	0.8319	-11.34893***	1.174023***	0.8657
天津 - 上海	-9.209375***	2.796263***	1.0131	-9.477827***	2.450338***	1.0301
天津 - 江苏	-10.84577***	2.238244***	0.8654	-10.83899***	1.832405***	0.9048
天津 - 浙江	-11.71663***	2.798961***	0.8036	-11.04859***	2.199021***	0.8883
天津 - 福建	-9.734157***	2.229425***	0.9603	-9.879606***	1.95691***	0.9895
天津 - 山东	-12.76321***	2.475023***	0.7405	-11.97723***	1.879302***	0.8220
天津 - 广东	-9.738758***	1.624415***	0.9599	-9.931327***	1.204537***	0.9845
天津 - 广西	-12.12602***	2.691919***	0.7776	-11.93080***	2.383014***	0.8250
天津 - 海南	-13.95239***	4.088534***	0.6802	-13.35296***	3.700977***	0.7406
河北 - 辽宁	-10.82474***	1.272261***	0.8670	-10.76017***	0.994692***	0.9112
河北 - 上海	-11.73961***	2.360078***	0.8021	-11.39009***	1.900484***	0.8627

续表

地区	模型 1			模型 2		
	产业同构的三次方	截距项	拐点	产业同构的三次方	截距项	拐点
河北－江苏	-12.48224***	1.565137***	0.7564	-11.91237***	1.125092***	0.8263
河北－浙江	-12.72406***	1.80001***	0.7427	-12.20410***	1.411723***	0.8073
河北－福建	-12.92500***	1.833946***	0.7317	-12.42732***	1.482089***	0.7934
河北－山东	-11.57540***	1.125531***	0.8130	-11.29142***	0.78802***	0.8699
河北－广东	-13.10951***	1.587912***	0.7218	-12.50633***	1.090652***	0.7886
河北－广西	-11.61457***	1.066582***	0.8104	-11.46812***	0.854328***	0.8570
河北－海南	-14.32656***	1.974174***	0.6633	-13.62397***	1.672784***	0.7265
辽宁－上海	-10.70693***	2.452426***	0.8762	-10.47556***	1.952578***	0.9351
辽宁－江苏	-11.18356***	1.497567***	0.8403	-10.21012***	0.848689***	0.9586
辽宁－浙江	-8.923844***	0.974464***	1.0444	-9.309248***	0.815798***	1.0481
辽宁－福建	-10.14238***	1.523305***	0.9231	-10.12816***	1.257954***	0.9661
辽宁－山东	-7.694779***	-0.534779***	1.2057	-8.108495***	-0.41405***	1.1984
辽宁－广东	-12.72680***	1.795792***	0.7425	-11.87215***	1.206128***	0.8289
辽宁－广西	-9.305479***	0.691891***	1.0030	-9.611109***	0.605693***	1.0162
辽宁－海南	-11.69360***	2.297101***	0.8051	-11.53978***	2.014561***	0.8519
上海－江苏	-8.501270***	0.921115***	1.0946	-10.11565***	1.432372***	0.9672
上海－浙江	-8.664336***	1.498981***	1.0747	-7.974507***	0.774357***	1.2180

续表

地区	模型 1			模型 2		
	产业同构的三次方	截距项	拐点	产业同构的三次方	截距项	拐点
上海 - 福建	-10.11877***	2.341737***	0.9251	-10.81145***	2.255428***	0.9071
上海 - 山东	-9.278147***	1.305295***	1.0058	-10.67491***	1.388457***	0.9183
上海 - 广东	-11.39150***	2.305597***	0.8256	-11.87981***	1.95487***	0.8284
上海 - 广西	-12.25470***	2.62262***	0.7698	-11.70900***	2.142359***	0.8400
上海 - 海南	-11.39492***	3.521043***	0.8254	-10.65326***	3.031857***	0.9201
江苏 - 浙江	-9.564939***	0.955592***	0.9767	-8.868680***	0.132295***	1.0986
江苏 - 福建	-10.45934***	1.480391***	0.8961	-10.34458***	1.070953***	0.9465
江苏 - 山东	-7.561986***	-0.52248***	1.2262	-7.932989***	-0.64589***	1.2242
江苏 - 广东	-10.61451***	1.19084***	0.8835	-10.27982***	0.541875***	0.9523
江苏 - 广西	-11.29176***	1.337092***	0.8326	-10.92415***	0.932114***	0.8981
江苏 - 海南	-14.82001***	2.362465***	0.6424	-13.89678***	1.915758***	0.7129
浙江 - 福建	-10.61682***	1.718723***	0.8833	-10.17535***	1.209951***	0.9617
浙江 - 山东	-7.074755***	-0.67847***	1.3083	-7.794233***	-0.58765***	1.2454
浙江 - 广东	-9.767066***	1.009298***	0.9572	-9.431620***	0.393133***	1.0350
浙江 - 广西	-11.38466***	1.596587***	0.8261	-10.96647***	1.195282***	0.8947
浙江 - 海南	-12.91937***	2.434823***	0.7320	-12.55751***	2.099599***	0.7855
福建 - 山东	-9.609191***	0.723126***	0.9724	-9.843638***	0.549182***	0.9930

续表

地区	模型 1			模型 2		
	产业同构的三次方	截距项	拐点	产业同构的三次方	截距项	拐点
福建-广东	-8.191242***	0.039866***	1.1347	-9.030896***	0.104093***	1.0794
福建-广西	-11.21453***	1.549715***	0.8381	-10.97791***	1.292008***	0.8938
福建-海南	-13.53363***	2.725067***	0.7003	-12.94806***	2.424536***	0.7628
山东-广东	-11.60009***	1.206626***	0.8114	-10.87088***	0.583761***	0.9023
山东-广西	-11.00528***	0.857976***	0.8534	-10.68639***	0.528883***	0.9173
山东-海南	-12.04697***	1.569551***	0.7825	-12.08184***	1.324859***	0.8151
广东-广西	-11.98660***	1.441189***	0.7863	-11.55898***	0.982913***	0.8505
广东-海南	-12.52381***	2.011779***	0.7540	-12.27456***	1.552215***	0.8028
广西-海南	-11.93907***	1.805874***	0.7893	-11.68030***	1.654896***	0.8420
模型检验						
R-square	0.964			0.970		
F 统计量	319.182			373.485		
F 检验	82.159***			432.527***		
Hausman 检验 P 值	0.3492			0.2401		

注：根据 Eviews 6.0 输出数据结果，显著性水平为 5%，**、***分别表示在 5%和 1%的显著性水平下显著。

④区域分异特征

我们将地区组合同构的拐点值进行进一步分析，表 8-10 反映了沿海地区重化工业产业同构拐点值的聚类分析结果。多数省份组合的产业同构拐点值集中在 0.83~0.97，但是根据这些地区 2012 年产业同构系数测定的结果，所有省份都没有达到拐点值。换句话说，当前所有省份的产业同构对经济增长都存在促进效应。我们同时观察到离拐点值最近的地区组合包括上海 - 广东、天津 - 广西、天津 - 河北、天津 - 山东、天津 - 辽宁，这些地区以环渤海地区为主。可见，环渤海地区产业同构的异质性比长三角地区要弱。

表 8-10　沿海地区重化工业产业同构拐点值的聚类分析

拐点 < 0.83	0.83 < 拐点 < 0.97	0.97 < 拐点 < 1	拐点 > 1
辽宁 - 广东 上海 - 广东 河北 - 江苏 天津 - 广西 天津 - 山东 山东 - 海南 河北 - 浙江 广东 - 海南 河北 - 福建 河北 - 广东 浙江 - 海南 福建 - 海南 天津 - 海南 河北 - 海南 江苏 - 海南	上海 - 江苏、辽宁 - 福建、浙江 - 福建 辽宁 - 江苏、江苏 - 广东、江苏 - 福建 辽宁 - 上海、上海 - 海南、上海 - 山东 山东 - 广西、河北 - 辽宁、上海 - 福建 天津 - 江苏、山东 - 广东、江苏 - 广西 浙江 - 广西、福建 - 广西、天津 - 浙江 河北 - 山东、天津 - 辽宁、河北 - 上海 河北 - 广西、辽宁 - 海南、广东 - 广西 天津 - 河北、广西 - 海南、上海 - 广西	福建 - 山东 天津 - 福建 天津 - 广东	浙江 - 山东 江苏 - 山东 上海 - 浙江 辽宁 - 山东 江苏 - 浙江 福建 - 广东 辽宁 - 浙江 浙江 - 广东 天津 - 上海 辽宁 - 广西

资料来源：SPSS 16.0 聚类分析结果。

本章小结

对于产业同构对地区经济发展的影响，本书采用面板门槛模型进行实证研究，发现沿海地区的重化工业产业异质同构，是地区经济发展的动力。从宏观上看，重化工业产业同构的内部异质性较强，地区产业同构所形成的竞争是良性竞争，没有形成重复建设和对经济增长的阻碍。从区域分异的角度看，全国平均的产业同构拐点值为 0.92，上海 – 广东、天津 – 广西、天津 – 河北、天津 – 山东、天津 – 辽宁比较接近拐点值，这些地区以环渤海地区为主。而长三角地区的三个省份已经呈现产业同构在整个区间范围内对经济增长的促进作用，说明这个地区的一体化程度较高，而且明显呈现异质同构的特征，并非对资源的重复利用和低效浪费。

| 第九章 |

结论与展望

第一节　结论

我国沿海地区重化工业产业快速集聚过程始于 20 世纪 90 年代中后期。重化工业产业在沿海集中的同时，出现了地区分散竞争同构，这一现象被国内外学者广泛关注并定义为产业同构。本书以此为研究对象，全面系统地分析了沿海地区重化工业产业同构的历史、现状、成因和影响，对国内外存在较大争议的产业同构相关问题，从理论和实证两个层面进行了深入的剖析。从宏观和微观层面对沿海地区重化工业产业同构的演变过程和影响等进行了揭示，希望能够从多个角度对产业同构现象进行客观分析。本书得出了一些有价值的研究结论。

沿海地区的重化工业产业同构是一种普遍的客观现象，通过对欧洲、美洲以及亚洲地区主要国家的沿海地区重化工业产业布局以及产业结构特点进行分析，可以发现重化工业沿海集聚布局是一种客观存在，而这个过程中的产业同构也存在共性，如美国五大湖沿岸的产业同构程度比中国的沿海产业趋同程度还要高。在不同工业化发展阶段,产业同构的程度和原因呈现差异。如亚洲国家的同构主要是承接欧美价值链转移以及自身发展的内在需求导致的,而欧美的产业集聚以及分散同构要比亚洲和拉美地区早,而中国的沿海重化工业产业同构具有内在特殊性。在同构的过程中,逐渐形成了利用生产型基础设施、分摊成本、实现分工的深化,同时促进了企业研发与专业化。

理论上,产业同构是经济分工的一种模式。中国的沿海重化工业产业同构现象符合区际分工与竞争的理论,地区竞争是中国经济发展的动力,区域的产业同构本身是区域一体化程度提高的表现。在同构的过程中,沿海地区的相互竞争议价形成了合理的地区间买卖合约,地区产业的同构过程是按照异质同构的规律逐渐完善的。我国沿海地区产业集聚过程中的市场作用加速了同构化进程,地区间产业同构本身形成了合理的均衡价格,使得产业布局和演化按照市场规律进行,不存在所谓的重复建设与过度竞争问题。

中国沿海重化工业产业经历了缓慢发展阶段(1949～1978 年)、徘徊阶段(1979～1998 年)、高速发展阶段(1999 年至今)三个历史阶段,在这个过程中,沿海地区重化工业产业集聚与同构现象逐渐凸显。总体上,沿海地区具有发展重化工业的自身优势,并没有因国家政策导向而改变其发展的自身规律。可以说,整个中国近代工业化进程始终以沿海地区的重化工业发展作为推动力。中国沿海地区重化工工业产业同构的特殊性体现在地区政府的利益驱动起到了很大的作用,但是根据重化工细分产业的地区分布结构看,存在异质性特征。从空间分异上看,我国沿海地区包括 11 个省份。重化工业发展在中央统一政策体制下存在发展规划的同一性,特别是环渤海地区和长三角地区的趋同性较强。环渤海地区在煤炭和金属开采业方面同构程度明显,而长三角地区在加工制造业等方面的同构程度较高。

通过反映产业空间集聚程度的基尼系数测度发现，沿海地区重化工业产业集聚呈现集中化趋势下的分散布局形态，重化工业产业的地理集中度低，空间分布比较均衡。1987~2012年，不同产业的空间集聚程度存在较大差异，其中石油和天然气开采业的地理集中程度最高，为0.690，电力热力生产及供应业的地理集中程度最低，为0.308。由于石油和天然气依赖于资源的历史和地质分布，具有典型的地理特征，因而容易集中分布；电力热力生产及供应业与沿海地区的其他产业的生产以及人民生活高度相关，因而地理集中程度较低，为均衡分散。非金属矿采选业、石油加工及炼焦加工业、化学原料及化学制品制造业、医药制品业、非金属矿物制品业、黑色金属冶炼及压延加工业、有色金属冶炼及压延加工业、金属制品业、通用设备制造业、专用设备制造业、交通运输设备制造业、电器机械及器材制造业、电力热力生产及供应业的地理集中程度均小于平均水平，表明其呈现分散状态。这些产业需接近市场或资源投入，加之地方保护主义的存在，分布较为分散。可以看出，多数省份的重化工业发展由依赖资源和能源的密集投入转为加工制造业，但诸如通用设备计算机及其他电子设备制造业等新型重化工业的发展还不平衡。这与我国沿海地区所处的工业化发展阶段有关，同时反映了地方分工基础上的资源流动性。将1987年和2012年各个产业的地理集中程度系数进行比较发现，除石油和天然气开采业、非金属矿采选业、石油加工及炼焦加工业、黑色金属冶炼及压延加工业、交通运输设备制造业外，其他产业的地理集中度均呈现上升趋势，而这几种行业的地理集中程度呈现下降趋势。一方面，资源开采和金属加工类产业的空间分布受资源分布的影响较大；另一方面，产业空间分布上呈现更加分散的布局趋势特征，这也从侧面反映了各个地区重化工业产业的同构问题明显存在。

采用传统方法测度沿海地区重化工业产业同构程度，发现两种方法的计算结果具有一致性。矿产开采业的产业同构化程度明显低于其他几个行业，这与这一行业的资源环境约束以及现阶段我国重化工业发展阶段有关，说明我国沿海地区的重化工业逐渐摆脱了对原材料开采的依赖。机械制造业同构化程度最高，高同构区域的相应地区最多，尤其以长三角地区的机械制造业同构化程度最为显著，石化行业的高同构区域主要在浙江和福建。环渤海区域省份的金属冶金业与其他地区相比，其区域内同构以及和其他地区的同构最为明显。从总体上看，长三角地区在矿产开采、石化工业、金属冶金行业同构化程度最高，其中，石化工业结构相似系数最大。珠三角地区金属冶金行业结构相似系数最低。2012年和1987年相比，多数省份同构化程度呈现下降特征。矿产开采行业中，山东下降最为明显；石化工业中，天津和江苏下降最为明显；同时，辽宁、上海、山东和广东、广西同构化呈现上升趋势；金属冶金行业中，河北、天津、辽宁结构相似系数下降最为明显；机械制造业中，河北结构相似系数下降最为明显，辽宁和上海则呈现上升趋势。

传统的研究产业同构的方法对细分产业同构测度的数据量要求以及数据的微观化差异性要求较高，很难做到对产业的细分研究；同时，仅仅依靠单一指数，很难从根本上对不同年份数据间的作用关系以及不同区域截面的相互影响加以考虑，不能反映产业结构演变的内在特征。因此，我们采用国际上最新的非线性傅里叶模型并结合顺序面板选择法（SPSM），实现在计量方法上的突破。再进一步以Bootstrap模拟法产生出最适合的估计值，建立更为有效的产业同构和演变测度方法，结果发现产业同构在重化工业不同产业中的地区差异比较明显。首先是化学纤维制造业的产业同构最为严重，在 55 对沿海地区组合中,有 28 对地区存在产业同构现象,其次是电器机械及器材制造业、通用设备计算机及其他电子设备制造业、通用设备制造业等,可见当前机械制造业的地区产业同构现象比较明显。有色金属冶炼及压延加工业是唯一不存在产业同构现象的重化工业细分产业。我国沿海地区的工业化从以原材料初级加工为主导的早期工业化进入以机械制造为主导的中后期重化工业阶段。总体来看,重化工业产业同构比较严重的省份是海南、河北、辽宁、广东、上海,它们分别和全国其他一半以上的省份存在产业同构。而从细分产业上看,不同地区在某个产业上的同构程度存在较大差异。

从同构的演变过程上看,我们测度的结果表明,海南、辽宁是最先和其他省份出现同构的省份,辽宁的重化工业产业的历史条件较好;海南则在重化工业产业方面没有自己的特色,在所有沿海省份中,最缺乏产业升级的动力。河北和其他省份特别是珠三角地区的重化工业产业同构出现较晚,这与地区产业转移的阶段性演变以及重化工业发展阶段有关。从细分产业上看,最先与其他省份出现同构的省份位于南方地区,以广东省最为明显。广东地区的经济增长动力是以外向型出口导向型为特征,重化工业在广东的布局往往和其他省份存在很高的结构相似度,同时对于重化工业转型升级的内生技术动力不足,这也是广东与多数地区较早出现产业同构的重要原因。

关于我国沿海地区重化工业产业同构的成因,本书采用动态面板模型 GMM 估计方法得出以下结论:地方保护主义倾向对地区产业结构趋同的影响较大,其影响程度超过了市场竞争。足见,现阶段我国产业同构主要是政府行政垄断干预下的产业结构趋同现象。进一步分析发现地方政府基于税收和政绩观的考虑,形成的地区产业结构趋同非常明显。市场经济的活跃程度越高，地区非公有制经济发展规模越大，越容易将同构的竞争局面扩大化，从而提高了结构相似度。随着经济发展和工业化进程的推进，我国沿海地区重化工业产业结构相似度将出现下降趋势。

对于产业同构对地区经济发展的影响，本书采用面板门槛模型进行实证研究，发现沿海地区的重化工业产业异质同构，是地区经济发展的动力。从宏观上看，重化工业产业同构的内部异质性较强，地区产业同构所形成的竞争是良性竞争，没有形成重复建设和对经济增长的阻碍。从区域分异的角度看，全国平均的产业同构拐点值为0.92，上海-广东、天津-广西、天津-河北、天津-山东、天津-辽宁比较接近拐点值，这些地区以环渤海地区为主。而长三角地区的三个省份已经呈现产业同构在整个区间范围内对经济增长的促进作用，说明这个地区的一体化程度较高，而且明显呈现异质同构的特征，并非对资源的重复利用和低效浪费。

第二节　政策建议

沿海地区重化工业产业布局是一个关系到国家产业发展战略的重要问题，本书通过对我国沿海地区重化工业产业同构化的成因、影响等展开全面深入的分析，结合本书的关键结论，在重化工业区域产业布局和战略定位方面提供以下三点建议。

首先，重化工业产业布局是否存在同构化不能一概而论，需要考虑细分产业层面。产业同构问题涉及多区域间的产业合理布局和错位发展，建议国家相关部门在坚持市场决定资源优化配置的基础上，统筹协调给予政策引导。地方政府应坚持从区域的禀赋条件和比较优势出发，充分利用地区的优势资源开展合理的重化工业细分产业布局。从产业层面看，某些产业只在某些区域内存在同构特征。部分细分产业区域间的产业技术水平和资源条件存在较大差异，就会出现"同名不同质"，即某些重化工业产业足够细分后，同构化程度会逐渐降低。因而，在实际中不能搞一刀切的战略规划，或者直接认为整个产业同构程度很高。为了避免出现误判，在产业规划中涉及同质化竞争、重复建设等问题时要坚持从实际出发，以细分产业核算为支撑，并且尽量在产业细分层面做足功课。

其次，当前产业同质化竞争还在合理范围之内，应当积极营造重化工业同构化的区域间合理竞争环境。重化工业产业同构本身没有影响经济增长，甚至在一定程度上促进经济的增长。当前，重化工业产业同构是地方政府行政垄断和市场竞争的产物，资源的优化配置尚未充分实现。地方政府应该积极营造地区间重化工业产业的竞争格局，最大限度地降低行政垄断和地方保护主义给区域间竞争合作带来交易成本。一方面，进一步扩大区域间的开放格局，实现生产要素在区域间的合理流动，减少不必要的行政审批和区域间壁垒；另一方面，完善政府的公共服务体系，强化公共服务职能，保证各类重化工业企业公平参与市场竞争。

最后，深化国企改革，增强重化工业转型升级的内生动力。传统重化工业存在污染高、耗能高、投资大、效益低等一系列发展瓶颈，伴随着国家高质量发展战略以及现代制造业的深入推进，传统的重化工业亟待完成转型升级以适应经济、社会发展的客观要求。笔者认为需要在以下三个方面进行改革。

一是加强技术改进和研发，增强重化工业转型升级的内生动力。坚持以技术进步为支撑引领产业升级，政府应对企业的技术改进加强制度激励，建立完善的产学研合作平台以及合理的成果转化分配制度。二是转型升级坚持走节能减排的低碳环保之路。当前经济社会的发展迫切需要贯彻可持续发展理念，加强对重化工业中高污染产业的监管，征收排污税，建立完善的排污许可证交易制度，激励企业降低污染物排放量。三是建立完善的制度机制。通过完善法律法规和政策体系，保障重化工业发展有法可依。同时，通过财政、金融等政策手段合理引导重化工业良性有序发展。

第三节　展望

关于沿海地区重化工业产业同构的研究任重而道远，这个看似简单的问题实际上是工业化发展变迁的真实写照。尽管本书对其演变、现状、成因和影响进行了分析阐释，但仍然在如下几个方面存在不足，需要今后做深入研究。

其一，产业同构与工业化演变的内在关系。通过对产业同构的深入研究，剖析工业化进程的历史规律，把握产业同构在工业化演变过程中的内在动力与合理性。

其二，产业同构阈值的动态演变。关于产业同构的合意程度和阈值均处于动态演化过程中，并不是一成不变的，特别是从增长率的角度而非增长的视角进行研究可能对这个问题的理解会更加深入。

其三，产业同构本身的异质性的产生条件和动力。产业同构演变至今为何能够保持内在的规律性，其中的主要原因和动力机制需要深入分析，这对于探究我国沿海地区工业化进程甚至中国经济增长的内在独特规律具有重要的意义。

沿海地区重化工业产业同构是市场竞争的必然，同时与国家经济发展阶段具有密切的联系。重化工业阶段的产业同构是经济发展过程中的重要阶段，在这个过程中存在着环境资源约束、城市化等多种因素的限制以及系统性的影响，因而对于产业同构的研究首先需要明确经济发展的阶段或者说工业化的进程，同时对于产业同构的影响分析不能一概而论，不存在绝对的价值判断，需要分析产业同构是一种动态演化的过程，产业同构在一定的阈值范围内有利于经济的发展。未来对于沿海地区重化工业产业同构的研究可以重点从以下两个方面进行。一是将产业同构这一典型现象进行动态考量，根据细分产业的特点，深入分析每一个细分产业同构过程中可能存在的主要影响因素，从而对产业同构的原因进行深入分析。而对于产业同构影响的研究，尽管已发现拐点的存在，但应该意识到拐点是动态变化的而非固定不变，它会随着经济社会的发展而变化，因而离不开对这一问题的动态研究，诸如对拐点演化路径进行深入的分析。二是对产业同构的研究需要增加国际比较，如对中国各省份的产业同构与欧盟内诸国的产业同构进行深入的比较分析，从中得出关于中国沿海地区重化工业产业同构的普遍性和特殊性规律，从而从全局视角对这一问题进行深入的分析。

参考文献

1. 〔英〕阿尔弗雷德·马歇尔：《经济学原理》，朱志泰、陈良璧译，湖南文艺出版社，2012。

2. 〔美〕埃德加·M. 胡佛：《区域经济学导论》，王冀龙译，商务印书馆，1990。

3. 〔瑞典〕伯特尔·俄林：《区际贸易与国际贸易》，逯宇铎译，华夏出版社，2008。

4. 艾春荣、汪伟：《习惯偏好下的中国居民消费的过度敏感性——基于1995~2005年省际动态面板数据的分析》，《数量经济技术经济研究》2008年第11期。

5. 安虎森：《空间经济学原理》，经济科学出版社，2005。

6. 蔡昉：《发展阶段判断与发展战略选择——中国又到了重化工业化阶段吗?》，《经济学动态》2005年第9期。

7. 蔡如钰：《沿海重化工业基地生态工业体系规划研究》，《环境科学研究》2010年第10期。

8. 陈蓓：《德国经济现代化特殊性与"世界政策"的出台》，《科教文汇》2007年第11期。

9. 陈斌开、林毅夫：《发展战略、城市化与中国城乡收入差距》，《中国社会科学》2013 年第 4 期。

10. 陈斌开、林毅夫：《重工业优先发展战略、城市化和城乡工资差距》，《南开经济研究》2010 年第 1 期。

11. 陈皓：《试论环境约束下的江苏省重工业发展之路》，《学术探索》2012 年第 2 期。

12. 陈建华：《长江三角洲产业同构问题再研究》，《长江论坛》2007 年第 5 期。

13. 陈建军：《长江三角洲地区的产业同构及产业定位》，《中国工业经济》2004 年第 2 期。

14. 陈建军、胡晨光：《长三角的产业集聚及其省区特征，同构绩效——一个基于长三角产业集聚演化的视角》，《工业经济》2008 年第 11 期。

15. 陈剑：《京津冀整体定位与河北产业结构调整》，《河北省社会主义学院学报》2017 年第 2 期。

16. 陈文通：《对"重化工业新阶段论"的质疑》，《南方经济》2005 年第 3 期。

17. 陈秀山、徐瑛：《中国制造业空间结构变动及其对区域分工的影响》，《经济研究》2008 年第 10 期。

18. 陈耀：《产业结构趋同的度量及合意与非合意性》，《中国工业经济》1998 年第 4 期。

19. 陈忠暖、高权、王帅、杨嘉聪：《中国重工业化与城乡收入差距的实证分析》，《经济地理》2016 年第 7 期。

20. 程忠、黄少安：《合理性产业结构趋同的理论标准与中国的实证》，《财经问题研究》2016 年第 9 期。

21. 储成仿：《"一五"前后优先发展重工业战略形成背景及现实意义》，《经济研究参考》2005 年第 91 期。

22. 邓宏图、徐宝亮、邹洋：《中国工业化的经济逻辑：从重工业优先到比较优势战略》，《经济研究》2018 年第 53 期。

23. 邓路：《环渤海经济圈地方保护与产业同构的理论与实证研究》，《大连理工大学学报》（社会科学版）2010 年第 1 期。

24. 董伟：《德国鲁尔工业区创新发展经验及对吉林省经济转型的启示》，《北华大学学报》（社会科学版）2018 年第 5 期。

25. 段毅：《中国煤炭消费与重工业发展关系的动态分析》，《宏观经济研究》2009 年第 12 期。

26. 樊纲：《中国要努力发展重化工业》，《人民论坛》2005 年第 10 期。

27. 樊汝栋：《美国石油化学工业发展的基本做法》，《石油化工动态》1993 年第 6 期。

28. 范剑勇、林云：《产品同质性、投资的地方保护与国内产品市场一体化测度》，《经济研究》2011 年第 11 期。

29. 范剑勇、姚静：《对中国制造业区域集聚水平的判断——兼论地区间产业是否存在同构化倾向》，《江海学刊》2010 年第 5 期。

30. 方生：《美、日化学工业的迅速发展》，《世界经济》1980 年第 5 期。

31. 方行明：《中国重化工业发展研究》，西南财经大学出版社，2011。

32. 费希尔：《安全与进步的冲突》，中国统计出版社，1975。

33. 付保宗：《当前我国重化工业发展阶段特征与建议》，《宏观经济管理》2010 年第 2 期。

34. 葛竞天：《从德国鲁尔工业区的经验看东北老工业区的改革》，《财经问题研究》2005 年第 1 期。

35. 关华、何军、李朋：《破解河北省重化工业发展中环保难题的几点建议》，《河北经贸大学学报》（综合版）2010 年第 4 期。

36. 郭晔：《我国三大经济区的发展比较——基于城市与区域集聚效

应的面板数据分析》,《中国工业经济》2010 年第 4 期。

37. 郭将、戴逢波:《中国式产业同构现状分析:产业结构构建视角》,《科技和产业》2016 年第 10 期。

38. 郭四志:《战后日本重化工业化》,《现代日本经济》1987 年第 4 期。

39. 国家海洋局:《中国海洋发展报告 (2012)》,海洋出版社,2013。

40. 国家统计局:《关于建立第三产业统计的报告》,1985。

41. 海君:《重化工业集聚布局沿海空间》,《港口经济》2012 年第 7 期。

42. 韩家彬、石宁、韩梦莹:《环境承载力对我国重化工行业跨区转移的影响研究》,《中国环境科学》2019 年第 39 期。

43. 韩平、安林红:《英国石油化学工业发展现状和未来趋势》,《当代石油石化》2007 年第 2 期。

44. 郝一生:《日本沿海经济区工业结构的演变及特点》,《日本研究》1988 年第 2 期。

45. 贺灿飞、潘峰华:《产业地理集中、产业集聚与产业集群:测量与辨识》,《地理科学进展》2007 年第 2 期。

46. 贺灿飞、潘峰华、孙蕾:《中国制造业的地理集聚与形成机制》,《地理学报》2007 年第 12 期。

47. 贺灿飞、谢秀珍:《中国制造业地理集中与省区专业化》,《地理学报》2006 年第 2 期。

48. 洪银兴:《长江三角洲地区经济发展的模式和机制》,清华大学出版社,2003。

49. 黄华:《"一五"时期我国工业化选择优先发展重工业战略的原因探析》,《西南民族大学学报》(人文社会科学版)2005 年第 6 期。

50. 黄玖立、李坤望：《对外贸易、地方保护和中国的产业布局》，《经济学》2006 年第 5 期。

51. 黄赜琳、王敬云：《地方保护与市场分割：来自中国的经验数据》，《中国工业经济》2006 年第 2 期。

52. 〔德〕霍夫曼：《工业化的阶段和类型》，中国对外翻译出版公司，1980。

53. 嵇尚洲：《长三角产业同构的效应、发展及演化》，《华东经济管理》2013 年第 27 期。

54. 纪玉山、代栓平：《霍夫曼理论适合中国的工业化模式吗？——兼议新型工业化道路中的重化工业发展路径》，《吉林大学社会科学学报》2008 年第 2 期。

55. 简新华：《论中国的重新重工业化》，《中国经济问题》2005 年第 5 期。

56. 姜爱林：《中国工业化发展的历史变迁》，《南都学坛》2002 年第 3 期。

57. 姜四清、张庆杰、赵文广：《德国鲁尔老工业区转型发展的经验与借鉴》，《中国经贸导刊》2015 年第 10 期。

58. 蒋金荷：《我国高技术产业同构性与集聚的实证分析》，《数量经济技术经济研究》2006 年第 22 期。

59. 蒋秀兰、沈志渔：《产业结构对能源消耗的影响——以河北省为例》，《南方经济》2016 年第 3 期。

60. 金凤德、安岗、赵宁：《新时代中国的源技术再选择与重化工业布局——基于大国崛起的视角》，《东北财经大学学报》2008 年第 2 期。

61. 金泓汛：《日本经济的地区结构变化》，《日本研究》1986 年第 2 期。

62. 靖学青：《长三角主要城市产业发展的区域定位和协调互动》，《上海经济研究》2004 年第 3 期。

63. 康定华、张贤文：《环北部湾重化工港口经济发展策略》，《广西经济管理干部学院学报》2006 年第 4 期。

64. 〔英〕科林·克拉克：《经济进步的条件》，上海人民出版社，1982。

65. 孔昭君：《试论战后日本重化学工业化时期工业技术发展的道路和模式》，《科学管理研究》1987 年第 5 期。

66. 李爱国、黄建宏：《运输成本对空间经济集聚与扩散活动的影响》，《求索》2006 年第 7 期。

67. 李青：《试析区域产业同构问题》，《江汉论坛》1991 年第 11 期。

68. 李庆华、王文平：《长三角地区产业同构"悖论"解析》，《生产力研究》2007 年第 20 期。

69. 李硕：《论地区产业结构的优化》，《河南财政税务高等专科学校学报》2000 年第 4 期。

70. 李旭晟、刘刚：《我国重工业化演进趋势分析——运用迂回生产理论》，《江西社会科学》2008 年第 12 期。

71. 李艳梅、张雷：《中国城市化发展与重工业扩张的协整分析》，《经济地理》2008 年第 3 期。

72. 李影、沈坤荣：《能源结构约束与中国经济增长——基于能源"尾效"的计量检验》，《资源科学》2010 年第 11 期。

73. 李昭、文余源：《我国区域之间产业同构作用及原因分析》，《地域研究与开发》1998 年第 17 期。

74. 李佐军：《中国进入重化工业阶段符合客观规律》，《经济》2004 年第 9 期。

75. 厉以宁：《中国绕不开重化工阶段》，《中关村》2005 年第 1 期。

76. 梁琦：《中国制造业分工、地方专业化及其国际比较》，《世界经济》2004 年第 12 期。

77. 林晨、陈斌开:《重工业优先发展战略对经济发展的长期影响——基于历史投入产出表的理论和实证研究》,《经济学》2018 年第 17 期。

78. 林兰:《重化工业集群式创新机制与空间响应研究》,《地理学报》2016 年第 8 期。

79. 林理升、王晔倩:《运输成本、劳动力流动与制造业区域分布》,《经济研究》2006 年第 3 期。

80. 林毅夫:《谨慎对待"重化工业化热"》,《宁波经济》2005 年第 12 期。

81. 林毅夫、陈斌开:《重工业优先发展战略与城乡消费不平等——来自中国的证据》,《浙江社会科学》2009 年第 4 期。

82. 林毅夫、刘培林:《经济发展战略与公平、效率的关系》,《经济学季刊》2003 年第 2 期。

83. 刘斌:《沿海重化工:跨不过去的一道坎》,《中国经营报》2010 年 7 月 26 日。

84. 刘昌黎:《我国重化工业的新阶段与提高国际竞争力的紧迫性》,《财经问题研究》2006 年第 6 期。

85. 刘传江、吕力:《长江三角洲地区产业结构趋同、制造业空间扩散与区域经济发展》,《管理世界》2005 年第 4 期。

86. 刘刚、张长令:《中国重化工业发展的空间组织形态演化》,《经济问题》2012 年第 4 期。

87. 刘红:《日本工业区的发展建设与金融制度支持》,《日本研究》2004 年第 2 期。

88. 刘瑞明:《晋升激励、产业同构与地方保护:一个基于政治控制权收益的解释》,《南方经济》2007 年第 6 期。

89. 刘世锦:《我国进入新的重化工业阶段及其对宏观经济的影响》,《经济学动态》2004 年第 11 期。

90. 刘铁鹰:《中国沿海地区工业废水排放与经济增长关系的区域分异研究》,中国海洋大学硕士学位论文,2012。

91. 刘希、陈庆辉、傅世锋:《滨海重化工选址中海洋要素研究——以泉惠石化工业区为例》,《环境科学导刊》2012 年第 1 期。

92. 刘晓星:《缺乏国家层面的整体规划协调 重化工重压沿海》,中国新闻网,2011 年 4 月 1 日,http://www.chinanews.com/ny/2011/04－01/2947416_5.shtml。

93. 刘阳、王庆金:《京津冀产业协同发展存在的问题与路径优化研究》,《农村金融研究》2018 年第 3 期。

94. 刘友明:《湛江将成为我国临港重化工基地》,《港口经济》2007 年第 2 期。

95. 刘云中、何建武:《中国区域制造业结构同构的变化及分析》,《经济纵横》2019 年第 10 期。

96. 刘作丽、贺灿飞:《京津冀地区工业结构趋同现象及成因探讨》,《地理与地理信息科学》2007 年第 23 期。

97. 鲁金萍、刘玉、杨振武、孙久文:《京津冀区域制造业同构现象再判断——基于分工视角的研究》,《华东经济管理》2015 年第 29 期。

98. 吕鹏健、李霞:《生态保护红线及其对重化工业的影响初探》,《当代石油石化》2015 年第 23 期。

99. 罗能生、谭晶:《区域产业同构对产业效率的影响研究》,《工业技术经济》2016 年第 2 期。

100. 罗晔:《韩国忠清南道钢铁工业的绿色发展实践》,《工程研究》2019 年第 11 期。

101. 骆瑞环、张增强:《河北省重化工业科学发展对策探析》,《经济与管理》2010 年第 9 期。

102. 骆祖春、高波:《新中国六十年来工业化发展时段标准的确定——基于世界银行 2005 年国际比较项目(ICP)结果的研究》,《学海》2009 年第 6 期。

103. 马国霞、石敏俊、李娜:《中国制造业产业间集聚度及产业间集聚机制》,《管理世界》2007 年第 8 期。

104. 穆建新、苏君毅、刘艳强:《中国重化工业地区集中的实证》,《辽宁工程技术大学学报》(社会科学版)2006 年第 8 期。

105. 牛桂敏:《对沿海地区重化工业投资竞赛的冷思考》,《环渤海经济瞭望》2009 年第 9 期。

106. 潘若愚、贺尔蓉:《我国沿海钢铁产业基地布局研究》,《经济研究参考》2011 年第 56 期。

107. 彭飞、韩增林:《区域一体化背景下的环渤海地区制造业产业同构性分析》,《世界地理研究》2012 年第 21 期。

108. 偏子豪、陈定江、朱兵、胡山鹰:《中国重化工业资源消耗的社会经济驱动力》,《中国环境科学》2019 年第 7 期。

109. 齐磊磊、张华夏:《同构实在论与模型认识论——为罗素的结构实在论辩护》,《自然辩证法通讯》2010 年第 6 期。

110. 齐林、李静:《河北重化工业发展思考》,《合作经济与科技》2005 年第 12 期。

111. 覃成林、潘丹丹:《粤港澳大湾区产业结构趋同及合意性分析》,《经济与管理评论》2018 年第 3 期。

112. 邱风、张国平、郑恒:《对长三角地区产业结构问题的再认识》,《中国工业经济》2005 年第 4 期。

113. 屈贤明:《杭州适度发展重化工业的产业选择》,《杭州通讯》

2007 年第 7 期。

114. 任建兰、李红：《山东省重化工业结构演进与区域经济持续发展》，《人文地理》2011 年第 1 期。

115. 任渝眉：《20 世纪末世界化学工业结构大调整》，《上海化工》1994 年第 19 期。

116. 绒巴扎西：《论我国东西部分工格局的重塑》，《西北民族学院学报》1991 年第 2 期。

117. 塞风、朱明春：《试论区域产业结构趋同问题》，《中国工业经济研究》1990 年第 4 期。

118. 沈煜、丁守海：《去产能会引起较大的失业风险吗?》，《上海经济研究》2016 年第 11 期。

119. 石涛、鞠晓伟：《要素禀赋、市场分割对区域产业结构趋同的影响研究》，《工业技术经济》2008 年第 5 期。

120. 宋养琰：《论产业同构及其战略性调整》，《北京市总工会职工大学学报》2005 年第 15 期。

121. 宋迎昌：《90 年代初我国工业布局的动态趋势及其原因浅析》，《地域研究与开发》1996 年第 2 期。

122. 苏少之：《50－70 年代中国沿海地区与内地经济布局的演变》，《当代中国史研究》2000 年第 4 期。

123. 眭文娟、张昱、王大卫：《粤港澳大湾区产业协同的发展现状——以珠三角 9 市制造业为例》，《城市观察》2018 年第 5 期。

124. 孙世春：《战后日本工业区的形成与发展》，《日本研究》2004 年第 2 期。

125. 王安岭：《大力优化产业结构创新工业化发展道路——关于无锡抑制工业重型化发展趋势的研究》，《现代经济探讨》2008 年第 10 期。

126. 王德复：《论韩国工业化进程中地区经济发展对策》，《世界经济》1997 年第 10 期。

127. 王殿昌：《陆海统筹促进海洋经济发展》，《港口经济》2011 年第 12 期。

128. 王海壮、栾维新、马新华：《我国钢铁工业沿海布局战略研究》，《世界地理研究》2011 年第 20 期。

129. 王缉慈：《现代工业地理学》，中国科学技术出版社，1994。

130. 王俊岭、张新社：《中国钢铁工业经济增长、能源消耗与碳排放脱钩分析》，《河北经贸大学学报》2017 年第 38 期。

131. 王丽莉、文一：《中国能跨越中等收入陷阱吗？——基于工业化路径的跨国比较》，《经济评论》2017 年第 3 期。

132. 王青、葛瑛：《"重化工业阶段"是否不可逾越》，《河北学刊》2005 年第 4 期。

133. 王松青：《产业同构——地方政府经济行为分析》，《上海经济研究》1989 年第 4 期。

134. 王伟光、黄英、周媛：《当前东北地区"重工业化"演化的三大特点》，《党政干部学刊》2008 年第 10 期。

135. 王小刚、鲁荣东：《库兹涅茨产业结构理论的缺陷与工业化发展阶段的判断》，《经济体制改革》2012 年第 3 期。

136. 王旭：《美国传统工业大州的"去工业化"（1950 – 1990）——以宾夕法尼亚州为中心的考察》，《世界历史》2016 年第 5 期。

137. 王永锋、华怡婷：《环渤海地区产业结构趋同的实证研究》，《经济与管理》2008 年第 2 期。

138. 王振松：《浅议重化工业与福州工业发展的路径选择》，《福建农林大学学报》（哲学社会科学版）2007 年第 4 期。

139. 王志华、陈圻：《测度长三角制造业同构的几种方法——基于时间序列数据的分析》，《产业经济研究》2006 年第 4 期。

140. 王志华、焦海霞、高杰：《考虑企业规模因素的长三角制造业同构现象解析》，《科技与管理》2018 年第 2 期。

141. 王志华、陆玉梅、刘文霞：《长三角高技术产业低端同构现象的现实考查》，《科技管理研究》2016 年第 36 期。

142. 〔英〕威廉·配第：《政治算术》，马妍译，中国社会科学出版社，2010。

143. 文玫：《中国工业在区域上的重新定位和聚集》，《经济研究》2004 年第 2 期。

144. 吴爱军、邓微微：《长江经济带工业结构研究》，《长江大学学报》（社会科学版）2018 年第 41 期。

145. 吴福象：《冲突与和谐：基于长三角产业同构和投资趋同的实证研究》，2008 年中国经济特区论坛纪念改革开放 30 周年学术研讨会论文集。

146. 吴敬琏：《"中国各地勿一窝蜂发展重化工业"》，中国新闻网，2004 年 7 月 7 日，http://www.chinanews.com/news/2004year/2004 - 07 - 07/26/456665. shtml。

147. 吴敬琏：《中国应当走一条什么样的工业化道路？》，《管理世界》2006 年第 8 期。

148. 吴绮雯：《中华人民共和国 70 年经济发展与城乡劳动力就业的关系探析》，《云南社会科学》2019 年第 3 期。

149. 〔美〕西蒙·库兹涅茨：《各国的经济增长》，常勋译，商务印书馆，1999。

150. 夏兴园、李洪斌：《对转轨时期我国产业结构趋同的理论思考》，《经济评论》1998 年第 6 期。

151. 夏永祥、卢晓：《长三角地区经济增长、产业同构与区域经济一体化》，《南通大学学报》（社会科学版）2006 年第 1 期。

152. 冼国明、文东伟：《FDI、地区专业化与产业集聚》，《管理世界》2006 年第 12 期。

153. 向国成、谌亭颖、刘晶晶：《基于"两个不能否定"深化对重工业优先发展战略的认识》，《湖南科技大学学报》（社会科学版）2019 年第 5 期。

154. 谢浩、张明之：《长三角地区产业同构合意性研究——基于产业中类制造业数据的分析》，《世界经济与政治论坛》2016 年第 4 期。

155. 谢利平：《能源消费与城镇化、工业化》，《工业技术经济》2015 年第 5 期。

156. 解莉：《"一五"时期优先发展重工业战略的再评价》，《胜利油田党校学报》2003 年第 16 期。

157. 解柠羽、张扬：《日本太平洋经济带崛起的成功经验及对我国的启示》，《山东财经大学学报》2016 年第 6 期。

158. 徐大可：《浙江发展重化工业和装备制造业时机正在来临》，《浙江经济》2003 年第 19 期。

159. 徐建伟、计晶韵、郇环：《全球钢铁企业布局的新特点及城市钢厂发展启示》，《开发研究》2017 年第 6 期。

160. 徐康宁：《重化工业阶段无法跨越》，《21 世纪商业评论》2005 年第 3 期。

161. 许芳、向书坚：《工业发展战略对城乡收入差距的影响——基于广义空间面板模型的研究》，《经济统计学》（季刊）2015 年第 1 期。

162. 许月恒、刘德军、张辉、李静：《山东重化工业转型升级研究》，《宏观经济管理》2016 年第 3 期。

163. 杨海军、肖灵机、邹泽清：《工业化阶段的判断标准：霍夫曼系数法的缺陷及其修正——以江西、江苏为例的分析》，《财经论丛》2008 年第 2 期。

164. 杨小凯：《经济学——新兴古典与新古典框架》，社会科学文献出版社，2003。

165. 姚小芹、崔维军：《中国重化工业循环经济发展研究——基于投影寻踪的评价分析》，《科学学研究》2011 年第 12 期。

166. 姚咏梅：《"重化工"为主导的经济发展道路不能走下去——访著名经济学家吴敬琏》，《中外企业文化》2005 年第 2 期。

167. 叶琪：《国际产业转移对我国区域服务业结构同构化的影响》，《统计与决策》2015 年第 14 期。

168. 尤安山：《论韩国的产业政策和产业结构调整》，《世界经济研究》1994 年第 3 期。

169. 于良春、付强：《地区行政垄断与区域产业同构互动关系分析——基于省际的面板数据》，《中国工业经济》2008 年第 6 期。

170. 于少强、邹翠翠、于洋：《中国重化工业的能源消费库兹涅茨曲线研究》，《中国高新区》2017 年第 15 期。

171. 余东华、张昆：《要素市场分割、产业结构趋同与制造业高级化》，《经济与管理研究》2020 年第 1 期。

172. 余霞民：《地方政府竞争、产业同构与金融配置效率：以长三角经济区为例》，《上海金融》2016 年第 5 期。

173. 喻柯可、涂良军：《长江经济带产业同构及其合意性分析》，《江苏科技信息》2016 年第 12 期。

174. 〔德〕约翰·冯·杜能：《孤立国同农业和国民经济的关系》，吴衡康译，商务印书馆，1986。

175. 曾艳丽、孟韬：《构建合作网络振兴区域经济——鲁尔工业区的振兴》，《经济研究导刊》2010 年第 3 期。

176. 张厚明、秦海林：《长江经济带"重化工围江"问题研究》，《中国国情国力》2017 年第 4 期。

177. 张纪：《基于要素禀赋理论的产品内分工动因研究》，《世界经济研究》2013 年第 5 期。

178. 张景秋：《临海工业开发区的建立和演变》，《经济地理》1999 年第 4 期。

179. 张丽峰：《我国产业结构、能源结构和碳排放关系研究》，《干旱区资源与环境》2011 年第 5 期。

180. 张庆霖、陈万灵：《重化工业背景下沿海欠发达城市的产业选择——以湛江市为例》，《广西社会科学》2007 年第 3 期。

181. 张善儒：《日本工业布局政策及其对经济发展的作用》，《日本研究》1985 年第 1 期。

182. 张五常：《县域创造奇迹是因为大家竞争》，《人民论坛》2008 年第 23 期。

183. 张旭孝、上官方钦、姜曦、郦秀萍：《美国钢铁工业的发展及能源消耗概况》，《中国冶金》2017 年第 11 期。

184. 张燕生、陈长缨、张一、张哲人：《重化工业阶段的增长困境》，《经济与管理研究》2007 年第 8 期。

185. 张耀光、刘桂春、刘锴、张洪月：《中国沿海液化天然气（LNG）产业布局与发展前景》，《经济地理》2010 年第 6 期。

186. 张永强、张捷：《我国重化工业产业调整与转移对区域碳排放差异的影响——基于偏离份额分析法的实证研究》，《南京财经大学学报》2016 年第 6 期。

187. 张媛媛：《京津冀和长三角经济圈产业同构程度及影响因素研究》，《改革与战略》2015 年第 9 期。

188. 张卓颖、石敏俊：《中国制造业产业结构同构研究——基于省区间投入产出模型》，中国地理学会百年庆典学术论文摘要集，2009。

189. 赵滨珠：《韩国石油化学工业介绍》，《上海化工》1993 年第 1 期。

190. 赵崔莉、杜舰：《濑户内海开发史对辽宁沿海国土开发的启示》，《中国国土资源经济》2009 年第 1 期。

191. 赵国鸿：《"重化工业化"之辩与我国当前的产业政策导向》，《宏观经济研究》2005 年第 10 期。

192. 赵剑峰：《我国临港石化产业布局及发展现状分析》，*International Conference on Engineering and Business Management*，2012。

193. 赵丽、夏永祥：《长江三角洲地区工业的区域分工协作现状及产业结构趋同现象浅析》，《苏州大学学报》（哲学社会科学版）2004 年第 4 期。

194. 赵连阁、胡颖莹：《对长三角产业同构问题的新认识》，《经济纵横》2007 年第 8 期。

195. 赵秋运、马晶：《重工业偏向型发展战略影响收入不平等的传导机制——基于城市化和金融发展角度的再检验》，《暨南学报》（哲学社会科学版）2018 年第 6 期。

196. 赵文报、王诗思：《美国钢铁工业布局的现状及对我国的启示》，《产业与科技论坛》2018 年第 22 期。

197. 赵亚萍、马庚宇：《石化产业空间格局与演进机制研究》，《石油化工设计》2017 年第 1 期。

198. 周桂荣、任子英：《区域产业功能定位重构及协同发展机制创新——以京津冀为例》，《区域经济评论》2017 年第 1 期。

199. 周国富、陈玲：《区域产业同构的演化轨迹及其原因分析》，《统计与信息论坛》2006 年第 20 期。

200. 周建、顾柳柳：《能源、环境约束与工业增长模式转变——基于非参数生产前沿理论模型的上海数据实证分析》，《财经研究》2009 年第 5 期。

201. 周力、周革非：《我国新型重化工业化与产业政策创新》，《经济经纬》2005 年第 4 期。

202. 周立群、江霈：《京津冀与长三角产业同构成因及特点分析》，《江海学刊》2009 年第 1 期。

203. 周明长：《"一五"重工业优先发展战略与工业城市的发展》，《四川大学学报》（哲学社会科学版）2004 年第 S1 期。

204. 周涛：《对我国经济是否已进入重化工时代的分析》，《经济前沿》2006 年第 4 期。

205. 朱佳佳：《从德国鲁尔区的复苏看我国东北老工业基地的振兴》，《经济前沿》2004 年第 11 期。

206. 朱剑：《重化工业的就业联系》，《中国劳动经济学》2006 年第 2 期。

207. 朱劲松、刘传江：《重新重工业化对我国就业的影响——基于技术中性理论与实证数据的分析》，《数量经济技术经济研究》2006 年第 12 期。

208. 朱文晖、张玉斌：《全球化背景下中国重工业的发展与广东的策略》，《广东社会科学》2004 年第 3 期。

209. Andrieş, A. M., Căpraru, B., "The Nexus between Competition and Efficiency: The European Banking Industries Experience", *International Business Review*, 2014, 23 (3).

210. Appold, S., "Location Patterns of US Industrial Research: Mimetic Isomorphism and the Emergence of Geographic Charisma", *Regional*

Studies, 2005, 39 (1).

211. Arellano, M. , Bond, S. , "Some Tests of Specification for Panel Data: Monte Carlo Evidence and an Application To Employment Equations", *The Review of Economic Studies*, 1991, 58 (2).

212. Arellano, M. , Bover, O. , "Another Look at The Instrumental Variable Estimation of Error-Components Models", *Journal of Econometrics*, 1995, 68 (1).

213. Auty, R. M. , "The Impact of Heavy-Industry Growth Poles on South Korean Spatial Structure", *Geoforum*, 1999, 21 (1).

214. Bai, C. E. , Du, Y. , Tao, Z. , Tong, S. Y. , "Local Protectionism and Regional Specialization: Evidence from China's Industries", *Journal of International Economics*, 2004, 63 (2).

215. Baldwin, R. , *Economic Geography and Public Policy*. Princeton University Press, 2002.

216. Becker, R. , Enders, W. , and Lee, J. , "A Stationairy Test In The Presence of an Unknown Number of Smooth Breaks", *Journal of Time Series Analysis*, 2006, 27 (3).

217. Blundell, R. , Bond, S. , "Gmm Estimation with Persistent Panel Data: An Application to Production Functions", *Econometric Reviews*, 2000, 19 (3).

218. Casajus, A. , "Super Weak Isomorphism of Extensive Games", *Mathematical Social Sciences*, 2006, 51 (1).

219. Chan, K. S. , "Consistency and Limiting Distribution of the Least Squares Estimator of a Continuous Threshold Autoregressive Model", *The Annals of Statistics*, 1993 (21).

220. Chenery, H. B. , Robinson, S. , Syrquin, M. , *Industrialization and*

Growth, Washington, DC, USA: World Bank. 1986.

221. Chortareas, G. , Kapetanios, G. , "Getting PPP Right: Identifying Mean-Reverting Real Exchange Rates in Panels", *Journal of Banking and Finance*, 2009 (33).

222. Christaller W. , *The Southern German Center Principle*, the Commercial Press, 2010.

223. Christopoulos, D. K. and León-Ledesma, M. A. , "Revisiting the Real Wages-unemployment Relationship. New Results from Non-linear Models", *Bulletin of Economic Research*, 2010 (62).

224. Clark, C. , *The Conditions of Economic Progress*, New York: Macmillan Company, 1940.

225. Davies, R. B. , "Hypothesis Testing When a Nuisance Parameter is Present only under the Alternative", *Biometrika*, 1987 (74).

226. Davies, R. B. , "Hypothesis Testing When a Nuisance Parameter is Present only under the Alternative", *Biometrika*, 1977 (64).

227. Davis, C. , Hashimoto, K. I. , "Patterns of Technology, Industry Concentration, and Productivity Growth without Scale Effects", *Journal of Economic Dynamics and Control*, 2014, 40 (C).

228. Davis D. R, "The Home Market, Trade, and Industrial Structure", *American Economic Review*, 1998, 88 (5).

229. Dixit, A. K. , Stiglitz, J. E. , "Monopolistic Competition and Optimum Product Diversity", The *American Economic Review*, 1977 (7).

230. Enders, W. , Lee, J. , "A Unit Root Test Using a Fourier Series to Approximate Smooth Breaks", *Oxford Bulletin of Economics and Statistics*, 2012 (74).

231. Ernst, D. , "Catching-Up, Crisis and Industrial Upgrading: Evolu-

tionary Aspects of Technological Learning in Korea's Electronics In-
dustry", *Asia Pacific Journal of Management*, 1998, 15 (2).

232. Farooki, M., "The Diversification of The Global Mining Equipment Industry-Going New Places?", *Resources Policy*, 2012, 37 (4).

233. Federico, G., López, Á. L., "Optimal Asset Divestments with Homogeneous Products", *International Journal of Industrial Organization*, 2013, 31 (1).

234. Festel, G., Geng, Y., *Chemical Industry Parks in China*, *The Chemical and Pharmaceutical Industry in China*, Springer, 2005.

235. Finger, J. M., Kreinin, M. E., "A Measure of Export Similarity and Its Possible Uses", *The Economic Journal*, 1979, 89 (356).

236. Fujita, M., Krugman, P. R., Venables, A. J., *The Spatial Economy: Cities, Regions, and International Trade*, MIT Press, 1999.

237. Fujita M., Thisse J. F., *Economics of Agglomeration*, Cambridge University Press, 2002.

238. Gallant, A. R., "On the Bias in Flexible Functional Forms and an Essentially Unbiased Form: The Fourier Flexible Form", *Journal of Econometrics*, 1981, 15 (2).

239. Hansen, B. E., "Inference When a Nuisance Parameter is Not Identified under the Null Hypothesis", *Econometrica*, 1996, 64 (2).

240. Hansen, B. E., "Sample Splitting and Threshold Estimation", *Econometrica*, 2000, 68 (3).

241. Hansen, B. E., "Threshold Effects in Non-Dynamic Panels: Estimation, Testing and Inference", *Journal of Econometrics*, 1999, 93 (2).

242. He, X., Dong, Y., Wu, Y., Wei, G., Xing, L., Yan, J., "Structure Analysis and Core Community Detection of Embodied Re-

sources Networks Among Regional Industries", *Physica A: Statistical Mechanics and Its Applications*, 2017, 479 (8).

243. Heckscher, E. F., "The Effect of Foreign Trade on the Distribution of Income", *Ekonomisk Tidskrift*, 2012, 21 (2).

244. Hirata, D., Matsumura, T., "Price Leadership in a Homogeneous Product Market", *Journal of Economics*, 2011, 104 (3).

245. Im, K. S., Pesaran, M. H. and Shin, Y., "Testing For Unit Roots in Heterogeneous Panels", *Journal of Econometrics*, 2003 (115).

246. Jordaan, A. J., "Determinants of FDI-Induced Externalities: New Empirical Evidence for Mexican Manufacturing Industries", *World Development*, 2005, 33 (12).

247. Jordaan, J. A., "Regional Foreign Participation and Externalities: New Empirical Evidence From Mexican Regions", *Environment and Planning A*, 2008, 40 (12).

248. Josch A. *The Economic Spatial Order*, The Commercial Press, 2010.

249. Kapetanios, G., Shin, Y., and Snell, A., "Testing For a Unit Root in the Nonlinear STAR Framework", *Journal of Econometrics*, 2003 (112).

250. Kerstens, K., Managi, S., "Total Factor Productivity Growth and Convergence in the Petroleum Industry: Empirical Analysis Testing For Convexity", *International Journal of Production Economics*, 2012, 139 (1).

251. Kim, S., "Expansion of Markets and The Geographic Distribution of Economic Activities: The Trends in US Regional Manufacturing Structure, 1860 – 1987", *The Quarterly Journal of Economics*, 1995, 110 (4).

252. Kline, J. J. , "Heterogeneous or Homogeneous Quantity Competition", *Economics Letters*, 2000, 66 (3).

253. Krugman, P. , "Increasing Returns and Economics Geography", *Journal of Political Economy*, 1991, 99 (3).

254. Lambert, A. J. D. , Boons, F. A. , "Eco-industrial Parks: Stimulating Sustainable Development in Mixed Industrial Parks", *Technovation*, 2002, 22 (8).

255. Lambertini, L. , Rossini, G. , "Product Homogeneity as a Prisoner's Dilemma in a Duopoly With R&D", *Economics Letters*, 1998, 58 (3).

256. Landesmann, M. A. , Székely, I. P. (Eds.), *Industrial Restructuring and Trade Reorientation in Eastern Europe*, Cambridge University Press, 1995.

257. Lau, C. M. , Ng, I. , Nyaw, M. K. , "Chinese Managerial Activities: Culture versus Local Isomorphism", *Asia Pacific Business Review*, 2002, 8 (3).

258. Leiter, J. , "An Industry Fields Approach to Isomorphism Involving Australian Nonprofit Organizations", *Voluntas: International Journal of Voluntary and Nonprofit Organizations*, 2013, 24 (4).

259. Leybourne, S. , Newbold, P. , Vougas, D. , "Unit Roots and Smooth Transitions", *Journal of Time Series Analysis*, 1998 (19).

260. Lubatkin, M. H. , Ndiaye, M. , Vengroff, R. , "The Nature of Managerial Work in Developing Countries: A Limited Test of the Universalist Hypothesis", *Journal of International Business Studies*, 1997, 28 (4).

261. Maddala, G. S. , Kim, I. , *Unit Roots, Cointegration and Structural*

Change, Cambridge University Press, Cambridge, 1998.

262. Martin, P., "A Sequential Approach to Regional Integration: the European Union and Central and Eastern Europe", *European Journal of Political Economy*, 1996, 12 (4).

263. Melitz M., Ottaviano G., "Market Size, Trade and Productivity", *Review of Economic Studies*, 2008, 75 (1).

264. Mäkelä, M. M., Maula, M. V., "Cross-Border Venture Capital and New Venture Internationalization: an Isomorphism Perspective", *Venture Capital*, 2005, 7 (3).

265. Moatti, V., "Learning to Expand or Expanding to Learn? The Role of Imitation and Experience in the Choice Among Several Expansion Modes", *European Management Journal*, 2009, 27 (1).

266. Mukundhan, K. V., Nandakumar, M. K., "An Isomorphism Perspective to FDI-based Entry-Mode Strategies of Emerging Market Firms: A Conceptual Model", *Strategic Change*, 2013, 22 (5 − 6).

267. Murray, T., & Turdaliev, N., "Universal Dumping of Homogeneous Products", *Review of International Economics*, 1999, 7 (4).

268. Naughton, B., *China: Domestic Restructuring and a New Role in Asia. The Politics of the Asian Economic Crisis*, Ithaca: Cornell University Press, 1999.

269. Neto, C. A. R., & Sauer, I. L., "LNG as a Strategy to Establish Developing Countries' Gas Markets: the Brazilian Case", *Energy Policy*, 2006, 34 (18).

270. Ono, Y., "The Equilibrium of Duopoly in a Market of Homogeneous Goods", *Economica*, 1978, 45 (179).

271. Palan, N., Schmiedeberg, C., "Structural Convergence of European Coun-

tries", *Structural Change and Economic Dynamics*, 2010, 21 (2).

272. Perron, P. , "The Great Crash, the Oil Price Shock and the Unit Root Hypothesis", *Econometrica*, 1989 (57).

273. Perroux, F. , "Note on the Concept of Growth Poles", In: McKee, D. , Dean, R. and Leahy, W. , Eds. , *Regional Economics: Theory and Practice*, New York: The Free Press, 1970.

274. Poncet, S. , "A Fragmented China: Measure and Determinants of Chinese Domestic Market Disintegration", *Review of International Economics*, 2005, 13 (3).

275. Pravdić, V. , "The Chemical Industry in the Croatian Adriatic Region: Identification of Environmental Problems, Assessment of Pollution Risks, and the New Policies of Sustainability", *The Science of the Total Environment*, 1995, 171 (10).

276. Ricardo D. , *On the Principles of Political Economy and Taxation*, Nabu Press, 1817.

277. Roodman, D. R. , *Xtabond 2: Stata Module to Extend Xtabond Dynamic Panel Data Estimator. Statistical Software Components*, Boston College Department of Economics, 2006.

278. Smith A. , *An Inquiry into the Nature and Causes of the Wealth of Nations*, Kindle Press, 1776.

279. Smyth, R. , Narayan, P. K. , Shi, H. L. , "Inter-fuel Substitution in the Chinese Iron and Steel Sector", *International Journal of Production Economics*, 2012, 139 (2).

280. Tan, J. , Shao, Y. , Li, W. , "To be Different, or to be The Same? An Exploratory Study of Isomorphism in the Cluster", *Journal of Business Venturing*, 2013, 28 (1).

281. Taylor, M. P., "Purchasing Power Parity", *Review of International Economics*, 2003, 11 (3).

282. Taylor, M. P., Sarno, L., "International Real Interest Rate Differentials, Purchasing Power Parity and the Behaviour of Real Exchange Rates: the Resolution of A Conundrum", *International Journal of Finance and Economics*, 2004, 9 (1).

283. Taylor, M. P. and Sarno, L., "The Behavior of Real Exchange Rates during the Post-Bretton Woods Period", *Journal of International al Economics*, 1998, 46 (2).

284. Thunen J. H., *The Isolate Country on the Relationship between Agriculture and National Economy*, The Commercial Press, 1986.

285. Tong, H., "On a Threshold Model", in C. H. Chen (ed.), *Pattern Recognition and Signal Processing*, Amsterdam: Sijthoff & Noordhoff, 1978.

286. Ucar, N. and Omay, T., "Testing for Unit Root in Nonlinear Heterogeneous Panels", *Economics Letters*, 2009, 104 (1).

287. Ueda, A., "Measuring Distortion in Capital Allocation-the Case of Heavy and Chemical Industries in Korea", *Journal of Policy Modeling*, 1999, 21 (4).

288. UNIDO, *World Industry since 1960: Progress and Prospects*, New York: United Nations, 1979.

289. Wang, J., Hu, M., Tukker, A., Rodrigues, J. F. D., "The Impact of Regional Convergence in Energy-Intensive Industries on China's CO_2 Emissions and Emission Goals", *Energy Economics*, 2019, 80 (5).

290. Weber A., *The Industrial Location Theory*, The Commercial Press,

2010.

291. Wei, S. Q. , Chen, Y. H. , Geng, J. H. , Zeng, L. Y. , "An Empirical Study on Industrial Homogeneity Between Fujian and Taiwan Provinces by the Coefficient of Similarity and R/S", *The* 2011 *International Conference on Business, Economics, and Financial Sciences, Management.* Springer Berlin Heidelberg. 2012.

292. Wu, Y. Y. , Zhu, X. W. , "Industrial Policy and Economic Geography: Evidence from China", *Journal of the Asia Pacific Economy*, 2017, 22 (1).

293. Wu F. , "Local Government Competition and Industrial Structure Convergence" In: Liu Z. , Li X. (eds) , *Transition of the Yangtze River Delta. New Frontiers in Regional Science: Asian Perspectives*, Springer, Tokyo, 2015, 5.

294. Yang, X. , "A Microeconomic Approach to Modeling the Division of Labor Based on Increasing Returns to Specialization", Princeton University, 1988.

295. Ye, C. , Zhu, J. , Li, S. , Yang, S. , Chen, M. , "Assessment and Analysis of Regional Economic Collaborative Development within an Urban Agglomeration: Yangtze River Delta as a Case Study", Habitat International, 2019, 83 (11).

296. Young, A. , "The Razor's Edge: Distortions and Incremental Reform in the People's Republic of China", *Quarterly Journal of Economics*, 2000, 115 (4).

297. Zheng, D. , Kuroda, T. , "The Role of Public Infrastructure in China's Regional Inequality and Growth: A Simultaneous Equations Approach", *The Developing Economies*, 2013, 51 (1).

附　录

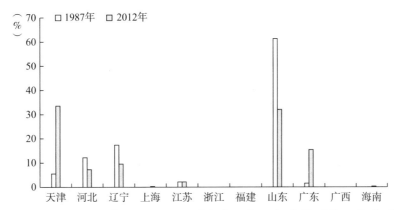

图 1　石油和天然气开采业不同时期占同期同行业的重化工业比重

资料来源:《中国工业经济统计年鉴》(1988~2013),中国统计出版社,相关年份。

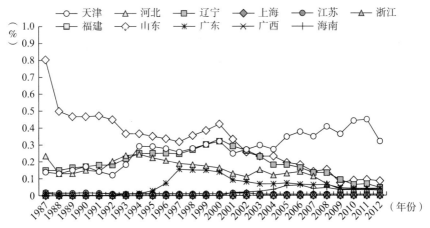

图 2　石油和天然气开采业不同时期占同期整个重化工业比重

资料来源:《中国工业经济统计年鉴》(1988~2013),中国统计出版社,相关年份。

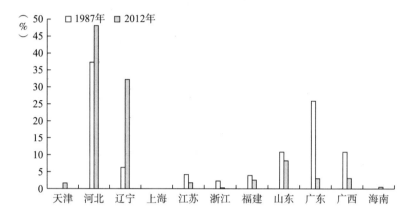

**图3 黑色金属矿采选业不同时期占同期同行业的
重化工业比重**

资料来源：《中国工业经济统计年鉴》(1988～2013)，中国统计出版社，相关年份。

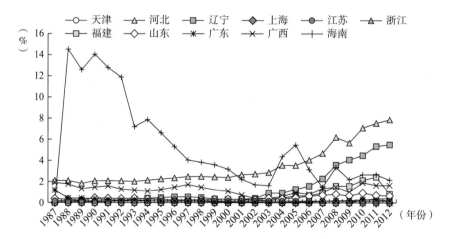

图4 黑色金属矿采选业不同时期占同期整个重化工业比重

资料来源：《中国工业经济统计年鉴》(1988～2013)，中国统计出版社，相关年份。

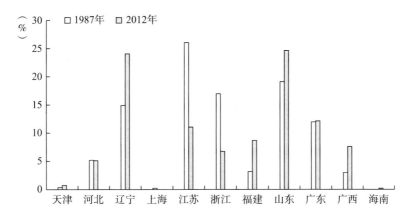

**图 5　非金属矿采选业不同时期占同期同行业的
重化工业比重**

资料来源:《中国工业经济统计年鉴》(1988～2013),中国统计出版社,相关年份。

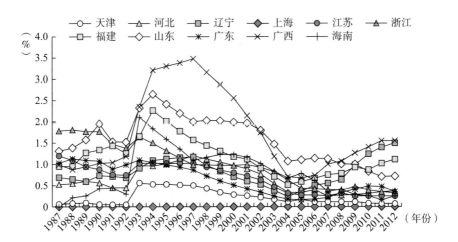

图 6　非金属矿采选业不同时期占同期整个重化工业比重

资料来源:《中国工业经济统计年鉴》(1988～2013),中国统计出版社,相关年份。

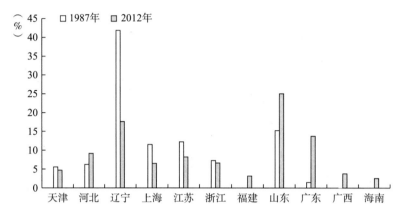

图7 石油加工及炼焦加工业不同时期占同期

同行业的重化工业比重

资料来源:《中国工业经济统计年鉴》(1988~2013),中国统计出版社,相关年份。

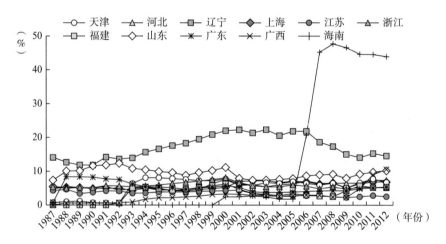

图8 石油加工及炼焦加工业不同时期占同期

整个重化工业比重

资料来源:《中国工业经济统计年鉴》(1988~2013),中国统计出版社,相关年份。

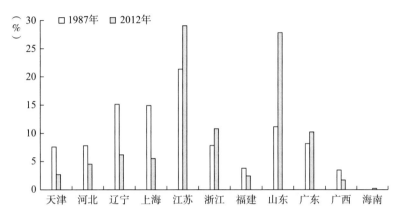

图 9 化学原料及化学制品制造业不同时期占

同期同行业的重化工业比重

资料来源：《中国工业经济统计年鉴》（1988～2013），中国统计出版社，相关年份。

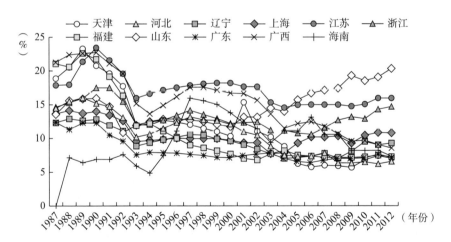

图 10 化学原料及化学制品制造业不同时期占

同期整个重化工业比重

资料来源：《中国工业经济统计年鉴》（1988～2013），中国统计出版社，相关年份。

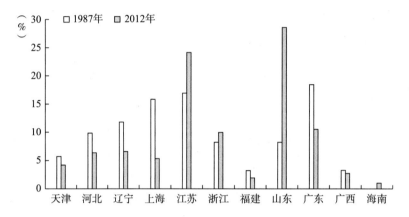

图 11 医药品制品制造业不同时期占同期

同行业的重化工业比重

资料来源:《中国工业经济统计年鉴》(1988~2013),中国统计出版社,相关年份。

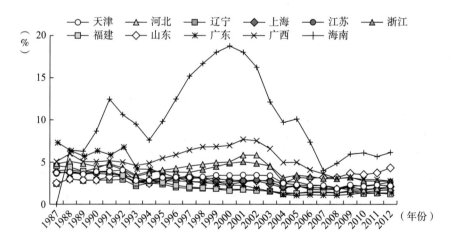

图 12 医药品制品制造业不同时期占同期

整个重化工业比重

资料来源:《中国工业经济统计年鉴》(1988~2013),中国统计出版社,相关年份。

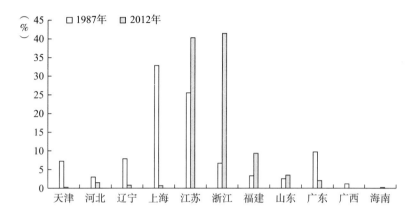

图 13　化学纤维制造业不同时期占同期

同行业的重化工业比重

资料来源：《中国工业经济统计年鉴》（1988～2013），中国统计出版社，相关年份。

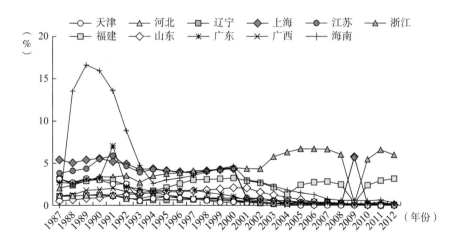

图 14　化学纤维制造业不同时期占同期

整个重化工业比重

资料来源：《中国工业经济统计年鉴》（1988～2013），中国统计出版社，相关年份。

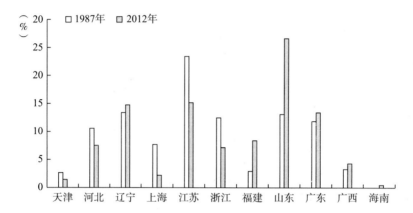

图 15　非金属矿物制品业不同时期占同期

同行业的重化工业比重

资料来源:《中国工业经济统计年鉴》(1988~2013),中国统计出版社,相关年份。

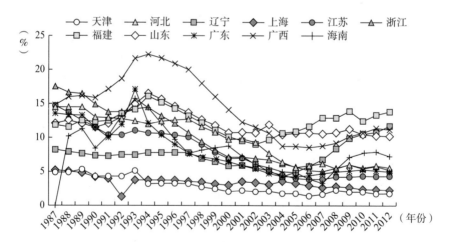

图 16　非金属矿物制品业不同时期占同期

整个重化工业比重

资料来源:《中国工业经济统计年鉴》(1988~2013),中国统计出版社,相关年份。

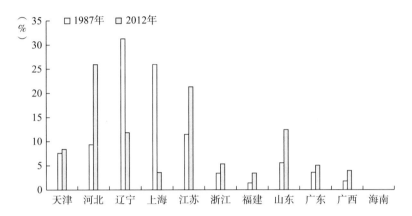

图17　黑色金属冶炼及压延加工业不同时期占同期
同行业的重化工业比重

资料来源：《中国工业经济统计年鉴》（1988～2013），中国统计出版社，相关年份。

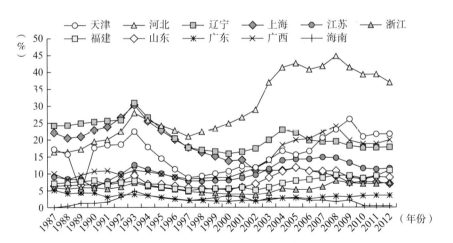

图18　黑色金属冶炼及压延加工业不同时期占同期
整个重化工业比重

资料来源：《中国工业经济统计年鉴》（1988～2013），中国统计出版社，相关年份。

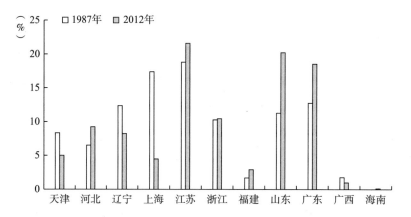

图 19　金属制品业不同时期占同期同行业的重化工业比重

资料来源:《中国工业经济统计年鉴》(1988~2013),中国统计出版社,相关年份。

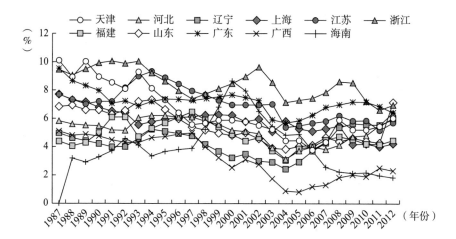

图 20　金属制品业不同时期占同期整个重化工业比重

资料来源:《中国工业经济统计年鉴》(1988~2013),中国统计出版社,相关年份。

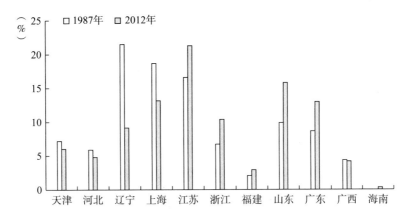

**图 21　交通运输设备制造业不同时期占同期
同行业的重化工业比重**

资料来源:《中国工业经济统计年鉴》(1988~2013),中国统计出版社,相关年份。

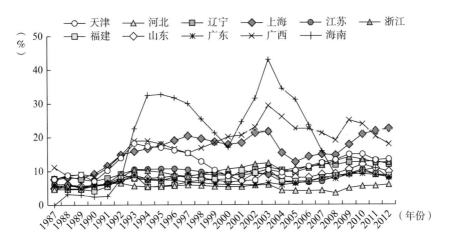

**图 22　交通运输设备制造业不同时期占同期
整个重化工业比重**

资料来源:《中国工业经济统计年鉴》(1988~2013),中国统计出版社,相关年份。

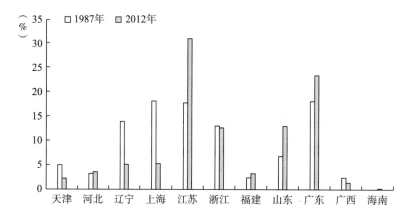

图23　电器机械及器材制造不同时期占同期
同行业的重化工业比重

资料来源：《中国工业经济统计年鉴》（1988～2013），中国统计出版社，相关年份。

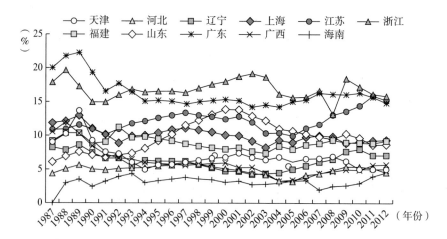

图24　电器机械及器材制造不同时期占同期
整个重化工业比重

资料来源：《中国工业经济统计年鉴》（1988～2013），中国统计出版社，相关年份。

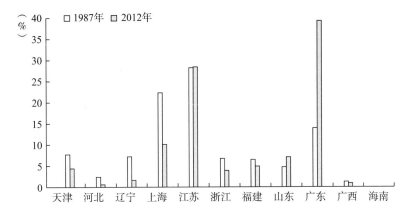

图 25　通用设备计算机及其他电子设备制造业不同时期
占同期同行业的重化工业比重

资料来源：《中国工业经济统计年鉴》（1988～2013），中国统计出版社，相关年份。

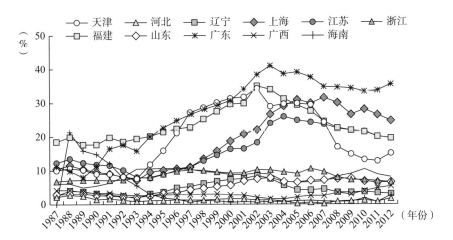

图 26　通用设备计算机及其他电子设备制造业不同时期
占同期整个重化工业比重

资料来源：《中国工业经济统计年鉴》（1988～2013），中国统计出版社，相关年份。

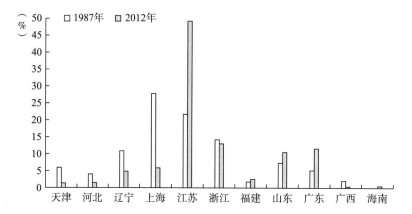

图 27 仪器仪表及文化办公机械制造业不同时期占同期同
行业的重化工业比重

资料来源:《中国工业经济统计年鉴》(1988~2013),中国统计出版社,相关年份。

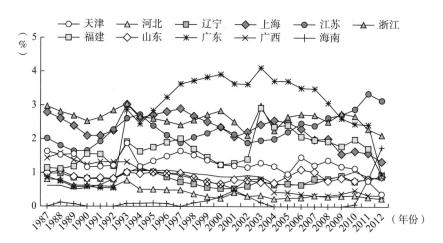

图 28 仪器仪表及文化办公机械制造业不同时期占同期
整个重化工业比重

资料来源:《中国工业经济统计年鉴》(1988~2013),中国统计出版社,相关年份。

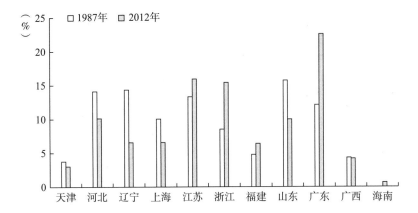

**图29 电力热力生产和供应业不同时期占同期
同行业的重化工业比重**

资料来源：《中国工业经济统计年鉴》（1988～2013），中国统计出版社，相关年份。

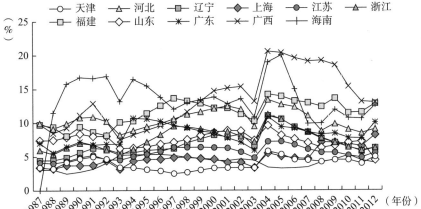

**图30 电力热力生产和供应业不同时期占同期
整个重化工业比重**

资料来源：《中国工业经济统计年鉴》（1988～2013），中国统计出版社，相关年份。

图书在版编目（CIP）数据

中国沿海地区重化工业产业同构化研究／刘铁鹰著
. -- 北京：社会科学文献出版社，2021.6
ISBN 978 - 7 - 5201 - 8318 - 5

Ⅰ.①中… Ⅱ.①刘… Ⅲ.①化学工业 - 重工业经济
- 产业发展 - 研究 - 中国 Ⅳ.①F426.7

中国版本图书馆 CIP 数据核字（2021）第 080573 号

中国沿海地区重化工业产业同构化研究

著 者／刘铁鹰

出 版 人／王利民
组稿编辑／恽 薇
责任编辑／冯咏梅

出 版／社会科学文献出版社·经济与管理分社（010）59367226
地址：北京市北三环中路甲 29 号院华龙大厦 邮编：100029
网址：www.ssap.com.cn
发 行／市场营销中心（010）59367081 59367083
印 装／北京玺诚印务有限公司

规 格／开 本：787mm × 1092mm 1/16
印 张：16.25 字 数：205 千字
版 次／2021 年 6 月第 1 版 2021 年 6 月第 1 次印刷
书 号／ISBN 978 - 7 - 5201 - 8318 - 5
定 价／128.00 元